解放军外国语学院博士文库项目

ИССЛЕДОВАНИЯ ПО ПРОБЛЕМЕ ПОТЕНЦИАЛЬНЫХ НЕОДНОЗНАЧНОСТЕЙ РУССКОГО ЯЗЫКА ПОД УГЛОМ ЗРЕНИЯ КОМПЬЮТЕРНОЙ ЛИНГВИСТИКИ

计算语言学视野下的俄语潜在歧义研究

◎张禄彭 著

中国出版集团
世界图书出版公司

图书在版编目（CIP）数据

计算语言学视野下的俄语潜在歧义研究/张禄彭著.—广州：世界图书出版广东有限公司，2012.11
ISBN 978-7-5100-5360-3

Ⅰ.①计… Ⅱ.①张… Ⅲ.①计算语言学—应用—俄语—语义学—研究 Ⅳ.①H353

中国版本图书馆CIP数据核字（2012）第241614号

计算语言学视野下的俄语潜在歧义研究

策划编辑：刘正武
责任编辑：程　静
出版发行：世界图书出版广东有限公司
　　　　　　（广州市新港西路大江冲25号　邮编：510300）
电　　话：020-84451969　84459539
http://www.gdst.com.cn　E-mail：pub@gdst.com.cn
经　　销：各地新华书店
印　　刷：广州天鑫源印刷有限责任公司
版　　次：2012年11月第1版　2012年11月第1次印刷
开　　本：880mm×1230mm　1/32
字　　数：250千
印　　张：9.75
ISBN 978-7-5100-5360-3/TP·0016
定　　价：35.00元

版权所有　侵权必究
咨询、投稿：020-84460251　gzlzw@126.com

在复杂的语言行为中需要的语言知识可以分为6个方面：
· 语音学与音系学，研究语言的语音
· 形态学，研究词的有意义的组合
· 句法学，研究词与词之间的结构关系
· 语义学，研究意义
· 语用学，研究如何用语言来达成一定的目的
· 话语学，研究大于话段的语言单位

上述6个方面的语言知识存在着一个令人吃惊的事实：语音和语言计算机处理的绝大多数或者全部研究都可以看成是在其中某个层面上的消解歧义。

—— D.Jurafsky & J.H.Martin[①]

---

① 引自：D.Jurafsky & J.H.Martin［著］.冯志伟，孙乐［译］.自然语言处理综论.北京：电子工业出版社，2005.P.3.

序　言

"潜在歧义论"（Potential Ambiguity Theory，简称 PA 论）是我在 1986 年研究科技术语自动剖析时提出的一种理论。张禄彭博士在他的专著《计算语言学视野下的俄语潜在歧义研究》中运用这种理论来分析俄语的潜在歧义，进一步发展了这种理论，我感到很高兴。现在，这本著作就要出版了，张禄彭博士要我写个序言，我欣然同意了。

1985 年，中国科学院软件研究所所长许孔时教授邀请马希文（北京大学计算机系教授）和我担任该所的兼职研究员，以加强该所语言信息处理的研究。1986 年，中国科学院与德国签订协定，要派一个学者到德国合作进行科技术语的自动处理研究，由于这项研究涉及多种语言，需要派出的中方学者不仅要懂得英语，还要懂得德语和法语。我是法国留学归来的，在法国留学期间，我曾经研制过汉-法/英/日/俄/德多语言机器翻译系统，懂得德语和法语，并且做过德语和法语的自动生成，我的条件正好符合协定的要求。于是，许孔时所长征得中国科学院的同意，决定派我到德国去进行这项合作研究。

当时我是中国社会科学院语言文字应用研究所的正式研究人员，在软件所只是兼职，因此，许孔时所长又亲自到语言文字应用研究所给领导做工作，经过多方解释，终于取得了语言文字应用研究所领导的应允。这样，我就可以理直气壮地到德国进行合作研究了。

于是，我在 1986 年至 1988 年在德国夫琅禾费研究院（Fraunhofer Gesellschaft，简称 FhG）新信息技术与通讯系统研究所担任客座研究员，专门研究科技术语数据库和科技术语的自动分析问题。

我在夫琅禾费研究院的VAX 11/750计算机上，使用INGRES关系数据库，建立了汉语术语数据库GLOT-C，并在GLOT-C与夫琅禾费研究院的多语言术语数据库GLOT之间，建立了多语言术语之间的映射关系。

在我建立的汉语术语数据库GLOT-C中，汉语科技术语只有一小部分是单词型术语，如"程序，算法，流程"等，而大部分都是词组型术语，词组型术语可以由两个词构成，如"程序/设计"，或者由三个词构成，如"数字/字符/子集"，或者由四个词构成，如"条件/控制/转移/指令"，或者由五个词构成，如"平均/无/故障/工作/时间"，或者由六个词构成，如"四/分/之/一/平方/乘法器"。为了解释这些词组型术语的内在结构规律，我决定对这些词组性术语进行结构自动分析，从而为汉语科技术语的规范化和新术语的命名，在语言学上提供理论根据，使汉语科技术语的研究工作与汉语语法和语义的研究工作更加紧密地结合起来。

我的老师朱德熙教授生前在讨论汉语的特点的时候指出："如果我们把各类词组的结构都足够详细地描述清楚了，那么句子的结构实际上也就描述清楚了。因为句子不过是独立的词组而已。"可见，要解决汉语句子的自动句法分析这个大问题，可以首先从汉语句子的自动句法分析入手，而要解决汉语句子的自动句法分析问题，首先要从汉语词组的自动分析入手。这是我研究汉语词组自动分析的初衷。

汉语的科技术语绝大部分是词组型术语，这些词组型的科技术语，其结构一般比较严谨，其含义一般比较单纯，它们在一定程度上反映了汉语词组结构的规律。根据朱德熙教授的理论，我相信，如果我把汉语词组型科技术语的结构描述清楚了，也就有可能把汉语的词组结构描述清楚了，并进一步把汉语句子的结构也描述清楚了。正是基于这样的信念，我试图从汉语词组型科技术语的自动分析研究中，找到解决汉语句子自动分析问题的钥匙。

这样，我便在夫琅禾费研究院的VAX 11/750计算机上，开始了汉语词组型科技术语的自动分析研究。

科技术语一般都符合单一性的要求，因此，研究开始时，我幼稚地以为，在对汉语词组性科技术语进行自动分析时，不存在歧义（ambiguity）方面的困难。哪知，实际情况与我的估计大相径庭。在自动分析术语结构时，我才发现，汉语词组型科技术语中，也存在着大量的歧义问题。

例如，"分割/字符"这个词组型术语，其中的"字符"这个名词，在词汇意义上，可以被分割，也可以具有"分割"这种特性，因此，"分割/字符"可以解释为"分割"某一个"字符"，在句法功能上是"述语+宾语"的"述宾式"，也可以解释为某一个被"分割"的"字符"，在句法功能上是"定语+中心语"的"定中式"。这样，从计算机处理自然语言的角度看来，"分割/字符"就是一个兼具"述宾式"和"定中式"两种结构的歧义术语了。把这两个词组型术语进一步抽象为V+N的结构，我们就可以说，V+N这个结构是一个歧义结构。

进一步分析V+N这个结构，我还发现更多有趣的现象。在词组型术语"响应/时间"中，"响应"是动词，标注为V，"时间"是名词，标注为N，这也是一个形式为V+N的词组类型结构；在词组型术语"取/比例尺"中，"取"是动词，标注为V，"比例尺"是名词，标注为N，这也是一个形式为V+N的词组类型结构，这两个词组型术语的词组类型结构相同；可是，在句法功能上，"响应/时间"是"定语+中心语"，属于"定中式"，"取/比例尺"是"述语+宾语"，属于"述宾式";"响应/时间"和"取/比例尺"的词组类型结构相同，而它们句法功能结构却大不相同。就是V+N的句法功能结构被判断为"述宾式"之后，这个句法功能结构的逻辑语义结构还可能不同。述宾式的V+N可以解释为"谓词+受事者"（"取/比例尺"），又可以解释为"谓词+施事者"（"跑/带"），又可以解释为"谓词+结果"（"印/字"），又可以解释为"谓词+目的"（"归/零"），又可以解释为"谓词+方向"（"面向/问题"）。可见，术语的句法功能结构与逻辑语义结构之间也不存在一一对应关系。

这些现象说明，词组型术语并不像我原来估计的那样单纯，词组型术语仍然有着日常的自然语言中那样复杂的歧义问题。因此，我决定从词组类型结构、句法功能结构和逻辑语义结构三个方面来研究词组型术语的歧义问题。

根据Chomsky的上下文无关语法（Context-Free Grammar，简称CFG）中的Chomsky范式（Chomsky Normal Form，简称CNF），我采用二叉单标记树形图来表示汉语词组型术语的结构。这种由许多层二叉树枝构成的树形图，是以二叉树枝作为其结构的基本单元。二叉树枝上的两个相邻结点的词类或词组类型组成的结构，叫做术语的词组类型结构（Phrase Type Structure，简称PT-结构）。树形图中某一层级的两个相邻树枝结点上的句法功能信息，叫做术语的句法功能结构（Syntactical Functional Structure，简称SF-结构）。树形图中某一层级的子树中两个相邻树枝结点的逻辑语义信息，叫做术语的逻辑语义结构（Logic-Semantic Structure，简称LS-结构）。

任何术语都包括PT-结构、SF-结构和LS-结构这三种层次各异的结构，它们之间的相互作用，决定了术语的字面含义的基本内容。我们常常可以对术语的含义做出"望文生义"或者"顾名思义"的解释，正是这三种结构在我们头脑中相互作用的结果。因此，我们用严格的科学方法来分析这三种不同的结构,就有可能揭示这种"望文生义"或"顾名思义"现象的某些实质,从而对术语的字面含义做出科学的解释。

术语的 PT-结构、SF-结构以及 LS-结构之间的关系可表示如下:

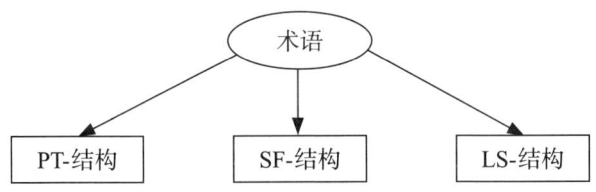

如果我们能够根据术语的 PT-结构,通过有穷步骤,自动地推算出术语的 SF-结构,并进而推算出术语的 LS-结构,那么,就可以做到词组型术语的自动分析(Parsing)。

然而,对于汉语来说,这是一个颇为复杂和相当困难的研究课题。

汉语术语的特点是,这三个结构之间,在绝大多数情况下,不存在一一对应关系。同样的 PT-结构,可以解释为不同的若干个 SF-结构;同样的 SF-结构,又可以解释为不同的若干个 LS-结构。

朱德熙教授在《汉语句法中的歧义现象》一文中,提出了"歧义格式"这个概念来从理论上概括汉语中歧义结构的类型。他认为,句子的歧义"是代表了这些句子的抽象的'句式'所固有的"[①],因此,他主张用"歧义格式"来概括汉语中的同形歧义结构。

朱德熙教授的这种见解是很有价值的,因为语言中的任何一个有结构歧义的形式,都不是孤零零地存在的,它往往代表具有某种格式的许许多多形式。抓住歧义格式是研究歧义的必要途径。

---

① 朱德熙,《汉语句法中的歧义现象》,载《现代汉语语法研究》,1980年,171页,商务印书馆。

但是，朱德熙教授的关于"歧义格式"的见解，还有不完全之处。我们在词组型术语的自动分析中发现，"歧义格式"所反映的类别的歧义，在具体的术语中有时存在，有时并不存在。当我们把具体的单词代真到歧义格式中的范畴符号（也就是类别符号）中，而使歧义格式变为具体的词组型术语的时候，有的词组型术语中仍然可以保持歧义格式原有的歧义，而有的词组型术语中，歧义格式原有的歧义却消失得无影无踪了。

例如，根据我们前面的分析，在汉语词组型术语中，V+N这个结构是一个"歧义格式"，当我们把其中的范畴符号代真为"分割/字符"的时候，其句法功能可以解释为"述宾式"，也可以解释为"定中式"，具有"述宾—定中"歧义，确实是有歧义的。可是，当我们把其中的范畴符号代真为"取/比例尺"的时候，其句法功能只能解释为"述宾式"，不能解释为"定中式"；当我们把其中的范畴符号代真为"响应/时间"的时候，其句法功能只能解释为"定中式"，不能解释为"述宾式"。在这两种情况下，"歧义格式"V+N中原有的歧义完全消失了。

"歧义格式"竟然不再存在"歧义"，岂非咄咄怪事！

这是我在汉语词组型术语自动分析中一个重要的发现。这个发现意味着，朱德熙教授的关于"歧义格式"的见解并不是无可非议的"不刊之论"，这种见解难以解释我在汉语词组型术语自动分析中发现的"歧义格式"不再存在"歧义"的这种普遍存在的现象。事实上，朱德熙教授的"歧义格式"只具有歧义的可能性，并不一定具有歧义的现实性，因此，"歧义格式"这个名称也是不尽恰当的。

根据我在汉语词组型术语自动分析中的这种发现，我又进一步来研究英语中最常见的、公认的"歧义格式"VP + NP1 + Prep + NP2。

在这个"歧义格式"中，当我们把VP代真为saw，把NP2代真为a boy，把Prep代真为with，把NP1代真为a telescope时，得到的"saw a boy with a telescope"是有歧义的，其意思可以是"看见一个戴着望远镜的男孩"，也可以是"用望远镜看一个男孩"。

可是，如果我们把VP，NP1，Prep，NP2等范畴符号代真为别的单词或词组的时候，这个"歧义格式"中的歧义却消失了。请看如下的例子：

She sent the ticket to New York　　　　（1）
（她把票寄到纽约）
She lost the ticket to New York　　　　（2）
（她把到纽约的票丢失了）
He cooks dinner for the children　　　　（3）
（他为孩子们做饭）
The company sells toys for children　　　（4）
（这家公司出售儿童玩具）

在（1）中，动词sent表示传送，具有趋向性，介词词组to New York作它的状语，不作名词词组the ticket的定语，"歧义格式"中的歧义消失了；在（2）中，动词lost表示丧失，不具有趋向性，介词词组to New York作名词词组the ticket的定语，不作动词lost的状语，"歧义格式"中的歧义也消失了；同样地，在（3）中，介词词组for the children作动词cooks的状语，表示目的，而不作名词dinner的定语，"歧义格式"中的歧义也消失了；在（4）中，介词词组for the children作名词toys的定语，而不作动词sells的状语，"歧义格式"中的歧义也消失了。

这说明，在研究歧义问题时，我们归纳概括出来的"歧义格式"中所反映的歧义，并不是"现实的歧义"，而是一种"潜在的歧义"

（potential ambiguity）；这种潜在歧义只有歧义的可能性，没有歧义的现实性。当用具体的单词去代真"歧义格式"中的范畴符号时，在所形成的具体的句子或词组中，这种潜在歧义有可能继续保持，也有可能不再继续保持而消失得无影无踪了。在歧义格式的研究中，"潜在歧义"是一个值得特别注意的、带有普遍性的语言现象。

在汉语的"歧义格式"中，也同样存在着潜在歧义的问题。例如，"VP + 的 + 是 + NP"是汉语中的一个歧义格式，其中的VP是一个双向动词，"VP + 的"做主语，"是 + NP"作谓语，整个格式是一个主谓结构，由于主语部分的"VP + 的"可以是施事，又可以是受事，因而产生了歧义。

例如，我们把VP代真为"反对"，把NP代真为"少数人"，得到"反对的是少数人"这一句子，可以理解为"提反对意见的是少数人"，这时，主语"反对的"是施事，表示反对者，也可以理解为"所反对的是少数人"，这时，主语"反对的"是受事，表示被反对者。

当歧义格式"VP + 的 + 是 + NP"代真为如下的句子时，这种歧义都一直保持着：

"看的是病人"可以理解为"正在观看某种情况的是病人"（"看的"是施事），也可以理解为"被看的是病人"（"看的"是受事）；

"关心的是她母亲"可以理解为"她母亲关心某人某事"（"关心"是施事），也可以理解为"被关心的人是她母亲"（"关心"是受事）；

"扮演的是一个演员"可以理解为"一个演员扮演了剧中某个非演员的角色"（"扮演的"是施事），也可以理解为"被扮演成一个演员"（"扮演的"是受事）；

"援助的是中国"可以理解为"中国援助了别国"（"援助的"是

施事），也可以理解为"别国援助了中国"（"援助的"是受事）；

"相信的是傻瓜"可以理解为"相信某种情况的人是傻瓜"（"相信的"是施事），也可以理解为"所相信的人是傻瓜"（"相信的"是受事）。

但是，如果我们把歧义格式"VP + 的 + 是 + NP"代真为"关心的是分数"时，只可以理解为"所关心的事是分数"，"关心的"只能是受事，而不可能是施事，因为"分数"不可能去关心什么东西，这样，歧义格式中的潜在歧义也消失了。

如果把歧义格式"VP + 的 + 是 + NP"代真为"反对的是战争"时，只可以理解为"被反对的东西是战争"，"反对的"只能是受事，而不可能是施事，因为"战争"作为无生命的事物，不会去反对什么东西，这样，歧义格式中的潜在歧义也消失了。

上述语言现象说明，在自然语言的歧义研究中，当我们把具体的歧义词组或歧义句子概括为某种抽象的歧义格式的时候，这种抽象的歧义格式中所包含的歧义只是一种潜在的歧义。这种潜在的歧义在该歧义格式被代真为其他的词组或句子时，有可能继续保持，也有可能消失。这是自然语言歧义格式研究区别于自然语言的一般句法研究的一个重要特点，我们在自然语言的歧义格式的研究中，不可不注意这一个重要特点。在这些研究的基础上，我提出了"潜在歧义论"。

"潜在歧义论"从实质上改进了朱德熙教授关于"歧义格式"的理论，把"歧义格式"的理论更加深化了，也更加泛化了。我们可以把"歧义格式"看成是"潜在歧义"转化为"现实歧义"的一种特殊情况。

"潜在歧义论"并不是我灵机一动、脱口而出的一种"看法"（point of view），而是我在研究汉语词组型术语时，通过计算机分析"歧义格式"而得到的一个重要"发现"(discovery)。这个发现,对于揭示自然语言中的歧义,是行之有效的。

张禄彭博士在他的这部著作中,运用"潜在歧义"的理论和方法来研究俄语,他进一步发现,潜在歧义不仅存在于词组型术语中,而且也存在于语音、形态、词汇、句法、语义、语用等多个语言学层面以及词素、词汇、句子等各个语言单位层次之中。他明确指出,潜在歧义是自然语言中的一个普遍现象。自然语言处理分为语音、形态、词汇、句法、语义、语用、篇章等多个步骤,其本身正可以看作是在以上多个步骤中的潜在歧义消解,每一层的歧义消解都是在为进行下一步处理做准备。

在语音学层面,他考察了词素的语音潜在歧义、单词的语音潜在歧义和句子的语音潜在歧义;在形态学层面,他考察了词素的形态潜在歧义和词形的形态潜在歧义;在词汇学层面,他考察了兼类词中的潜在歧义;在句法学层面,他考察了词组的句法结构潜在歧义和句子的句法结构潜在歧义;在语义学层面,他考察了词素的语义潜在歧义、单词的语义潜在歧义、词组的语义潜在歧义和句子的语义潜在歧义;此外,他还考察了语用学层面的俄语潜在歧义。

张禄彭博士的这些研究,向我们展示了一幅俄语潜在歧义现象的栩栩如生的图景,说明了潜在歧义确实分布在俄语的各个方面。正如D.Jurafsky和J.H.Martin在《自然语言处理综论》一书中指出的,在自然语言处理中需要的复杂的语言知识可以分为语音学与音系学、形态学、句法学、语义学、语用学、话语学六个方面,而这六个方面的语言知识存在着一个令人吃惊的事实,那就是:"语音和语言计算机处理的绝大多数或者是全部研究都可以看成是在其中某个层面上的消解歧义。"[①]

---

① D.Jurafsky & J.H.Martin,《自然语言处理综论》(冯志伟、孙乐译),电子工业出版社,第3页,2005年。

序　言

　　张禄彭博士的这部著作还讨论了有关"潜在歧义"的一些理论问题。他认为，从广义上讲，歧义指的是一个语言形式对应多个意义或者结构，但是，在计算语言学中研究计算机自动处理潜在歧义与理论语言学中讨论人处理现实歧义有所不同。"潜在歧义"指的是计算机处理自然语言过程中语言形式的一个输入对应多个意义或者结构输出的情况。他依据潜在歧义与现实歧义的对应关系，把潜在歧义分为"Ⅰ型潜在歧义"和"Ⅱ型潜在歧义"；并讨论了潜在歧义与多义、模糊等概念的联系和区别。他认为，从计算语言学角度来看，自然语言处理过程中的潜在歧义具有多角度性、动态性、两面性、可消解性、多层性、复杂性等特性。潜在歧义的形成在语言符号属性、计算机处理过程、交际表达需要等三方面具有复杂的原因。

　　张禄彭博士的这部著作还讨论了俄语潜在歧义的消解方法和策略。他认为，自然语言处理最重要的任务之一就是尽量消解自然语言中的各种潜在歧义，包括消极的Ⅰ型潜在歧义和与现实歧义不符的Ⅱ型潜在歧义。大多数潜在歧义都可以依据语境进行消解，语境分为语言内语境和语言外语境。潜在歧义的消解需要分类进行：一般地说，歧义的消解依据语言学层面由低到高、语言单位层次由小到大的顺序；先消解Ⅱ型潜在歧义，再消解Ⅰ型潜在歧义；Ⅰ型潜在歧义中，消极歧义需要消解，而积极潜在歧义是说话人故意制造的一语双关的表达效果，不仅不会造成交际失误，反而可以使语言变得风趣幽默或者寓意深远，因此积极的Ⅰ型潜在歧义是不需要消解的。他指出，当前最重要的歧义消解策略有基于规则的策略、基于概率统计的策略、基于语义的策略和人机交互的消歧策略四种，并分别举例说明了这四种歧义消解策略在俄语潜在歧义消解中的运用。

　　由此可见，张禄彭博士的这部著作大大地拓展了我原来提出的

"潜在歧义论"的研究范围，对于自然语言处理的各个层面，都是很有用处的。

这部著作的不足之处是实验设计比较简单，算法分析比较薄弱。张禄彭原来是学习俄语出身的，他在博士期间才开始学习计算语言学，并且决心献身于计算语言学事业，因此，在实验和算法方面，我们对于他不应当过于苛求。

计算语言学研究是用计算机研究和处理自然语言的一门新兴的边缘学科。我过去说过，计算机对自然语言的研究和处理，一般应经过如下四个方面的过程[①]：

第一，把需要研究的问题在语言学上加以形式化，建立语言的形式化模型，使之能以一定的数学形式，严密而规整地表示出来；这个过程可以叫做"形式化"。

第二，把这种严密而规整的数学形式表示为算法，这个过程可以叫做"算法化"；

第三，根据算法编写计算机程序，使之在计算机上加以实现，建立各种实用的自然语言处理系统；这个过程可以叫做"程序化"。

第四，对于所建立的自然语言处理系统进行评测，使之不断地提升质量和改进性能，以满足用户的要求；这个过程可以叫做"实用化"。

因此，为了研究计算语言学，不仅要有语言学方面的知识，而且，还要有数学和计算机科学方面的知识，这样计算语言学就成为了一门界乎于语言学、数学和计算机科学之间的边缘性的交叉学科，它同时涉及文科、理科和工科三大领域。

我希望从事计算语言学研究的青年学者同时具备语言学、数学

[①] 冯志伟，《计算语言学基础》，商务印书馆，第2页，2001年，北京。

和计算机科学的知识,成为文理兼通、博学多识的人才。对于那些没有同时具备语言学、数学和计算机科学知识的青年学者,至少在自己原来所学的专业应当是精研通达的内行,在另外两个专业不是似懂非懂的外行,这样,才有可能有效地进行计算语言学的研究。因此,每一个决心研究计算语言学的人,都有必要进行更新知识的再学习。对于计算语言学研究者来说,"活到老,学到老"绝不是一句装扮门面的空话,而应当成为身体力行的座右铭。

目前,张禄彭博士已经认识到更新知识的必要性和重要性,他除了继续学习俄语和语言学知识之外,还开始学习数学和计算机科学的有关知识,这使我感到非常的高兴。

希望张禄彭博士继续努力,不断学习新知,为我国计算语言学的发展做出更大的贡献。

冯志伟
2012年5月19日 于北京

目 录

序　言 ·· 1
目　录 ·· 1
摘　要 ·· I
Автореферат ··· V
Abstract ··· XI

绪　论 ·· 1
　一、选题的现实性 ··· 1
　二、研究对象与研究任务 ·· 3
　三、理论基础与方法论原则 ··· 4
　四、特点和新意 ··· 5
　五、理论意义和实践价值 ·· 5
　六、语料来源 ·· 6
　七、全书结构及主要内容 ·· 7

第一章　歧义问题研究综述 ·· 9
　第一节　计算语言学研究概述 ·· 10
　　一、学科背景考察 ··· 10
　　二、学科名称辨析 ··· 26
　　三、歧义问题成为自然语言处理的重要课题 ················ 28
　　四、讨论 ··· 31
　第二节　从计算语言学角度看歧义问题研究 ··················· 32
　　一、英语学界的研究 ··· 34
　　二、俄语学界的研究 ··· 39

三、汉语学界的研究·································63
　　四、讨论·······································77
　第三节　本章小结·································77

第二章　潜在歧义概念的多维阐释·····················80
　第一节　从歧义到潜在歧义·························81
　　一、歧义概念的多种定义·························81
　　二、抽象歧义与具体歧义·························85
　　三、潜在歧义与现实歧义·························88
　　四、Ⅰ型潜在歧义与Ⅱ型潜在歧义·················93
　　五、小结·······································98
　第二节　潜在歧义与多义和模糊的判别···············98
　　一、潜在歧义与多义·····························98
　　二、潜在歧义与模糊····························105
　　三、补议······································111
　第三节　潜在歧义的特性与成因····················112
　　一、潜在歧义的特性····························112
　　二、潜在歧义产生的原因························118
　第四节　本章小结································127

第三章　俄语潜在歧义的多层分布···················129
　第一节　俄语潜在歧义分布的两个观察点············130
　第二节　语音学层面的俄语潜在歧义················134
　　一、词素的语音潜在歧义························135
　　二、词的语音潜在歧义··························136
　　三、句子的语音潜在歧义························140

第三节　形态学层面的俄语潜在歧义 …………………… 141
　一、词素的形态潜在歧义 …………………………………… 141
　二、词形的形态潜在歧义 …………………………………… 144
第四节　词汇学层面的俄语潜在歧义 …………………… 150
第五节　句法学层面的俄语潜在歧义 …………………… 153
　一、词组（短语）的句法结构潜在歧义 …………………… 153
　二、句子的句法结构潜在歧义 ……………………………… 159
第六节　语义学层面的俄语潜在歧义 …………………… 167
　一、词素的语义潜在歧义 …………………………………… 167
　二、词的语义潜在歧义 ……………………………………… 168
　三、词组（短语）的语义潜在歧义 ………………………… 174
　四、句子的语义结构潜在歧义 ……………………………… 181
第七节　语用学层面的俄语潜在歧义 …………………… 187
第八节　本章小结 ……………………………………………… 190

第四章　俄语潜在歧义的消解 …………………………… 192
第一节　俄语潜在歧义消解的两个原则 ………………… 193
　一、依据语境进行消歧的原则 ……………………………… 193
　二、潜在歧义的分类消解原则 ……………………………… 200
第二节　俄语潜在歧义消解的四个策略 ………………… 208
　一、基于规则的策略 ………………………………………… 209
　二、基于概率统计的策略 …………………………………… 215
　三、基于语义的策略 ………………………………………… 222
　四、人机交互的消歧策略 …………………………………… 230
第三节　俄语词单位潜在歧义消解举例 ………………… 235
　一、基于词类的选择限制 …………………………………… 236

二、基于语法和语义的选择限制 ………………………… 237
　　三、基于词典定义的消歧方法 …………………………… 238
　　四、机器学习的排歧方法 ………………………………… 239
　　五、词义的概率消歧 ……………………………………… 242
　　六、讨论 …………………………………………………… 244
　第四节　本章小结 …………………………………………… 244

结　论 …………………………………………………………… 247
参考文献 ………………………………………………………… 252
后　记 …………………………………………………………… 272

摘 要

　　自然语言处理是人类进入信息时代所面临的重要课题。20世纪60年代，由于计算机科学和语言科学的相互融合产生了计算语言学，其研究目标就是使计算机自动处理人类的自然语言，其中首要问题乃是识别和理解自然语言。潜在歧义是自然语言中普遍存在的现象，自然语言处理的绝大多数或者是全部研究均可以看成是在某个语言学层面或者语言单位层次上的消歧。在自然语言处理过程中，计算机可能遇到的歧义是自动处理的中间产物，对人类来说不一定具有现实意义，因此是潜在的歧义。

　　本书通过系统梳理计算语言学界关于歧义自动消解的研究，尝试提出并论证自然语言处理潜在歧义消解论的工作假设，并在俄语自动处理的工程实践中加以验证。面向自然语言处理的潜在歧义消解论是对冯志伟先生所提出潜在歧义论的继承和发展，是对计算语言学框架内潜在歧义消解问题研究的系统化阐释。

　　本书着重研究以下四方面内容：

　　第一，综述与本课题相关的研究成果。通过对计算语言学产生和发展轮廓的简要回顾，考察了自然语言处理研究的两大方法论流派——符号派与随机派。符号派主要由具有语言学背景的学者组成，他们为基于规则的消歧策略提供了方法论依据；随机派主要来自统计学专业和电子学专业的人员，他们提出了基于概率统计的消歧策略。自然语言处理是计算语言学研究的核心内容，贯穿于自然语言处理过程各个步骤的潜在歧义及其消解问题成为计算语言学难以解决的瓶颈。歧义问题研究自古有之，乔姆斯基关于句法歧义的理论在整个语言学界引起很大反响，激起大批学者从事句法歧义自动消解研究。在计算语言学诞生后的半个多世纪，英语界、俄语界和汉语界的计算语言学研究者在歧义及其消解领域进行了许多有益的探索，为本书的研究提供了较为坚实的基础。与此同时，国内外俄语计算语言学界对歧义问题的探讨还较为零散、缺乏系统性，因此从计算语言学角度系统研究俄语自动处理中潜在歧义类型及其消解方法具有现实性。

第二，通过对潜在歧义的界定及与相近概念的异同、特性、成因等基本理论问题的辨析，力图把握潜在歧义概念的实质。广义上，歧义概念指的是一个语言形式对应多个意义或者结构，计算语言学中研究自动处理潜在歧义与理论语言学中讨论人处理现实歧义有所不同。计算语言学所关注的潜在歧义指的是计算机处理自然语言过程中语言形式的一个输入对应意义或者结构分析多个输出结果的情况，它依据与现实歧义的对应关系可分为Ⅰ型潜在歧义和Ⅱ型潜在歧义。潜在歧义存在于面向计算机的语言分析层面，这一特殊层面既不同于语言能力层面，又有别于语言运用层面。潜在歧义概念与多义和模糊既有联系又有区别：潜在歧义存在于动态的言语之中，它不是语言单位固有的静态的意义，而多义则存在于语言单位固有的静态的意义中；潜在歧义受语境的制约，往往可以消解，而多义则不受语境制约，也不能够消解。语言学中的模糊概念是指词义的界限不清、程度不同，潜在歧义则是指一个语料片断的输入能够对应多个意义或结构的输出，潜在歧义与模糊这两个相近概念在主体、数、质、范围、种类等五方面存在差异。面向自然语言处理的潜在歧义概念具有机械性、动态性、负面性、可消解性、多层性、复杂性等六个特性。从语言符号的本质属性、计算机语言自动处理过程和言语交际需要三个方面来看，潜在歧义的产生具有深刻原因。

第三，观察俄语潜在歧义的多层分布体系。人遇到的现实歧义大体上限于句法和语义两个语言学层面，而计算机遇到的潜在歧义则可能存在于自然语言处理的各个语言学层面，包括语音学、形态学、词汇学、句法学、语义学、语用学等层面。人遇到的现实歧义大体上限于词和句子两个语言单位，而计算机遇到的潜在歧义则可能存在于自然语言处理的各个语言单位，包括词素、词形、短语、句子等。可见，自然语言处理所面临的潜在歧义存在于语言学多个层面和语言单位多个层次，语言学层面和语言单位层次可以作为俄语潜在歧义分布情况的两个观察点。语言学层面和语言单位层次两个观察点在以往的歧义研究中常常被混合在一起，事实上两个观察点对应形成了俄语潜在歧义的两种不同分布体系，应当区别对待。同时，两个观察点又有相似之处，它们都遵循语言处理从局部到整体、由小到大的顺序，因此可以从这两个观察点来分层考察自然语言处理中的潜在歧义。本书以语言学层面作为一级观察点、以语言单位层次作为二级观察点描写俄语潜在歧义的多层分布情况。

第四，确定俄语潜在歧义消解的方法与策略。潜在歧义消解是计算语言学应用研究最基本的任务之一。根据语境消歧原则，大多数情况下可以在更大的语境范围内消除潜在歧义。分类消歧原则体现在三个方面：依据语言学层面由低到高、语言单位层次由小到大的顺序进行消歧，这符合自然语言处理的一般规律；先消解语境相对完整和固定的Ⅱ型潜在歧义，再消解句子间相关度难以准确把握的Ⅰ型潜在歧义；在Ⅰ型潜在歧义中，消极歧义会影响表达和沟通、造成交际失误，因此需要消解；积极歧义是说话人故意制造的双关语，它不仅不会影响沟通交流、造成交际失误，反而会使语言变得风趣幽默或者寓意深远，因此不需要消解。当前最重要的消歧策略有基于规则的策略、基于概率统计的策略、基于语义的策略和人机交互的策略等四种，文中分别举例演示了四种消歧策略在俄语潜在歧义消解中的运用。词单位潜在歧义是最常见的潜在歧义类型之一，本书最后结合四种消歧策略讨论了俄语词汇单位潜在歧义消解的具体情况。

关键词：计算语言学；自然语言处理；俄语；潜在歧义；歧义消解

Автореферат

Актуальность исследования. Автоматическая обработка естественного языка (далее, АОЕЯ) является важной задачей, предстоящей перед человечеством в эпоху информации. В 60-ые годы 20-ого века в результате сочетания компьютерной науки с наукой о языке появилась компьютерная лингвистика как дисциплина, которая направлена на автоматический компьютерный анализ естественного языка, в частности, на распознание и понимание компьютером естественного языка. Как универсальное явление потенциальная неоднозначность (далее, ПН) присуща естественным языкам. В подавляющем большинстве случаев АОЕЯ рассматривается как процесс разрешения потенциальных неоднозначностей (далее РПН) в каком-то лингвистическом плане или на уровне какой-то языковой единицы.

Основываясь на понятии неоднозначного паттерна (pattern), известный учёный Фэн Чживэй предложил теорию ПН, отмечая, что неоднозначность в неоднозначном паттерне является потенциальной, а не реальной, и что такая ПН необязательно реально существует в конкретных предложениях и словосочетаниях, которые образуются путём замены конкретными словами категориального знака. При АОЕЯ неоднозначность, с которой сталкивается компьютер на разных уровнях, носит именно потенциальный характер. Руководствуясь теорией ПН, учитывая результаты исследований по проблеме потенциальных неоднозначностей и их автоматическому разрешению в области компьютерной лингвистики, мы предпримем попытку выдвигать и аргументировать рабочую гипотезу РПН с ориентацией на АОЕЯ, применять эту гипотезу к обсуждению конкретных проблем, возникающих при автоматической обработке русского языка.

Объектом настоящего исследования выступают ПН в русском языке под углом зрения компьютерной лингвистики, а предметом исследования являются основные типы потенциальных неоднозначностей и стратегии их разрешения.

Задачи настоящего исследования состоят в обсуждении следующих проблем:

Во-первых, рассматриваются понятие потенциальной неоднозначности и смежные с ней понятия, свойства ПН и причины ее возникновения. Потенциальная неоднозначность обозначает то, что одна языковая форма, вводимая в систему АОЕЯ, обладает соответственно несколькими значениями или структурами при выводе данных обработки. В работе различаются ПН типа Ⅰ и ПН типа Ⅱ. Автоматическая обработка ПН в рамках компьютерной лингвистики не равняется обработке человеком реальной неоднозначности в области теоретической лингвистике. ПН различаются и связываются с такими понятиями, как полисемия и диффузность. Под углом зрения компьютерной лингвистики ПН отличаются автоматичностью, динамичностью, отрицательностью, разрешаемостью, полиаспектностью и сложностью. Возникновение ПН тесно связано с природой языковых знаков и особенностями компьютерной обработки лингвистической информации.

Во-вторых, описываются разновидности ПН русского

языка. Абстрактная неоднозначность обозначает то, что один абстрактный паттерн имеет несколько возможных структур; а конкретная неоднозначность — одна конкретная языковая форма имеет несколько возможных структур или значений. Реальная неоднозначность обычно наблюдается в реальных языковых выражениях и принадлежит к плану языкового употребления. В качестве промежуточного явления ПН возникают при компьютерном анализе естественного языка. Такого рода неоднозначность является потенциальной потому, что она не обязательно существует в реальности. ПН принадлежит к плану АОЕЯ, отличающемуся от плана языковой компетенции и плана языкового употребления. Реальная неоднозначность делится на лексическую и синтаксическую; а ПН, которая нуждается в разрешении путём автоматического анализа, существует в фонетическом, морфологическом, лексическом, синтаксическом, семантическом и прагматическом планах и на уровнях таких языковых единиц, как словоформы, слова, словосочетания, предложения и т. д. Разрешение ПН в конкретных лингвистических планах конкретной языковой единицы составляет основную задачу автоматической обработки языка. Лингвистические планы и уровни языковых единиц как 2 пункта наблюдения над проблемами неоднозначностей взаимосвязаны и взаимодополняемы. По порядку компьютерного анализа "от частичного к целому" и "от маленького к большому" названные 2 пункта могут совместно функционировать для разрешения потенциальных неоднозначностей.

В-третьих, освещаются методы и стратегии РПН в русском

языке. Одна из главных задач компьютерной лингвистики — это разрешение разновидных потенциальных неоднозначностей, соответствующих типу I или несоответствующих реальной неоднозначности типу II. Большинство ПН может быть разрешено с опорой на контекст, который делится на лингвистический и экстралингвистический. Активная ПН типа I возникает в результате намеренного употребления говорящим каламбура. Такого рода неоднозначность не может привести к коммуникативной неудаче, наоборот, может придать юмористический или афористичный оттенок языковым выражениям. Следовательно, активную ПН типа I не нужно разрешать. В работе обсуждены 4 главных стратегии РПН, которые основываются соответственно на правилах, вероятностной статистике, семантике и интеракции человека с компьютером. В данной диссертации продемонстрировано практическое использование названных стратегий РПН. При этом обсуждается конкретная проблема разрешения семантической ПН лексических единиц, которая чаще всего встречается при АОЕЯ.

ПН наблюдаются на разных уровнях языка, начиная с фонетических форм слов до структуры предложения. На РПН оказывают влияние факторы ситуативные, грамматические, семантические, прагматические, а также энциклопедичные знания. Формализация этих факторов является самой трудоёмкой задачей для компьютерной лингвистики. Имеем основания сказать, что история автоматической обработки естественного языка является историей борьбы с разными ПН.

В русле вышесказанного в настоящей диссертации

предпринята попытка выдвинуть гипотезу РПН с ориентацией на АОЕЯ и проверить ее эффективность при автоматической обработке русского языка. Гипотеза РПН с ориентацией на АОЕЯ является наследством и развитием теории ПН у известного учёного Фэн Чживэя. Эта гипотеза содержит следующие основные положения:

1) АОЕЯ реализуется многоэтапно в планах фонетики, морфологии, лексики, синтаксиса, семантики и прагматики, сама АОЕЯ является процессом РПН на разных уровнях языка, РПН на каждом нижестоящем уровне лежит в основе операции на вышестоящем уровне.

2) Под понятием неоднозначности в рамках компьютерной и теоретической лингвистики понимается по-разному. В теоретической лингвистике реальная неоднозначность делится на лексическую и синтаксическую, а в компьютерной лингвистке ПН понимаются в широком смысле.

3) Под углом зрения компьютерной лингвистики неоднозначности могут быть классифицированы с разных пунктов наблюдения. Методы и стратегии разрешения ПН должны основываться на эффективных принципах, пригодных для компьютерной обработки лингвистической информации.

Научная новизна исследования заключается в том, что:

1) проведено определение ПН и отличие понятия ПН от смежных с ней понятий в теоретической и компьютерной лингвистике;

2) выделены и описаны основные типы ПН в русском языке с точки зрения двух пунктов наблюдения;

3) обоснованы принципы и стратегии РПН в целях

автоматической обработки русскоязычной информации.

Теоретическая значимость исследования заключается в систематическом рассмотрении проблем неоднозначностей в области компьютерной лингвистики и выдвижении гипотезы РПН с ориентацией на АОЕЯ, что принесет пользу в поисках эффективных методов для устранения разных типов ПН в русском языке.

Практическая значимость исследования состоит в применении изложенных теоретических положений к автоматической обработке русского языка.

Настоящая работа состоит из введения, 4 глав и заключения. Во Введении обосновываются актуальность заявленной темы диссертации, объект и предмет исследования, рабочая гипотеза, научная новизна, теоретическая и практическая значимость исследования. В первой главе делается обзор истории и методов исследования касающейся неоднозначностей проблематики. Во второй главе обсуждаются основные теоретические проблемы ПН. В третьей главе наблюдаются разновидности ПН. В четвёртой главе освещаются стратегии РПН. В Заключении подводятся итоги настоящего исследования.

Ключевые слова: компьютерная лингвистика; автоматическая обработка естественного языка(АОЕЯ); русский язык; потенциальная неоднозначность(ПН); разрешение потенциальной неоднозначности(РПН)

Abstract

Natural Language Processing (NLP) has come into being as an inevitable result of human's exploration in the information era. In the 1960s, when computer science came into contact with linguistics, there emerged a brand new science, computational linguistics. The ultimate aim of this new subject is to enable the computer to automatically process natural languages. Before the fulfillment of this task, however, we must first let the computer recognize and understand natural languages. One of the most challenging issues is to resolve the potential ambiguity, which is present across all levels of the language system. To some extent, researches on NLP can be viewed as attempts to resolve this issue on different levels and from different perspectives.

Computational linguist Mr. Feng Zhiwei, on the basis of the conception of ambiguity pattern, puts forward the theory of potential ambiguity. He argues that the ambiguity as reflected in ambiguity patterns is not real but potential ambiguity. The potential ambiguity may be resolved when the categorical symbols in the ambiguity patterns are replaced with specific words to form specific phrases or sentences. In NLP, this potentiality characterizes the ambiguities the computer comes across at different levels. Drawing insights from the theory of potential ambiguity and previous researches on ambiguity and its auto-resolution, we will present a disambiguation program for NLP and apply it to tackle the relevant issues in the processing of Russian.

Starting with a brief review of the development of computational linguistics and the origins of the ambiguity problem, this thesis focuses the following three topics:

First, basic theoretical issues like the definition, properties, and causes of potential ambiguity as well as its similarities and differences as compared to similar concepts. Potential ambiguity results when a single linguistic form corresponds to a number of different meanings or structures. Different from the realistic ambiguity dealt with by theoretical linguistics, in computational linguistics the topic is potential ambiguity, which can be divided into type Ⅰ & Ⅱ judging from relevance with reality. Besides, potential ambiguity is both related to and different from concepts like polysemy, vagueness, and others. From the perspective of computational linguistics, the potential ambiguity dealt with in NLP is not only automatic, dynamic, resolvable, multi-layered, and complicated, but also can be approached from different perspectives. Potential ambiguity can result from the properties of linguistic signs, the process of computer processing, and the needs of communication.

Second, the discrimination and description of different kinds of potential ambiguities in Russian. For abstract ambiguity, an abstract pattern can be analyzed as a number of possible structures, while for concrete ambiguity, a specific linguistic element can be analyzed as many possible structures or meanings. Realistic ambiguity refers to those ambiguities occurring in language use, with a pragmatic flavor; potential ambiguity is a by-product of NLP produced by the computer. The latter is not necessarily true for human beings, and is related to language capability. The realistic ambiguity can be divided into lexical and syntactic ambiguities; in NPL, the computer has to resolve potential ambiguities caused by linguistic factors such as phonological, morphological, lexical, syntactic, semantic, and pragmatic factors, as well as those in different linguistic units such as the alphabet, morpheme, vocabulary, phrase, sentence, and text. The potential ambiguities in specific linguistic units and at specific linguistic levels present themselves as the primary tasks for disambiguation in NPL, for example, the resolution of lexico-morphological potential ambiguities and the resolution of syntactic structural potential ambiguities in simple sentences. The two criteria by which potential ambiguities are established, i.e., linguistic levels and linguistic units, can be combined in resolving the empirical issues in disambiguation.

Third, research on disambiguation in Russian. One of the most important tasks for computational linguistics is to resolve potential ambiguities in NLP, including both those in line with and those not in line with realistic ambiguities. Most potential ambiguities can be resolved according to the context, including linguistic context and extra-linguistic context. Sometimes, the speaker purposefully produces positive ambiguities in order to achieve a special pragmatic effect, without affecting the effectiveness of communication, but, instead, adding an element of humor or inspiration to that context. Therefore, such potential ambiguities will not produce any real ambiguity at all and do not need to be resolved. Presently, the most important disambiguation strategies are either based on rules, on probability, on meaning, or on human-computer interaction. These four strategies will be applied to resolve potential ambiguities in Russian. As the most common of all potential ambiguities, lexical potential ambiguities constitute the last topic of this thesis.

The potential ambiguities in NLP are distributed across the language system, from morphology to syntactic structure. The resolution of potential ambiguities involves the context, grammar, semantics, pragmatics, or even the encyclopedic knowledge in our daily life. How to formalize these factors is the most difficult part. The history of NLP has been one combating with potential ambiguities. With all these facts in mind, we put forward a disambiguation hypothesis in this thesis and elaborate on its application in Russian automatic processing.

In short, the disambiguation theory for NLP comprises the following three parts:

1) A basic account is made for the concepts of potential ambiguity, including the definition, properties, and causes of potential ambiguity as well as its similarities and differences as compared to similar concepts;

2) The classification system of potential ambiguity is elaborated. From the perspective of computational linguistics, we can classify potential ambiguity from different observing points;

3) A methodological study of disambiguation is conducted, mainly including two principles(to resolve potential ambiguities based on the context, and gradually by classification)and four disambiguation strategies(based respectively on rules, probability, semantics and human-computer interaction).

Adopting and improving Feng Zhiwei's potential ambiguity theory, the theory proposed herein for resolving potential ambiguities in natural languages is a systematic elaboration on the issue of disambiguation in NLP.

The present project studies potential ambiguities in Russian from the perspective of computational linguistics, with four distinctive features: 1)the study is done from the perspective of computational linguistics; 2)the theme is potential ambiguity related issues; 3) potential ambiguity theory is used to explore the specific problems of Russian ambiguities; 4)equal emphasis is put on both potential ambiguity and its resolution.

This thesis has the following significances: 1)the definition and account of potential ambiguity is definitely set in a computational linguistic scenario; 2)the potential ambiguity in computational linguistics is systematically classified into a number of groups, going beyond the traditional classification in theoretical linguistics; 3) an potential ambiguity resolving approach is put forward from the perspective of computational linguistics; 4)this approach is applied to deal with the specific issues in Russian auto-processing, a promising move for present day Russian computational linguistics.

Theoretically, this study distinguishes itself in systematically exploring potential ambiguities from the perspective of computational linguistics, summarizing and improving studies in this field, and proposing a scientific hypothesis for disambiguation in NLP. Empirically, the proposal can be applied in the practice of Russian auto-processing, and will doubtlessly shed light on auto-processing in other languages.

The difficulties for now are: 1)the extremely complicated auto-processing of voice should be studied by those specialized in acoustic physics, metrics, phonetics and phonology; 2)words, phrases and sentences still comprise the dominant input segments, while text and discourse are more difficult to process for the present level of technology; 3)nowadays, NLP studies focus on semantic meanings, with little attention paid to the more complex pragmatic meanings. Taking into account of these facts, the thesis developed a full potential ambiguity resolving theory, although they are not the focus of this study.

This paper has six chapters. It begins with an introduction of the theme of this study. Then, Chapter One presents a review of the background of this project. Chapter Two deals with some basic theoretical issues related to potential ambiguity. Chapter Three is devoted to the potential ambiguities in Russian and Chapter Four focuses on the potential ambiguity resolving theory for Russian. The paper ends with a summary.

Since the birth of computational linguistics more than 60 years ago, linguists and computer scientists have done a lot of work in an effort to resolve potential ambiguities and have made significant progress. However, there is still a long way to go before we can effectively transform all human linguistic knowledge, encyclopedic knowledge, association abilities and logic abilities into programs and data structures that can be understood and operated by computers. All the methods proposed by different scholars seem to fail to achieve fully automatic and quality machine translation. Obviously, disambiguation for NLP is indeed a hard task. We must continue to make every possible effort to effectively resolve it.

Key words: computational linguistics; NLP; Russian; potential ambiguity; disambiguation

绪 论

一、选题的现实性

20世纪60年代计算机科学和语言学相结合产生了计算语言学，美国率先成立计算语言学学会和国际计算语言学委员会，使得世界各国的计算语言学研究进入了有组织的阶段。经过近半个世纪的发展历程，在当前国际学术界，计算语言学几乎成为一门"显学"。

计算语言学与"自然语言处理"、"自然语言理解"等学科术语有着紧密的联系，前者是从理论和方法角度而言，后者是从技术和应用角度而言；前者是从语言学系统中衍生出来的分支学科，而后者是计算机科学和电子工程中研讨的课题。随着学科研究的不断深入，语言学工作者和计算机工作者逐渐认识到，自然语言处理实际上需要语言学和计算机科学、电子工程、数学等学科越来越紧密地合作，因此计算语言学和"自然语言处理"、"自然语言理解"等术语之间的界限也趋向于模糊，如《MIT认知科学百科全书》（英文版）就将词条"Computational Linguistics"（CL，计算语言学）视为自然语言处理（NLP）的同义语。

计算语言学的研究目标就是使计算机自动处理人类的自然语言，其中首要课题就是让计算机识别和理解自然语言。D.Jurafsky和J.H.Martin认为，在这一过程中需要的复杂的语言知识可以分为语音学与音系学、形态学、句法学、语义学、语用学、话语学六个方面，而这六个方面的语言知识存在着一个令人吃惊的事实，那就是："语音和语言计算机处理的绝大多数或者是全部研究都可以看成是在其中某个层面上的消解歧义。"（D.Jurafsky，J.H.Martin，2005：

3）D.Jurafsky 和 J.H.Martin 的原文表述如下：A perhaps surprising fact about the six categories of linguistic knowledge is that most or all tasks in speech and language processing can be viewed as resolving ambiguity at one of these levels.(Jurafsky, D., Martin, and J.H., 1999：4)由此可见，歧义问题是自然语言处理技术和计算语言学理论研究共同关注的重要课题。

20世纪80年代，我国语言学界就曾注意到歧义现象并进行研究，例如朱德熙（1980）的《汉语句法中的歧义现象》、吕叔湘（1984）的《歧义类例》、黄国营（1985）的《现代汉语歧义短语》等，他们从人处理语言的角度归纳并揭示了不同语言层次的多种歧义现象，如多义词歧义、结构成分间的语义关系歧义、跟上下文环境相关的语用歧义等，但这些研究基本上是面向人的歧义研究。应当指出，从计算机处理自然语言的角度考虑潜在歧义问题与从人的角度考虑现实歧义问题有所不同。计算语言学中的歧义概念则侧重于"潜在歧义"，冯志伟（1996：173）鲜明地指出："在研究同形歧义问题时，我们归纳概括出来的歧义格式中所反映的歧义并不是现实的歧义，而是一种潜在的歧义；当用具体的单词去代真歧义格式中的范畴符号时，在所形成的具体的句子或词组中，这种潜在歧义有可能继续保持，也有可能不再继续保持而消失。在歧义格式的研究中这是一个值得特别注意、带有普遍性的语言现象。"

近年来，国内外计算语言学界渐渐出现了一些关于自然语言处理中歧义问题的专门研究，例如冯志伟（1996）提出潜在歧义论，詹卫东（2000）在现代汉语短语结构规则中的歧义问题研究，D.Jurafsky 和 J.H.Martin（1999/2005）将各个层面的语言处理看作是歧义消解的过程等，这些研究推动了潜在歧义问题的理论探索并积累了很多素材。

然而，现阶段俄语潜在歧义的计算语言学研究尚缺乏系统性，其主要表现是：

1）尚未从计算语言学角度明确界定和阐述"潜在歧义"概念，用以区分理论语言学与计算语言学中的歧义概念；

2）尚无对潜在歧义本质属性的系统论述；

3）尚缺少对俄语潜在歧义进行系统的分类描述；

4）尚缺乏从语言工程实施角度制定系统的俄语潜在歧义消解的原则和策略。

总体而论，在俄语计算语言学中对歧义现象的研究较为零散，尚未形成系统的理论框架。在本书中，我们将通过俄语语料的采集分析对计算语言学中的俄语潜在歧义问题及其消解策略进行系统研究。

二、研究对象与研究任务

本书的研究对象是计算语言学视野下的俄语潜在歧义。这一研究对象包括以下四个研究取向：1）我们从计算语言学的角度讨论歧义问题；2）我们关注的焦点是潜在歧义问题的本质属性；3）我们将基于潜在歧义及其消解的相关理论来探讨俄语潜在歧义的具体表现形式及类型；4）我们将兼顾潜在歧义问题的理论阐释与歧义消解的技术处理。

自然语言计算机自动处理的过程大体可以分为语音、形态、词汇、句法、语义、语用、篇章分析等多个步骤，其实自然语言的计算机自动处理本身正可以看作是一种多步骤的歧义消解过程，每一层的歧义消解都是为下一步处理做准备，我们尝试建立自然语言处理的潜在歧义消解论的理论框架。本书的研究任务在于：

第一，系统探讨计算语言学视野下潜在歧义的定义、特性、成因、分类，厘清潜在歧义与相近概念"模糊"和"多义"的联系与区别，制定消歧策略，旨在构建计算语言学中潜在歧义问题的系统理论框架；

第二，将我们总结提炼出的面向自然语言处理的潜在歧义消解方法论原则运用到解决俄语自动处理的实际问题中，并通过俄语处理的具体实例来验证面向自然语言处理的潜在歧义消解论。

三、理论基础与方法论原则

作为语言学工作者，我们的首要任务是探讨旨在服务于自然语言处理的语言学保障（лингвистическое обеспечение）。本书研究的理论基础主要来源于计算语言学的基本理论，不管转换生成语法、依存语法、概念依存理论（conceptual dependency，CD理论）、格语法等。

本书研究秉承以下方法论原则：

1）符号派基于规则的方法

符号派侧重从理论语言学角度对语言作理性主义分析，对自然语言进行基于规则的处理；随机派则侧重从统计学和计算机科学的角度对自然语言作经验主义的概率统计。由于我们是具有语言学背景的研究者，因此更适合在自然语言处理的语言学保障方面进行探索，对语言规则进行细致描写，建立适用于自然语言处理的语言模型。

2）将语言学基础理论研究与计算语言学应用研究相结合

计算语言学是语言学和计算机科学相交叉产生的新学科。语言学是计算语言学的上位学科，为其提供语言知识方面的理论支持，因此我们从计算语言学角度研究潜在歧义问题应当首先借鉴语言学中歧义问题的相关研究成果。同时，计算语言学的诸多下位分支学科(如计算音系学、计算形态学、计算句法学、计算语义学等)又有各自的特色,因此更要强调从计算机应用角度探讨解决潜在歧义问题的主要方法和关键技术。计算语言学与理论语言学之间存在一种具有互补关系的学科联系。

四、特点和新意

本书的特点之一是借鉴欧美、俄罗斯及我国自然语言处理学界消歧问题研究的理论和方法,探讨俄语的潜在歧义问题;二是整合与补足,我们尝试将俄语潜在歧义问题纳入一个相对完整的系统描述框架,并力图补充我们对该问题求解的一些新发现。

本书的学术新意主要体现在:

1)从计算语言学角度明确界定和阐释"潜在歧义"概念,从而对理论语言学与计算语言学中的歧义概念加以区分;

2)通过比较潜在歧义与"多义"和"模糊"两个相近概念,把握计算语言学中潜在歧义概念的本质特点;

3)从语言学层面和语言单位层次两个观测点出发,对计算语言学视野下的俄语潜在歧义多层分布情况进行系统地观察描述,这将在一定程度上突破现有的歧义现象分类方法;

4)从计算语言学角度讨论俄语潜在歧义消解的原则和策略,将有助于制定俄文信息处理的可操作技术措施。

五、理论意义和实践价值

本书的理论意义在于:从计算语言学角度对潜在歧义问题进行系统论述,从潜在歧义概念的阐释到多层分布观察再到消解策略确定，尝试提出并论证一套相对完整的面向自然语言处理的潜在歧义消解论的工作假设，从而为面向俄文信息处理的潜在歧义消解提供较为坚实的语言学保障。

本书的实践价值在于：潜在歧义消解论可直接运用于俄语自动处理，制定切实可行的消歧策略对于研制高效的俄语自动处理系统具有实际指导作用；潜在歧义消解论还可用于指导俄语教学，有助于学生系统掌握俄语屈折变化丰富的形态信息和词汇语义信息，正确理解与生成语义连贯和无歧义的话语。

六、语料来源

当前，语料库资源已成为现代语言学尤其是计算语言学强有力的研究工具，在语言应用研究中正在发挥越来越重要的作用，因此本书分析的具体语料大多取自在线的网络资源。新千年前后，俄语语料库研究得到长足发展，建立了一些采集多种语料、包含多种标注信息的大型语料库，如20世纪末俄文报刊语料库（Компьютерный корпус текстов русских газет конца XX века）[1]，而规模最大的俄语国家语料库（Национальный корпус русского языка）[2]已采集3500万词次的语料。在本书中，我们将主要从俄语国家语料库采集一些例句。

此外，书中的部分语料取自俄语书籍和教材，还有部分语料取自公开发表的学术论文。

---

[1] 网址为http://www.philol.msu.ru/~lex/corpus/
[2] 网址为http://ruscorpora.ru/

七、全书结构及主要内容

本书由绪论、第一至四章和结论六个部分组成。

绪论提出从计算语言学角度研究俄语潜在歧义及其消解的现实性问题，讨论了从俄语自动处理的实际出发系统构建自然语言处理潜在歧义消解论的可行性；确定了本书的研究对象与任务，阐述了理论基础与方法论原则，论述了特点、新意和语料来源，指出了此项研究的理论意义与实践价值。

第一章"歧义问题研究综述"，扼要地回顾了计算语言学的学科发展背景，对英、俄、汉语学界的歧义问题研究进行了综述。潜在歧义及其消解问题贯穿于自然语言处理的整个过程，符号派为基于规则的消歧策略提供了方法论依据，随机派提出了基于概率统计的消歧策略。通过对英、俄、汉语计算语言学界歧义研究的总结回顾，本章指明国内俄语学界对俄语歧义问题的研究目前还有一定的局限性，从计算语言学角度系统考察俄语自动处理中的潜在歧义及其消解问题具有现实意义。

第二章"潜在歧义概念的多维阐释"，讨论关于潜在歧义概念的基本理论问题。在讨论广义歧义概念的基础上，进一步指出潜在歧义概念是指在面向计算机的语言分析层面上一个语言形式的输入对应多个意义或结构输出的情况，并依据与现实歧义的对应关系区分出Ⅰ型潜在歧义和Ⅱ型潜在歧义。通过与相近概念的对比，本章还总结出潜在歧义概念的六种特性，并从语言符号属性、计算机自动处理和言语交际需要三方面分析了潜在歧义产生的原因。

第三章"俄语潜在歧义的多层分布"，观察描述俄语潜在歧义的各种具体类型。自然语言处理所面临的潜在歧义存在于语言学的多个层面以及多级语言单位，本章以语言学层面作为一级观察点、以语言单位层次作为二级观察点，举例展示俄语潜在歧义的多层分布情况。以往的研究较少论及短语和句子的语义结构潜在歧义以及词素和短语单位层次的潜在歧义，本章将其纳入俄语潜在歧义的多层分布体系。

第四章"俄语潜在歧义的消解"，总结俄语潜在歧义消解的原则和策略。潜在歧义的消解应当遵循语境原则和分类原则，依据语法、语义、语用等语境先解决分散、容易的小问题，再解决复杂、涉及面宽的大问题，积极Ⅰ型潜在歧义不需要消解。本章面向俄语自动处理总结出基于规则、基于概率统计、基于语义、人机交互四种消歧策略，最后结合四个消歧策略和词单位潜在歧义的特点，举例讨论了俄语词单位消歧的具体办法。

结论总结了自然语言处理潜在歧义消解论的主要内容，回顾了本书研究中遇到的三个难点问题，并展望了潜在歧义消解研究未来可能的发展方向。

第一章　歧义问题研究综述

　　计算语言学，通过建立形式化的数学模型来分析、处理自然语言，并在计算机上用程序来实现分析和处理的过程，从而达到以机器来模拟人的全部或者部分语言能力的目的。

—— 俞士汶

　　一种语法的精当性，就在于它解释歧义的本事。

—— N.Chomsky

　　В отечественных проектах автоматической обработки текста эта проблема (снятие лексической и морфологической неоднозначности) до сих пор не получила должной разработки.

—— А.В.Сокирко и др.[①]

　　计算语言学视野下的俄语潜在歧义研究涉及方方面面，计算语言学学科发展态势、自然语言处理的大致流程、歧义问题研究渊源等与本课题相关的学术背景，为我们展开讨论提供了较为重要的依据。因此本章中，我们将对上述相关研究进行综述。

---

① http://company.yandex.ru/grant/2005/01_Sokirko_92802.pdf，作者А.В.Сокирко是Интегрум-техно公司研究员，俄语国家语料库（Национальный корпус русского языка）课题组合作成员。该段话译文如下："在我国（译者注：此处"我国"指俄罗斯）文本自动处理的诸多方案中，这一问题（即词汇歧义与形态歧义的消解）至今没有得到应有的深入研究。"

第一节 计算语言学研究概述

一、学科背景考察

1769年,英国人瓦特在大量试验的基础上,经过了无数次失败,终于制成了历史上第一台单动式蒸汽机,并且获得了第一台蒸汽机的专利权,从此人类社会进入工业时代。1821年,英国科学家法拉第首先证明可以把电力转变为旋转运动。1834年,据说德国人雅可比首先制成简易电动机,后来雅可比又制作了一具大型电动装置安装在小艇上,用320个丹尼尔电池供电,1838年小艇在易北河上首次航行,时速2.2公里;与此同时,美国的达文波特也成功地制出了驱动印刷机的电动机,印刷过美国电学期刊《电磁和机械情报》。1870年,比利时工程师格拉姆发明了直流发电机,此后电动机得到了广泛应用,人类进入光明的电气时代。[①]1946年,在美国的宾夕法尼亚大学埃克特(J.P.Eckert)和莫希来(J.W.Mauchly)在莫希来提出的"高速电子管计算装置"方案的基础上,设计制造出历史上第一台计算机ENIAC,其运算速度为每秒5000次。不久,匈牙利籍科学家冯·诺依曼等发表论文《电子计算机装置逻辑结构初探》,提出"存储程序控制"这一至关重要的计算机工作原理。此后,计算机科学迅猛发展,人类迈进信息时代。

(一)早期的机器翻译实验

语言是信息的载体。在以计算机科学为先导的信息时代,使用计算机这一功能强大的工具来处理人类自然语言成为包括语言学、计算机科学在内许多领域的专家学者们越来越关心的问题。早在1933年,前苏联发明家П.П.Троянский就在莫斯科登记一项专利,

---

① 参考http://www.losn.com.cn/kxyfm/energy/4.htm

其内容是要求保护"制造一台在从一种语言翻译成另一种语言或多种语言时能选择和打印词汇的机器"的专利（патент на машину для подбора и печатания слов при переводе с одного языка на другой），这实际上是一台查字典的机器，但使计算机介入语言翻译环节的思想已经萌芽。（转引自：易绵竹等，2007：1）在第一台计算机ENIAC诞生的同年，英国的A.D.Booth、美国的W.Weaver就开始使用计算机来翻译外语的研究，称为"机器翻译"。1954年，美国乔治敦大学在IBM（国际商用机器）公司的协助下，用IBM-701计算机进行了世界上第一次机器翻译试验，首次用计算机将俄语翻译成英语，并取得初步成功。这是计算机最早运用于非数值处理的领域，这一尝试立即引起了人们的注意，许多学者认为这是一个大有可为的计算机应用领域。（刘颖，2002：8）同年9月，前苏联学者Д.Ю.Панов撰文《借助机器从一种语言到另一种语言的翻译：关于第一次成功实验的报告》（Перевод с одного языка на другой при помощи машины: Отчет о первом успешном испытании），该文的发表被认为是前苏联机器翻译历史发轫的原点。（易绵竹等，2007：1）此后，美国、前苏联、日本以及欧洲一些国家的大学和科研机构陆续开始了机器翻译的专门研究，一时间在世界范围内掀起了一股热潮。

　　这些早期的机器翻译研究具有重大的历史意义。首先，使用计算机处理人类自然语言的设想深入人心，人们发觉用来处理数值的计算机居然也可以处理语言文字，这为计算语言学未来的发展奠定了思想基础，召唤了一批计算语言学的忠实拥护者和探索者，他们能够克服困难坚持这方面的研究。其次，早期的机器翻译实验虽然未获成功，但为计算语言学将来的发展积累了经验教训，研究者们意识到应当更多地纳入语言学知识，从此研究重点从机器翻译转移到"自然语言处理"或者"自然语言理解"。最后,"计算语言学"术语在这一时期出现,COLING会议(国际计算语言学会议)成立,这两个历史性事件标志着计算语言学的正式诞生。在《COLING2000会议论文集》序言中,Martin Kay谈到:1960年David Hays创造"计算语言学"这个术语的时候,他心中想象的是"为机器翻译工作提供一个更加坚实的理论基础"。幸运的是,计算语言学从起初就处于早期的机器翻译研究背景之中而又不仅仅限于机器翻译本身,来自不同领域和学科——诸如数学、语言学、逻辑学、信息科学、统计学和人文科学等——的研究者,为了一个共同的理想走到一起,他们希望集成各自的知识,以便使计算机能够实现从一种语言到另一种语言的翻译,或者使得计算机具有相当于人类语言使用者的语言能力。1965年在纽约召开的第一届COLING会议已经体现了其作为一个跨学科、跨国界的学术交流论坛的设想,随后COLING会议逐渐成为一个真正具有国际影响力的活动。(俞士汶、黄居仁,2005:1-2)

但是,这些早期的研究都把机器翻译的过程与解读密码的过程相类比,单纯以计算机处理简单数据的方式试图通过查询词典来实现词对词的简单翻译,未能将丰富的语言学知识运用到机器翻译中来,因而译文生涩难懂,难以付诸实用。1964年,美国科学院专门成立了一个"自动语言处理咨询委员会"(简称ALPAC委员会),以调查机器翻译的情况。1966年,ALPAC委员会写出了专门报告——ALPAC报告。报告中说:"在目前给机器翻译以大力支持还没有多少理由。"报告公布后,很多资助都停止了,机器翻译研究出现了空前萧条的局面。(冯志伟,2001.转引自:刘颖,2002:8-9)应当说,这种局面的形成在当时是必然的,主要原因有二:第一,早期的机器翻译研究未能充分地融入语言学知识,使得翻译过程流于表面化的词词对译，至于句法、语义、语用等至关重要的语言学要素当时未得到有效运用，当然，这与当时语言学发展水平的局限也有关系；第二，计算机在当时还是新生事物，它的性能与现在相比很有限，使用当时的计算机还无法完成一些相对复杂的语言处理工作，这也是一个重要的客观原因。ALPAC报告以后，计算语言学的研究重点从机器翻译转移到自然语言理解和自然语言处理。

（二）计算语言学的发展积累

20世纪50年代末期到60年代初，自然语言处理明显地分成两个阵营：符号派（symbolic）和随机派（stochastic）。（D.Jurafsky，J.H.Martin，2005：8）符号派主要是有语言学背景的学者，受当时乔姆斯基的形式语言理论和转换生成语法的影响，不少符号派计算语言学家从理性主义的方法论出发，试图构建适合计算机处理的语言模型。他们常常把句法剖析放在自然语言处理的首位，不断进行剖析算法的研究，早期的自顶向下和自底向上算法以及后来的动态规划算法都是符号派的贡献。此外符号派学者们的贡献主要还包括确定语音规则、词法分析、语义的形式化处理等，总体来讲是偏向语言学方面的。符号派为基于规则的消歧策略提供了方法论依据。

随机派主要是一些来自统计学专业和电子学专业的人员。20世纪50年代后期，贝叶斯方法开始用于解决识别最优字符的问题，后来N元语法和隐马尔科夫模型也被用来进行语音识别的计算。在乔姆斯基的句法理论占统治地位的时期，随机派是从属于符号派而处于次要地位的，直到80年代语料库语言学兴起，随机派复苏并迅速成长为与符号派并驾齐驱的一支力量。基于概率统计的消歧策略是源自随机派方法论的。

对于上述两派的学术贡献，我们下面进行具体说明。

1. 符号派

乔姆斯基的形式语言理论是影响最大的早期计算语言学的句法理论。(冯志伟, 1996：8)乔氏从形式逻辑的角度区分并定义了0型语言、上下文有关语言、上下文无关语言和正则语言四种语言, 四种语言分别由名称相对应的四种语法(0型语法、上下文有关语法、上下文无关语法和正则语法)来定义, 这被称为著名的"Chomsky层级", 通过抽吸引理可以判断出一种语言是否是正则语言。[①]正则语法可以直接由计算机来处理, 因此现有的计算机语言都是正则语言。上下文无关语法又叫做短语结构语法(phrase structure grammar, PSG), 被广泛地运用于自然语言处理中。但是人们不久就发现, 短语结构语法的分析能力不高, 分析时难以区分大量的歧义句子；短语结构语法的生成能力过强, 往往会生成大量不合乎自然语言语法的句子。乔姆斯基本人也认为, 短语结构语法不能够充分地描述自然语言, 20世纪50年代他提出转换语法来试图克服短语结构语法的这些缺点, 后来转换语法逐步完善成转换生成语法。不过, 这种转换生成语法的分析效率也不高, 而且生成能力超强, 不仅可以生成一切人类的语言, 还可以生成许多人类语言之外的符号串, 因此它并没有在实际的自然语言处理系统中得到广泛地应用。之后乔氏提出管辖约束理论来限制转换生成语法过强的生成能力, 然而由于管辖约束理论常常需要涉及若干句子间的相互关系, 在自然语言处理的实践过程中显得很不方便。这时研究者们发现, 短语结构语法就单个句子进行分析, 一个句子只有一个成分结构, 而且不牵扯句子间复杂的相互联系, 更方便于进行机器翻译的语法分析和自然语言处理, 因此研究的焦点又返回短语结构语法, 出现

---

① 参考D.Jurafsky & J.H.Martin,冯志伟、孙乐译,《自然语言处理综论》, 2005：305-307。

了各种扩充和增强了的短语结构语法。

这些扩充和增强了的短语结构语法在自然语言的句法处理中享有很高的声誉，其中比较著名的理论主要有以下几种。美国语言学家Bresnan主张建立面向词汇的非转换语法，她与Kaplan一起于1983年提出了词汇-功能语法（lexical-functional grammar, LFG），在短语结构分析中非常重视单词的词法分析。Martin Kay和Kaplan从1975年开始研究扩充转移网络（Augmented Transition Network, ATN）语法，它的表层结构分析和深层结构生成是同时进行的。Martin Kay还于1983年提出"合一语法"（unification grammar, UG），并于1985年升级为"功能合一语法"，该语法先采用特征结构来表示自然语言语法性质的基本类别，然后使用合一运算来实现各个特征结构的叠加，通过这种先分再合的方式来实现对短语结构的形式化描写。Gazdar、Klein、Sag和Pullum等人于1985年提出"广义短语结构语法"（generalized phrase structure grammar, GPSG），对不同种类的短语结构进行了更为细致的分析描写，坚持严格的形式化，有一套细致繁复的标记和公式，这样做虽然对一般读者来说感到烦琐，却便于计算机的演算。Pollard 1984年提出"中心词语法"，次年又与同事们一起提出"中心词驱动的短语结构语法"（head-driven phrase structure grammar, HPSG），在短语结构分析中突出中心词的因素。上述短语结构语法都采用复杂特征结构来改进传统的集合运算，从而有效地克服了原有短语结构语法的缺点，同时保持了短语结构语法的优点。

在句法分析研究进展的同时，计算语言学研究者越来越意识到语义的重要性。乔姆斯基关于表层结构和深层结构的理论把语义的问题提升到了相当的高度，Katz和Fodor等提出的解释语义学采用成分分析法，利用语义成分、标记和关系来定义词符成分，人类学家在分析亲属词时提出了义素分析法，这些对于自然语言的语义处理都很有帮助。1966年，Fillmore提出格语法（case grammar），从句子的深层句法关系来推导句子的表层结构，较好地解决了句法和语义相结合的问题，他提出的语义格以句法形式表现了语义内容，提高了自然语言处理的效率。1968年美国心理学家Quilian在研究人类联想记忆时提出语义网络（semantic network）。1972年人工智能专家Simons和Slocum首先将语义网络用于自然语言理解系统中。Wilks1974年提出优选语义学，提高了英法机器翻译的译文质量。同年，Schank提出概念依存理论（Conceptual Dependency，CD），被用于英语语义的自动理解。20世纪70年代，数理逻辑学家Montague提出蒙塔格语法（Montague Grammar），用数理逻辑来研究自然语言的句法结构和语义关系，为自然语言处理开辟了新途径。

前苏联早期的机器翻译实验和计算语言学研究，也曾受符号派学术思想的影响，对语义信息处理问题予以极大的关注。И.А.Мельчук于20世纪60年代倡导建立的《意思⇔文本》语言学模型，被认为是前苏联最为著名的计算语言学理论，其实用目的是在意思与文本之间建立双向的语言处理器。该理论认为词的语义元素及其语义结构对一个词在句法结构中的表现有重要作用，并提出一套完整的语义与句法转换规则和描写工具语言。后来，梅里丘克移居加拿大，在蒙特利尔大学翻译&语言学系成立"《意思⇔文本》语言学观察站"，潜心于理论研究和实际应用，成就卓著，其学术思想在国际计算语言学界及理论语言学界享有盛誉并引起强烈反响。近40年来，许多国家的研究者基于《意思⇔文本》模型设计机器翻译系统，或尝试以本国语为目标语编纂双语词典，取得了许多应用性成果。（薛恩奎，2005：203-205）

第一章 歧义问题研究综述

以俄罗斯科学院院士Ю.Д.Апресян为代表的莫斯科语义学派秉承《意思⇔文本》语言学模型理论的核心思想，逐渐发展为语言的整合描写与系统词典学理论。阿普列相院士率领俄罗斯科学院信息传输问题研究所计算语言学实验室同仁，将基础研究定位在研制一种基于《意思⇔文本》理论的全效形式语言模型，主持研发了ЭТАП系列机器翻译实验系统。（易绵竹等，2007：24）由于受《意思⇔文本》理论影响，俄罗斯学者В.А.Тузов致力于俄语计算语义学研究，他建立的语义词典按照基元概念进行分类，每一个类别包含分类号、分类名（由基元概念定义）、基元概念和派生词。基元概念无需其他概念解释，只需标明其分类号，有的还标明了常用接格关系。派生词由基元函项和基元概念进行解释，其意义通过基元函项和基元概念累加后表达。（同上：162）

在语音处理方面，符号派确定了语音系统和音位系统，描写音位组合规则，并用有限状态自动机来模拟音位规则。在语音系统中，根据发音器官如何产生音素来对每个音素进行描写：根据辅音的发音部位、发音方法、浊化、软化的情况可以描写每个辅音音素；根据舌位的高低和前后以及唇形可以对每个元音音素进行描写。在音位系统中，通过组合对比相似相近的音位，找出各种区别特征，通过足够多的区分特征就可以限定每个音位，因此在音位系统中，每个音位就代表一组区分特征。这在语音自动处理中是十分有用的，因为根据声音的频谱就可以找到区分特征，根据区分特征就可以确定音位。通过描写音位规则可以进一步确定音位的组合搭配规则以及音位的变化规律，这有助于识别一串连续的音位。1972年Johnson提出用正则关系来模拟音位规则的思想，他证明了没有递归规则的音位系统都能用正则关系来模拟。事实上，至今所有被形式化了的音位规则，只要是不递归（递归，即无限循环）的都是可以用正则关系来模拟的，这一点后来被Martin Kay和Kaplan所证实。

  对词法的自动剖析要明了一些，在这方面传统的形态学和构词学提供了完善的规则系统，研究者的工作就是构建形态剖析模型，通过词的屈折变化来确定其语法特征。1983年Koskenniemi提出双层形态学（two-level morphology），把一个词表示为词汇层和表层的对应，词汇层表示组成该词的语素之间的毗连关系，表层表示该词实际拼写的最终情况，这样就可以通过音位的组合规则来对词的形态进行剖析。在形态剖析过程中需要注意的是，相同的屈折变化形态可能对应不同的语法特征，例如дорогой这一词形的词尾-ой既可能是阳性单数一格，又可能是阴性单数的二三五六格，这就产生了计算语言学中特有的歧义现象，因此需要建立一系列计算机可以处理的规则来消除这样的歧义。俄罗斯"Гарант-Парк-Интернет"（http://www.rco.ru/）公司研发的"RCO"形态分析模块（其商标即为"RCO"），使用词干词典进行形态分析。该公司研发的形态分析模块具有三项功能：根据词典精确分析登录词、根据规则系统分析未登录词、通过对比常用词模型进行概率分析。该模块使用了有效的俄语形态编码系统，以实现用占用空间最小的词典完成最快捷的分析。它的词典收词11.5万（300万多个词形），还包含分析未登录词所需的信息，而大小还不到3M。（易绵竹等，2007：142-143）词法剖析中产生的形态歧义在俄语自动处理中很典型，这方面的内容我们将在下文加以讨论。

  2. 随机派

  与符号派对自然语言进行基于规则的处理不同，随机派则以统计数据和概率为依据来开展语言处理，其主要贡献有：1）字符识别；2）语音识别的概率模型；3）言语统计；4）语料库语言学。

光学字符识别（optical character recognition，OCR）是自然语言处理的一个有机组成部分，拼写错误的检查和更正也采用与OCR一样的算法进行处理，它们都属于字符处理的内容。OCR是印刷体或者手写字符自动识别的一个术语，在光学字符识别过程中，光学扫描仪器把印刷体或手写字符转换成位图，然后把位图传送给OCR算法进行识别。在字符识别过程中经常会用到一些概率模型，这些模型——特别是贝叶斯推理和噪声信道模型——也经常运用于自然语言处理的其他一些领域。1959年Bledsoe和Browning研制了用于OCR拼写错误更正的一种概率算法，这种算法使用一部大型词典，把单词中的每个字母的似然度相乘，计算出在词典中给定的每个单词与所观察字符序列之间的似然度。在这个意义上，Bledsoe和Browning已经预见到现代贝叶斯推理的方法应当与字符和语音识别的问题相结合。1979年Shinghal和Toussaint使用二元语法的字母转移概率和Viterbi算法，在错误拼写的OCR输入中选择可能性最大的正确形式。1983年Grudin发现，在人的打字文本中拼写错误率在1%~3%，而这个错误率对于经过复制编辑处理后的文本则会明显地下降。Kukich在1992年的报告中，将该领域分为非词错误检查、孤立词错误更正和依赖于上下文的错误检查和更正三个大问题，而这些问题的解决都依赖于概率模型。

ABBYY FineReader是俄罗斯开发的著名OCR软件。众所周知，俄国人开发的2个著名软件享有世界声誉，一个是反病毒软件卡巴斯基（Kaspersky Anti-Virus），还有一个就是OCR软件ABBYY FineReader。ABBYY是文档识别、数据捕获和语言软件技术开发商的领航者，其获奖产品FineReader OCR软件可以将扫描仪扫描的文件、PDF文件以及数码相机拍摄的名片等以极高的正确率直接转换成可编辑可管理的电子文档形式，方便编辑和检索。关键是这款软件可以识别179种西方语言，如英语、法语、德语、意大利语等，对数字的识别效果好，对翻译行业非常有用，其中功能可以将书面和电子的PDF转换成Word文档，并且文件的原始版面可以很好地保留下来。ABBYY FineReader OCR在世界上获150多项大奖，2005年12月22日，ABBYY FineReader 8.0专业版被美国著名计算机杂志（《PC Magazine》）授予四星。

  自动语音识别（automatic speech recognition，ASR）研究的目标就是利用计算机建立语音识别系统，把声学信号映射为单词序列；自动语音理解（automatic speech understanding，ASU）把这个目标扩展到不仅产生单词序列，还要产生句子并且在某种程度上理解这些句子，自然语言的语音处理主要涉及这两方面的内容。近年来，ASR的研究是语音处理的主要方面，其研究成果在某些特定领域切实可行，显示了ASR技术的逐渐成熟，例如ASR已经运用于人与计算机的交互、电话识别、结合语音指示的多模态界面以及自动听抄等领域。20世纪50年代初，贝尔实验室的系统可以识别一个单独说话人说出的10个数字中的任何一个数字，这个系统中存储了不依赖说话人的10个模式，每个数字对应一个模式，每个模式代表数字中的头两个元音的共振峰，通过选择与输入存在最高相关系数的模式的方法，识别正确率达到97%~99%。1959年，Fry和Denes在伦敦大学建立了一个音位识别系统，根据一个类似的模式识别原则，系统能够识别4个元音和9个辅音，该系统首次使用音位转移概率来对语音识别系统进行约束。60年代末开始出现了一系列的特征抽取算法，包括1965年的快速傅立叶变换以及1968年倒谱处理在语音处理中的应用。70年代初出现了一些处理翘曲变形（warping）的方法，在与存储模式匹配时，通过展宽和收缩输入信号的方法来处理说话速率和切分长度的差异，解决这些问题最自然的方法就是动态规划算法。

隐马尔可夫模型（Скрытая Марковская Модель；Hidden Markov Model, HMM）[①]在语音处理中是十分重要的方法，1972年前后分别有两个实验室应用隐马尔可夫模型独立进行了语音处理的研究。一方面的应用是由一些统计学家开展的，Baum和他的同事们在普林斯顿大学的国防分析研究所研究HMM，并把其运用于解决各种预测问题。James Baker在普林斯顿大学读研究生期间研究了Baum的成果，并将HMM算法应用于语音处理。同时，在IBM公司的自然语言处理研究中心，Frederick Jelinek、Robert Mercer和Lalit Bahl独立研究了如何将HMM应用于语音处理，他们在信息论模型方面的研究受到Shannon的影响。IBM的系统和Baker的系统非常相似，特别是都使用了贝叶斯推理的方法和HMM模型；两个系统的不同在于解码算法，Baker的系统使用的是Viterbi动态规划算法，而IBM的系统则使用了Jelinek的栈解码算法。后来，IBM的语音识别方法完全支配了这个领域，他们研制了基于类别的N元语法模型、基于HMM的词类标注系统、统计机器翻译系统，还使用熵和困惑度来作为评测的标准。

言语统计中大量使用统计学的方法和理论对人的言语规律进行考究，这也是典型的随机派的方法论。1959年在列宁格勒师

[①] А.А.Марков(马尔可夫)于1856年6月2日生于梁赞，1922年7月20日卒于圣彼得堡，是彼得堡数学学派的代表人物，以数论和概率论方面的工作著称。Марков最重要的工作是，在1906～1912年间研究并提出了一种能用数学分析方法研究自然过程的一般图式——马尔可夫链(марковская цепь)。Марков经多次观察试验发现，一个系统的状态转换过程中第n次转换获得的状态常决定于前一次(第n-1次)试验的结果，并指出：对于一个系统，由一个状态转至另一个状态的转换过程中，存在着转移概率，并且这种转移概率可以依据其紧接的前一种状态推算出来。在正常的马尔可夫链中，状态对于观察者来说是直接可见的，这样状态变迁概率便是全部的参数。而在隐马尔可夫模型中，状态并不是直接可见的，但受状态影响的某些变量则是可见的，每一个状态在可能输出的符号上都有一概率分布，因此输出符号的序列能够透露出状态序列的一些信息。相关信息可参阅А.А.Марков传记http://www.apmath.spbu.ru/ru/misc/markov.html，以及关于近代现代科技史发展的网站http://www.fjinfo.gov.cn/kepu/kjsh/sjkjs.htm。

范学院(现俄罗斯赫尔岑国立师范大学)工程语言学实验室主任Р.Г.Пиотровский的倡导下,组建了全苏"言语统计"(Статистика речи,СтР)研究组,它联合前苏联一些科研院所,并于1991年扩展为一个国际性的学术团体,其成员分布在俄罗斯、白俄罗斯、摩尔多瓦共和国、德意志联邦共和国、以色列、加拿大等国。近半个世纪以来,Пиотровский领导研究组成员对言语统计组合描写与文本自动处理、语言学模式化与符号学、信息学与计算技术、人工智能等诸多领域的理论和应用问题展开深入研究。鉴于Пиотровский在该领域所做的开拓性工作,他被誉为"前苏联计算语言学的创始人"。(易绵竹等,2007:2-3)

语料库语言学不属于语言自身某个侧面的研究,而是一种以语料库为基础的语言研究方法。早期的语料库在20世纪50年代之前就已经产生,当时的语言学家用手写的方式来记录和搜集语言素材,用于语言习得、方言、语言教学等方面的研究。1957年乔姆斯基的《句法理论》以及后来一系列论著的发表根本性地改变了语料库语言学的发展状况,语言学研究的主流从经验主义转向理性主义,使得被视为经验主义产物的各种语料库被全面否定,语料库语言学陷入低谷。20世纪80年代以来,计算机科学的迅速发展为语料库的计算机化奠定了物质基础,加之转换生成语法对语料库语言学的全盘否定被证明是错误的,语料库语言学复苏并飞速发展,以柯林斯-伯明翰英语语料库(COBUILD)和国际英语语料库(The International Corpus of English,ICE)为代表的一大批第二代机读语料库相继建成。

20世纪80年代中后期以来,正当一些国家的语料库语言学蓬勃发展时,苏联及解体以后的俄罗斯则处于重大的社会和经济转型期,一些学术科研项目受到了严重的冲击,俄罗斯的许多计算语言学研究仅能纸上谈兵。进入21世纪之后，俄罗斯社会逐步趋向稳定，越来越多的学者开始关注和投身于俄语语料库的建设。目前，在俄罗斯虽然从事语料库语言学研究的学者仍非常有限，但总体情况较以前已大有改观。2002年3月5—7日，在圣彼得堡国立大学举行了主题为"语料库语言学与语言数据库"的学术会议，来自俄罗斯联邦及其他独联体国家的一流专家出席了会议，与会学者就建立全国性的信息数据库和语料库迫切性及相关的一系列问题展开了热烈讨论，并达成许多共识。从2003年3月开始，在俄罗斯著名的计算语言学与人工智能网站《21世纪对话》[①]上，开辟了语料库语言学版块，版主为С.А.Шаров。从这个版块发布的信息，可以大致了解俄罗斯语料库语言学研究的基本现状和发展趋势。进入2004年，在Л.А.Вербицкая、И.Н.Казанский和В.Б.Касевич等人共同主持下，俄语国家语料库（Национальный корпус русского языка）[②]建设取得了重要进展，国家语料库网站终于面世，并已开始提供网络检索服务。（易绵竹等，2007：172-173）

俄罗斯应用语言学家А.Н.Баранов认为，语料库语言学研究是对语言认识论功能的一种优化（оптимизация эпистемической функции языка）。（Баранов，2001：112）语料库语言学包括两方面的主要内容，一是对自然语料进行加工、标注；二是用已经标注好的语料进行语言研究和应用开发。第一方面的工作是为第二方面的研发服务的，利用标注过的语料进行语言研究才是终极目标，在这过程中研究人员大量运用统计概率的方法对复杂的数据进行数学分析，从无序的数据中找出语言的规律。首先对语料进行计数，然后利用贝叶斯推理、N元语法、隐马尔可夫模型等统计概率模型对语

---

① 网址为http://www.dialog-21.ru/
② 网址为http://www.ruscorpora.ru/

料进行分析处理，从而实现对大规模真实文本的自动处理。

3. 两派关系

符号派和随机派的划分是从研究人员的学科背景和学术倾向上做出的分类，符号派侧重从理论语言学角度对语言作理性主义分析，对自然语言进行基于规则的处理，在对待歧义消解的问题上倾向于通过规则进行限制；随机派则侧重从统计学和计算机科学的角度对自然语言作经验主义的概率统计，在消歧问题上倾向通过概率进行优选。同时，两派并非绝对对立，他们之间存在着较大的互补与协作。符号派为随机派提供了重要的语言理论支持，所建立的基于规则的语言模型可以直接使用计算机程序进行模拟，例如语音处理中符号派系统地分析研究了音位系统以及音位规则，这使得随机派使用统计的方法进一步识别语音成为可能；而随机派的概率统计方法则可以对符号派的理性主义分析结果进行更为客观全面的验证，例如语料库的一个重要功能就是对各种语言处理系统进行评测，所以说两者之间是你中有我、我中有你的对立统一关系。20世纪90年代以来，两派逐渐合流，由此形成计算语言学全面繁荣的局面。

（三）**各个领域的合流**

20世纪90年代，自然语言处理的不同领域形成了合流，原有的各方面研究被有机地综合了起来，这表现在两个方面。首先在方法论上，符号派基于规则的方法与随机派的概率统计方法结合起来，句法剖析、词类标注和话语处理等方面的算法都开始引入概率统计，并且采用从语音识别和信息检索中借用的评测方法。其次，语言研究的各个方面相互融合，计算语言学进入了大规模真实文本处理的新时期。为了适应广泛商用开发的目的，语言学单一层面的研究已经越来越要求其他层面的补充，语音、形态、词性、句法剖析、语义、语用等各个层面的相互配合逐渐增多。在这样的大背景下，自然语言处理中歧义消解的各种策略也走向融合，歧义消解研究者将各种消歧策略相互结合，利用符号派基于规则的方法限制不合乎条件的可能性，并通过概论统计优选出最符合语境的可能性，这种消歧策略的合流使得自然语言处理达到更高的正确率。

计算语言学研究这种合流态势的形成主要归功于三方面原因：

第一，计算机科学的迅猛发展提供了物质基础，由于计算机速度和存储量的增长，在自然语言处理的一些子领域，特别是在语音识别、拼写检查、语法检查这些子领域，有可能进行大规模的商用开发。像我们经常使用的Word、WPS等文字处理软件中就已经综合使用了计算语言学的多种技术。第二，语言学的发展壮大提供了理论保障，自然语言的计算机处理离不开对语言本身的研究，语言学在20世纪下半叶的逐步繁荣壮大同时带来计算语言学的空前发展，所以语言学各个层面协调发展的趋势也显现在计算语言学中。第三，网络的快速普及使得进一步加强基于语言处理的信息检索和网上翻译的需求变得更加突出，当今世界，网络成为了人们之间沟通交流以及获得信息的重要工具，在网络上不同国家操不同语言的人们之间的信息交流障碍等有待计算语言学来解决的需要与日俱增，这也是计算语言学繁荣发展的一个动因。

在这一时期，计算语言学研究形成空前繁荣的局面，在此我们引用D.Jurafsky和J.H.Martin所列举出该学科当前的一些应用项目，以便形象具体地反映该学科令人满意的进展情况：加拿大的计算机程序能够接受每天的天气预报数据，然后自动生成天气预报报告，不必经过进一步编辑就可以用英语和法语公布；Systran的Babel Fish机器翻译系统每天可以处理Alta Vista搜索引擎的100万个翻译请求；到马萨诸塞州坎布里齐市访问的客人用口语问计算机在什么地方可以吃饭，通过查询一个关于当地饭店的数据库之后，就能获得相关信息。(D.Jurafsky, J.H.Martin，2005：6)此外，D.Jurafsky和J.H.Martin还列举了几个实例来说明当前世界上在语音和语言处理的研究和开发实验室中进行的一些探索性研究：让计算机阅读数百篇典型的大学生论文并给这些论文打分，而计算机的打分结果与人的打分结果几乎毫无差别，难以分辨；让计算机充当家庭教师以帮助改善阅读能力，它能教小孩阅读故事，当阅读人要求阅读或者出现阅读错误时，计算机能使用语音识别器进行干预；给计算机装上图像识别系统，它就可以观看一段足球比赛的录像，并且用自然语言报告比赛的情况；对于有言语交际障碍的残疾人，计算机能够预见下面将要出现的词语，给他们做出提示，或者当他们说话时帮助在词语方面进行扩充，使残疾人能够完整地说出简洁的话语。(同上：7)

二、学科名称辨析

20世纪60年代，计算机科学和语言学相结合产生了计算语言学，这不仅成为计算机进入人文科学领域的一个重要的里程碑，而且计算语言学本身也发展为应用语言学学科群中最具现代化色彩的一门学科，在心理语言学、社会语言学以及语言教学等众多学科领域均积极采用计算机模拟实验的方法，语言研究的计算机化特色日趋明显。20世纪60年代，美国率先成立计算语言学学会和国际计算语言学委员会，世界各国的相关研究于是进入有组织的阶段，由此正式形成一门以计算语言学理论为基础、具有广泛应用价值的语言工程学。(易绵竹、南振兴，2005：3)20世纪90年代，计算语言学的各方面研究相互交叉融合，形成空前繁荣的局面。在此，我们引用俞士汶先生(2004：2)的话对学科做一定义，计算语言学

（Computational Linguistics）"指的是这样一门学科，它通过建立形式化的数学模型来分析、处理自然语言，并在计算机上用程序来实现分析和处理的过程，从而达到以机器来模拟人的全部或者部分语言能力的目的"。

计算语言学"也称自然语言处理或自然语言理解，它是研究如何利用计算机来理解和生成自然语言"。（刘颖，2002：1）显而易见，计算语言学是由语言学和计算机科学交叉而产生的一门新兴学科。Jurafsky和Martin也曾指出："在历史上，语音和语言处理曾经在计算机科学、电子工程、语言学和心理认知语言学等不同的领域分别进行研究。之所以出现这种情况，是由于语音和语言处理包括了一系列性质不同而又彼此交叉的学科，它们是：语言学中的计算语言学（computational linguistics）、计算机科学中的自然语言处理（natural language processing）……"。（D.Jurafsky & J.H.Martin，2005：7）我们认为，两种名称是一种对立统一的关系。首先，"自然语言处理"这一术语倾向于使用在计算机科学的体系中，而"计算语言学"倾向于使用在语言学体系中；其次，"计算语言学"的概念更加完整，包含的意义也更加广泛，它更加清晰明了地限定了一门学科，而"自然语言处理"似乎是计算语言学发展过程中某一阶段的研究重点，这两点体现出两个术语的对立。两个术语相互统一性体现在：1）不少文献中将两个术语相等同；2）自然语言处理是计算语言学应用研究的核心内容；3）计算语言学的产生原因就是以计算机为工具来处理自然语言。因此，"自然语言处理"和"计算语言学"两个术语的内涵是相统一的，都体现了语言学与计算机科学的合流。

三、歧义问题成为自然语言处理的重要课题

如前所述，计算语言学与"自然语言处理"、"自然语言理解"等术语有着紧密的联系。"前者是从理论和方法角度而言，后者是从技术和应用角度而言"。（易绵竹、南振兴，2005：4）《MIT认知科学百科全书》（英文版）的"Computational Linguistics"词条就将计算语言学CL亦称为自然语言处理NLP。计算语言学的研究目标就是使得计算机自动处理人类的自然语言，其中首要的课题就是让计算机识别和理解自然语言。

简而言之，我们向计算机输入一个语段，目标是计算机应当能够根据我们设定的规则系统对其进行自动分析，从而推导出该语段的正确结构和意义。如果能继续将分析得出的正确的结构和意义再通过另一种语言的规则系统合成为新的语段，就实现了机器翻译。在计算机根据我们设定的规则系统对输入语段进行自动分析从而推导出正确结构和意义的过程中，经常会出现这样的情况：计算机根据规则系统对输入语段得出了多种分析结果，而事实上其中按照人类的理解却往往只有一种结果是正确的，这就是计算语言学中的歧义问题（潜在歧义）。发生这样的情况不是说我们为计算机设定的分析规则系统是错误的，而是说明我们现阶段研究出给计算机使用的规则系统是不够完善的，而且这一规则系统从不完善到完善要经历漫长的研究历程，这一历程也就是我们逐步教会计算机消解潜在歧义的过程。自然语言计算机自动处理中间过程的一个输入对应多个输出的现象，我们在计算语言学中称为潜在歧义现象。

具体说来，自然语言计算机自动处理的过程大体可以分为以下几个步骤[①]：

[①] 参见：D.Jurafsky & J.H.Martin，冯志伟、孙乐译，2005，译者序：7-9。

第一章 歧义问题研究综述

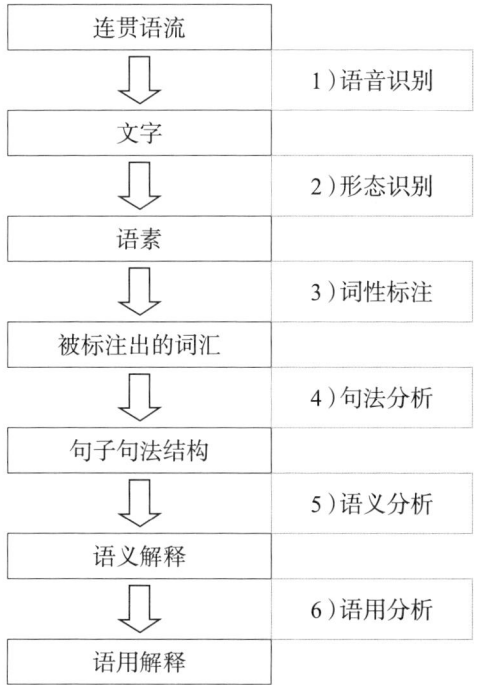

图1.1 自然语言计算机自动处理的大体流程

1）语音识别，将连贯语流识别并转化为文字；（直接对文本操作可省略这一步骤）

2）形态识别，对文字进行识别并分析出语素；

3）词性标注，对每个单词进行词性标注，以利于明确每个单词在句子中扮演的角色；

4）句法分析，分析出整句的句法结构；

5）语义分析，对输入进行语义解释；

6）语用分析，对输入进行语用解释。

这6个步骤层层递进，每一层的分析都是在为下一层的分析做准备。

先来看看人类是怎样处理语言的。拿俄语来说，我们阅读的时候经常会遇到复杂、难以理解的句子，这时我们常会依照上表的流程采用这样的解决办法：先观察确定词尾的屈折变化，然后通过词尾屈折变化来分析词的性、数、格、时、体、态、动词变位等范畴进而标注词性，根据词的组合规则将最基本的词组切分出来，再对整个句子进行句法分析，最后理解整句话的意思，有时还要参照上下文（语用知识）。

自然语言计算机自动处理的过程中，潜在歧义的消解成为难以解决的瓶颈，它贯穿于以上过程的各个步骤中。乌克兰学者米兰（Г.Мирам）认为：机器翻译活动之所以困难，原因就在于歧义现象，多义现象和附加意味是造成歧义的消极因素，不止词汇有歧义，词与词之间的关系也会有歧义；计算语言学工作者的任务就是在语言形式化的过程中消除歧义现象，即用形式化的方法使语言单位的意义成为明确的。(G.米兰，2003：5-8)歧义给计算语言学带来了一个重要的研究课题，通常当人们使用语言时，并没有觉察到歧义的存在就可以对语句做出合适的理解；但计算机只能对语言做机械的理解，因而分析时会产生大量的歧义。(翁富良、王野翊，1998：189)D.Jurafsky和J.H.Martin指出自然语言处理的各个环节都可以被看作歧义的消解。以中文信息处理中的自动分词和标注为例，刘开瑛（2000：58）认为，汉语自动分词问题中，歧义字段切分是影响分词系统切分精度的重要因素，它是自动分词系统设计中的一个最困难也是最核心的问题。

冯志伟先生（1996：171-175）提出的"潜在歧义"以及詹卫东（2000：122-124）提出的"准歧义格式"正是针对图1.1中第4)步对已标注了词性的词汇进行自动句法分析时遇到的问题提出的，而为了解决这些问题,就要进一步完善计算机自动句法剖析的规则系统,以进行歧义的消解。其实,自然语言的计算机自动处理本身正可以看作在以上列出的6个层面(步骤)中的歧义消解过程,每一层的歧义消解都是为进行下一步做准备,我们可以根据整个过程的歧义消解方法建立自然语言处理的潜在歧义消解论。

需要指出的是,现阶段输入计算机的语段仍以单词、短语和句子最为常见,语篇(текст)和话语(дискурс)的处理难度更大,目前语篇的处理技术尚不成熟;当前,自然语言处理研究以分析输入语段的语义内容为主攻目标,而语用意义分析更为复杂。

四、讨论

在本节中,我们简略地回顾了计算语言学产生和发展的大体轮廓,应当承认用如此简短的篇幅难以面面俱到地概述这门学科的全部内容,本节只是粗线条勾勒出计算语言学学科背景以及歧义问题研究的来龙去脉。在此,需要强调的是,计算语言学是一门涵盖内容十分广泛的学科,它包括信息检索、话语处理、自然语言生成、各种算法、基于逻辑的方法、基于数理的方法、计算机辅助语言教学、人工智能等内容。

在自然语言处理的过程中,计算机根据我们设定的规则系统经常会针对输入语段自动分析得出多种分析结果,而事实上其中按照人类的理解却只有一种结果是正确的,这种潜在歧义的消解成为难以解决的瓶颈,并贯穿于自然语言处理过程的各个步骤。发生这样的情况不是说我们为计算机设定的分析规则系统是错误的,而是说明我们现阶段研究出给计算机使用的规则系统不够完善,而且这一规则系统从不完善到完善要经历漫长的研究历程,这一历程也就是我们逐步教会计算机消解潜在歧义的过程。

第二节　从计算语言学角度看歧义问题研究

歧义的研究历史可以追溯到古希腊时期。早期的歧义研究是在哲学的范畴之内进行的。据记载，柏拉图是第一个从事歧义研究的哲学家，他把歧义看作是诡辩和错误推理的主要原因。（戴黎刚，2002：1）在柏拉图之后，他的学生亚里士多德对歧义进行了更多的研究，在其《工具论·辨谬篇》中亚里士多德认为，促使歧义产生的原因有三个：同音字（Homonymy）、多义字（Amphiboly）、形式和表达（Form and Expression）。应当说，亚里士多德对歧义的研究也是为哲学辩论中的语言应用服务的。（冯志伟，1995(4)：14）五个世纪之后，希腊的语言哲学家盖伦（Galen）提出了一套更为全面的歧义理论，按照他的理论，语言是传达信息的工具，语言的表达效果有三种：好的，坏的，不相关的，而歧义是被归入坏的那一种。在盖伦看来，每一个语言的谬误都是歧义引起的，歧义是语言的恶魔，他把亚里士多德的分类进行再分类，如表1.1所示：

表1.1　盖伦的歧义分类

句子歧义	词汇的	实际的（同音词）homonymy
		潜在的（重音）accent
		明显的（表达的形式）form of expression
	句法的	实际的（多义词）amphiboly
		潜在的（组合与分割）combination and division
		明显的（表达的形式）form of expression

虽然盖伦开始系统地研究歧义，但他给每一种类型的解释经不起考验。即使如此，他的理论框架为绝大多数的语言学家所赞同，甚至是今天的语言学家。事实上，现代的歧义研究理论大部分还是

建立在他的框架上。(戴黎刚,2002:2)

洪堡特在19世纪初就曾指出,语言是对于有限手段的无限运用,是一种创造性的活动。当一个词表示诸多意义,一个结构形式体现多种结构层次关系,一个言语表现不同意图或含义时,便容易产生歧义,在此意义上,对有限语言手段的无限运用正是句法歧义产生的潜在机制。从纯理论的角度专门研究歧义现象始于20世纪30年代,1930年W.Empson的《歧义的七种类型》(又译作《朦胧的七种类型》)就是从语言文学理论的角度全面探讨歧义问题的专著。值得一提的是,该著作对文学理论的贡献远远大于对语言学的贡献。1971年,J.G.Kooij发表了专著《自然语言的歧义》(*Ambiguity in Natural language*),系统地从语言学角度来研究了自然语言的歧义问题。

从索绪尔开始,语言的描写研究迅速兴起。正因为任何的语言描写都会最终涉及语言现象的解释,歧义成了描写语言学家逐渐感兴趣的话题。一种语言语法系统里的错综复杂和精细微妙之处往往在歧义现象中得到反映,因此分析歧义现象会给我们许多有益的启示,使我们对于语法现象的观察和分析更加深入。在现代语言学的发展史上,歧义问题"总是成为某个新的语言学派崛起时向传统阵地进击的突破口,描写语言学和乔姆斯基的转换生成语法都非常注意歧义问题的研究"。(冯志伟,1995(4):14)

乔姆斯基认为,一种语法理论的精当性,就在于它解释歧义的本事。(戴黎刚,2002:3)乔姆斯基的目标是建立一种比传统语法理论更具解释力的普遍语法。对歧义问题的成功探讨,事实上已成为建立转换生成语法框架的重要支柱。在《句法结构》一书中,乔姆斯基提出两个著名的歧义例子:(1)The shooting of the hunter is terrible.意思可能是"猎人的射击技术太差劲了",又可能是"猎人被射杀这件事太可怕了"；(2)They are flying planes. 意思可能是"他们正在驾驶飞机"，或者"它们是正在飞行的飞机"。对于这样的歧义结构，单纯的描写是无法分析出为什么它们是歧义，而生成语法认为可以通过"转换"来区别歧义，例如：The shooting of the hunter is terrible. 名词短语"The shooting of the hunter"可以看作是由两个句子转换而来：一个是"The hunter is shooting sth"，另一个是"The hunter is shot"。生成语法认为，两个不同的深层结构在转换中叠用同一个表层结构，从而造成歧义，该句法歧义理论在语言学界引起很大反响，激起众多语言学工作者研究歧义问题的热情，特别是在自然语言处理的句法剖析领域，有一大批学者从事句法歧义的消解工作。

一、英语学界的研究[①]

在歧义问题研究方面，计算语言学领域对英语歧义的探讨集中在句法歧义、词性歧义以及词义歧义三方面，其中转换生成语法学派关注的句法歧义往往与一个词形可能对应多种词性标注的问题（即词性歧义）紧密相关，而词义歧义则是由于计算机难以选择多义词的正确义项造成的。

（一）句法歧义研究

自然语言处理中的句法歧义也称为结构歧义，是在自动剖析句法结构时发生的，当语法可以给一个句子指派一个以上的剖析树时，就会发生句法歧义。为了消解这种句法歧义，欧美计算语言学研究者发明出多种算法。1955年Yngve提出了一种广度优先、自底向上的消歧算法，并把这种算法作为机器翻译过程的一个部分来描

[①] 由于语种限制，关于英语界的歧义研究我们只做扼要综述，较多采用已编译的第二手资料。

述。深度优先、自顶向下的剖析算法最早是由Glennie(1960)、Irons(1961)和Kuno and Oetinger(1963)分别提出的。以CYK算法为核心的动态规划算法最早是由John Cocke于1960年实现的,后来这个算法被作了进一步扩充和形式化,并且被论证了其时间的复杂性。把动态规划的方法运用于自顶向下算法是Earley在1968年他的博士论文中提出的。1991年Norvig说明了各种动态规划算法的效率,并且提出可以在任何语言的处理中使用备忘功能,这只需要给简单的自顶向下剖析算法增加一个备忘操作即可。(D.Jurafsky, J.H.Martin, 2005: 246-247) Viterbi算法(Viterbi, 1967)最初是在马尔可夫模型中提出的,后来广泛用于自然语言处理的各种统计算法中,包括句法歧义和词义歧义的消解。(J.Allen, 2005: 177)

最佳句法分析算法使用了相当长一段时间,不过最近研究人员开始利用语料库中计算出来的数据进行句法消歧。Magerman和Weir(1992)就使用了三元语法模型和上下文相关文法来进行句法消歧的计算。在《计算语言学》(Computational Linguistics)杂志的一本专刊(第19卷,1993年,第1—2期)中,可以找到最近统计模型方面比较出色的工作介绍。(J.Allen, 2005: 177)

附着歧义是一种典型的句法歧义。Ford, Bresnan和Kaplan(1982)认为,动词的语义选择很可能决定了附着的选择。Crain和Steedman(1985)认为,基于名词短语使用与否的解释筛选在附着歧义消解中起到一定作用。Hirst(1987)描述了一个使用词法优选和词义似然度的系统。Jensen和Binot(1987)使用一个在线词典来寻找介词短语附着的常见模式。Dahlgren(1988)提出了一组基于不同命题和介词对象语义类的优选规则。Grishman和Sterling(1992)讨论了使用统计方法来消解附着歧义。Hindle和Rooth(1993)给出了如何从未标注文本中统计介词短语附着成分信息的方法。Resnik(1993)

探讨了一些技术，可以利用WordNet搜集用于各种句法歧义消解的信息。(J.Allen, 2005: 252)

（二）词类歧义研究

词类排歧和词义排歧是词汇排歧的两个主要内容，很多研究都可以纳入词汇排歧的框架之内。(D.Jurafsky, J.H.Martin, 2005: 3) 早在20世纪50年代，Zellig Harris的句法剖析程序就涉及词类歧义的问题，该剖析程序是为Zellig Harris的"转换和话语分析课题"（简称TDAP）设计的，于1958年6月至1959年7月在宾夕法尼亚大学实现。作为剖析程序的一部分，TDAP使用了14条规则进行词类歧义消解，所用的词类标记序列成为了后来所有算法的雏形。这个剖析-标注系统最近由Joshi和Hopely(1999)以及Karttunen(1999)再次实现，文献指出剖析程序实质上是作为一个层叠式的有限状态转录机来实现的。（同上：199）

继TDAP剖析程序之后，Klein和Simmons(1963)设计了"计算语法编码器"（简称CGC），该系统由三部分组成：一部电子词典、一个形态分析器和一个上下文歧义消解器，其中歧义消解器使用包括500条上下文规则的规则集来对标记集合进行歧义消解，消歧的依据是环绕在歧义单词周围的无歧义单词组成的岛屿。在Klein和Simmons(1963)的基础上，Greene和Rubin(1971)建立了著名的TAGGIT系统，该系统使用了同样的体系结构，此外还扩大了词典的规模并增加了标记集的容量，TAGGIT系统被用来标注Brown语料库，结果正确率达到77%。与Brown语料库不同，LOB语料库使用的是CLAWS标注算法(Marshall, 1983, 1987; Garside, 1987)，CLAWS是一个近似于HMM模型的概率算法，它使用标记的二元语法概率"tag|word"（标记|单词），但并不储存每个标记的单词似然度。(D.Jurafsky, J.H.Martin, 2005: 199-200)

词类概率的估计方法在起初主要基于Baum(1972)提出的向前算法以及向前-向后算法。Jelinek(1990)研究了基于统计的词性消歧方法，基于统计方法的主要吸引力在于，具备从已处理语料库中有效学习参数的能力，这种算法开始时会给出概率的初始估值，然后分析处理语料库，从中计算出更好的估计值。(J.Allen，2005：177)

后来的一些词性标注系统明确地使用隐马尔可夫模型，并且常常还同时结合使用EM训练算法(Kupiec，1992；Merialdo，1994；Weischedel等，1993)，还包括使用更长的马尔可夫链(Schutze和Singer，1994)。最近的一些概率标注算法使用各种统计和机器学习的工具来估计标记或标记序列的概率从而进行优选，计算时需要考虑大量的相关特征，例如相邻单词、相邻词类、各式正词法特征和形态特征。然后把这些特征结合起来，或者使用决策树(Jelinek等，1994；Magerman，1995)，或者使用最大熵算法(Ratnaparkhi，1996)，或者使用对数线性模型(Franz，1996)，或者使用线性分离子网络(SNOW)(Roth和Zelenko，1998)，来估算标记的概率。Brill(1997)提出了TBL算法的一种无指导学习算法版本。(D.Jurafsky，J.H.Martin，2005：200)

(三)词义歧义研究

词义消歧曾被认为是计算语言模型研究中最难的问题之一。早在20世纪60年代，Bar-Hillel(1960)就提出，这个问题是机器翻译之类的自然语言应用系统开发中的主要障碍。Katz和Fodor(1963)提出将选择限制的方法应用到自然语言处理中，从此各种使用语义特征的方法在许多计算模型中得到应用。(J.Allen，2005：251)

通过一个单词周围的小窗内的上下文对其进行消歧的思想是由Warren Weaver于1955年首次在机器翻译的背景下提出的；

Masterman于1957年提出利用词典进行消歧的思想；Madhu和Lytel于1965年提出用于消歧的贝叶斯模型的监督训练；Sparck Jones于1986年提出利用聚类进行词义分析的方法。（D.Jurafsky，J.H.Martin，2005：411）

后来在自然语言处理大发展的背景下，涌现出一大批消歧方面的研究工作，大部分自然语言处理系统都包含了一些形式化的词义消歧能力，这些成果使得词义消歧成为除句法歧义消解以外的另一个核心工作。Quillian（1968）和Simmons（1973）初步研究了语义网络；Wilks（1975）开发了一个优选语义系统，使用语义模版解释经过基本语法分析的句子表示形式，该系统运用了基于最小化语义约束条件冲突的启发式技术。Hayes（1977）和Hirst（1987）综合运用了选择限制并从语义网络中计算出语义相关度。约束满足首先被Waltz（1975）引入到人工智能中解释视觉场景，Freuder（1982）和MacWorth（1977）详细说明了这种方法的形式化基础理论。Mellish（1985）使用约束满足技术来解决语义消歧问题，并用来识别名词性短语的指代对象。Cottrell和Small（1983）以及Pollack和Waltz（1985）从神经网络的相互作用角度出发使用语义的扩展激活方法描述了完整的计算过程。（J.Allen，2005：251-252）

Small和Rieger（1982）以及Riesbeck（1975）提出的基于单词的理解系统。最早在词义消歧中采用鲁棒的经验主义的方法的是Kelly和Stone，他们1975年对英语中的1790个歧义单词手工编写了一系列消歧规则。对词义消歧的监督机器学习方法的研究始于Black，1988年他将决策树的方法用于词汇歧义的消解。Ide和Veronis（1998）给出了词义消歧研究的历史及现状的全面综述。（D.Jurafsky，J.H.Martin，2005：412）

二、俄语学界的研究

苏俄计算语言学界对歧义问题的研究虽然同样集中在词性标注、句法分析、词义选择三方面,并且从美英计算语言学界借鉴了大量理论和方法,但是俄语歧义的具体表现形式与英语歧义不尽相同。例如,英语的词性歧义通常是指词类上的多种可能性,而俄语在词性标注方面的歧义更为复杂,对词形的标注还会大量涉及形态歧义,而且俄语词的形态变化与词类有着紧密的联系,形态歧义较大程度上也可以体现词类的歧义;英语的句法歧义注重转换生成语法学派的句法剖析法,而俄语的句法歧义还常常表现在谓语动词的接格关系的多种可能性。苏俄计算语言学界的歧义研究可以分为俄语形态歧义、句法歧义、词义歧义、消歧策略四部分,我国俄语语言学界的歧义研究也有一些成果,本小节拟从这五方面总结俄语界的歧义研究。

(一)形态歧义

俄语词形的形态歧义(морфологическая неоднозначность)常被称为同形异义(омонимия)现象,大量存在于词形的自动识别中。这种词尾形态歧义在以俄语为代表的屈折语中比较突出,是俄语相对于英语和汉语的一大特点。

Ю.В.Зинькина等阐述了利用语境规则(контекстные правила)来消解功能同形异义词(функциональные омонимы)形态歧义的方法,所谓"功能同形异义词"就是我们本书讨论的具有形态歧义的词形。作者根据Н.Г.Аношкина的语法同形异义词词典(словарь грамматических омонимов)分出58类功能同形异义词,标示方法例如类型"<N*/A*>"表示该词形可能是名词的某种可能N*={N - существительное, Npr - местоименное существительное},或者形容词的某种可能 A*={A - полные прилагательные, Av - полные причастия, Apr - местоименные прилагательные}。文章提出针对每类功能同形异义词构建消歧语境集合（множество разрешающих контекстов, MPK）的设想，并对<N*/A*>类型进行了实验，以下四个"如果……那么……"语句可以用来判断<N*/A*>类型形态歧义是否属于形容词词性 A*。① 该方法明显属于基于规则的消歧策略。

1) $if[X_{1\bigcap_{pgn}N^*} X_{2\bigcap_{pgn}N^*} \cdots X_{m\bigcap_{pgn}N^*}]\_then\_X_1=X_2=\cdots=X_m=A^*$

2) $if[X\frac{(Z)\overline{P}N^*\bigcap_{pgn}X}{<4/,}]/[\frac{N^*\bigcap_{pgn}X(Z)\overline{P}}{\leq 2/,}X]\_then\_X=A^*$

3) $if[Con_{XY}^{*YX}]then\_X=A^*$

4) $if[X_{1\bigcap_{pgn}X_n} X_{2\bigcap_{pgn}X_n} \cdots X_n]\_then\_X_n=N^*, X_1=X_2=\cdots=A^*$

   $else\_X=N^*$

О.А.Невзорова 等讨论了利用语境规则来消解功能同形异义词形态歧义方法的可行性，是对 Ю.В.Зинькина 等人研究的延续。通过对比 А.С.Ахманова，Н.П.Колесников，Ж.Г.Аношкина，О.М.Ким—И.Е.Островкина，"Вавилонская башня» 五个同形异义词词典，作者指出 Ахманова 词典列举的是同形异义词汇（лексические омонимы），而没有涉及语法同形异义词（грамматические омонимы）；Колесников 词典包括了同形异义词汇和语法同形异义词词形，但并未对两者进行区别；后三个同形异义词典是专门针对语法同形异义词形的，对于俄语自动处理具有现实指导意

---

① 具体论述及运算符号说明参见原文：Зинькина Ю.В.и др.Разрешение функциональной омонимии в русском языке на основе контекстных правил.http：//www.dialog-21.ru/archive/2005/zinkina pyatkin nevzorova/zinkina pyatkin nevzorova.htm

义，但是这三个同形异义词典对同一词形的形态歧义标注有很大不同，可惜具体区别在文中并没有进一步详细说明。该文还使用Ю.В.Зинькина等人所提出方法讨论了更为复杂的功能同形异义词类型<N*/Vf>(существительное / личная форма глагола)，设计出八个"如果……那么……"语句①以判断< N*/Vf >类型形态歧义到底是属于名词词性N*还是属于动词人称形式Vf。

  А.В.Сокирко等对比了词性标注(тег)歧义的两种方法：隐马尔可夫模型(скрытая модель Маркова)和潜层句法分析器Synan②。值得注意的是，通篇文章讨论的是词性标注的歧义问题，可是篇名的提法却较为笼统——"词汇和形态的歧义(лексическая и морфологическая неоднозначности)"，我们认为这样的提法并不精确，事实上词性标注消歧(tagging disambiguation)和词义消歧(WSD)两者的方法有较大区别，作者其实是将两种概率的乘积作为消歧的公式。本书在俄语词性标注消歧方面论述了以下几点重要内容：

  1)根据不同的语法体系标记集(набор тегов)可大可小。作者针对每一个词形(словоформа)提出<M，L>的标注法，其中M代表词形的形态学阐释(морфологическая интерпретация словоформы)，L代表词形对应的词目(лемма словоформы)。本书涉及三档标记集：最小的是词类标记集，由19个标记(тег)组成；中型的是И.М.Ножов(2000)使用的是Inxight标记集，借用自Inxight公司设计的标记系统，并根据俄语特点进行了调整，由91个标记组成；最大的是全标记集(набор полных тегов)，囊括了俄语词形的一切形态信息，由829个标记组成。

---

① 详见http : //www.dialog-21.ru/dialog2006/materials/html/nevzorova.htm
② 参考 http : //www.aot.ru/docs/synan.html

2）介绍了潜层句法分析器（синтаксический анализатор）Synan。分析器 Synan 也可以被用作词法分析器，俄语国家语料库的自动标注工作使用的正是该自动分析器，作者 A.B.Сокирко 也是 Synan 的开发组成员。

3）设计了词性标注的三元语法模型（Модель Trigram）。作者指出，在俄语消歧领域使用隐马尔可夫模型的尝试并不多见，只见于 И.М.Ножов(2000) 和 J.Hana & A.Feldman[①]两篇文章。作者设计的三元语法模型包括两个指标：标记概率（вероятность для тегов）为 $P(t_i | t_{i-2}, t_{i-1})$，词形概率（вероятность для словоформ）为 $P(w_i | t_i, t_{i-1})$。根据马尔可夫模型，$T = \text{argmax}_T P(W|T) P(T)$，考虑到数据稀疏问题，采用经过平滑的概率 P_{smooth}，则：

$P(T) = \Pi_{i=3..n} P_{smooth}(t_i | t_{i-2}, t_{i-1})$

$P(W|T) = \Pi_{i=3..n} P_{smooth}(w_i | t_i, t_{i-1})$

最终需要求得标记 T，使得

$T = \text{argmax}_T \Pi_{i=3..n} P_{smooth}(t_i | t_{i-2}, t_{i-1}) * \Pi_{i=3..n} P_{smooth}(w_i | t_i, t_{i-1})$

4）试验设计三个互不交叉的子语料库，每个子库含 3300 个句子（规模相当于国家语料库的1%），其中两个是训练集，另一个是测试集。试验结果数据[②]证明：使用最大标记集——全标记集——的情况下，作者设计的三元语法模型比 Synan 潜层分析器的正确率更高；使用中小记集——词类标记集和 Inxight 标记集——的情况下，三元语法模型比 Synan 的正确率略高一点。[③]

Ю.Г.Зеленков，И.В.Сегалович 和 В.А.Титов 是 Яндекс 公司科

---

① 参考 Jiri Hana and Anna Feldman, Portable Language Technology : The case of Czech and Russian. In Proceedings from the Midwest Computational Linguistics Colloquium, June 25-26, 2004, Bloomington, Indiana.
② 试验设计和详细数据见http : //company.yandex.ru/grant/2005/01_Sokirko_92802.pdf
③ 详见http : //company.yandex.ru/grant/2005/01_Sokirko_92802.pdf

技研发组（yandex-team）的重要成员，他们以Яндекс搜索引擎的数据为资料讨论了形态歧义的独特消解规范设置（нормализующие подстановки）。Яндекс搜索引擎使用mystem形态分析器[①]（программа морфологического разбора）可能会分析出具有形态歧义的词形，例如потом{пот = S, муж, неод = твор, ед | потом = ADV}。在这种情况下，作者建议使用规范设置来对这些形态歧义词形进行组织。所谓规范设置是指将词尾统一规定为词形的后三个字母（трехбуквенное окончание словоформы），这样的规范设置不仅可以节省计算和存储空间，而且对于以俄语为代表的屈折语（флективные языки）来说具有普遍适用性，足以显示词形的语法属性通用表示手段（достаточно универсальное средство выражения грамматических свойств），例如规范设置рка（0 | 1 | 1ий），可以用来代表形态歧义词形марка{марк = S, муж, од =（род, ед | вин, ед）| марка = S, жен, неод = им, ед | маркий = A = ед, кр, жен}。实验证明，将词尾规范设置扩大为四个字母不仅对消歧效果没有影响，而且会使词典容量增加10%~12%，因此完全没有必要扩大词尾规范。

根据词尾的规范设置方法，Ю.Г.Зеленков等试图构建语境词典（словарь контекстов），语境元素（элемент контекста）应当标明坐标（координаты расположения），"–1"表示左边第一个词形，"+1"表示右边第一个词形，以此类推。作者以俄语国家语料库为材料测试了形态歧义词形的10个最近语境单位（ближайшие соседи），它们对消歧的影响力依次为–1, +1, –2, –3, +2, –4, +3, –5, +4, +5。由此，问题被形式化表述为：通过词形对<омоним, элемент контекста>来进行形态消歧。在语境标尺（контекстная метрика）确

---

① 参考Парсер（分析器）mystem.http : //company.yandex.ru/technology/products/mystem/ mystem.xml

定过程中用到两个指数,相似指数(сходство)记作 s(a, b),距离指数(расстояние)记作 d(a, b),且 d(a, b)= 1 – s(a, b)。作者选取了俄语国家语料库中的部分语料进行计算,并通过以下三个矩阵图呈现出一些语法特征之间的距离指数。①

表1.2　词类之间的距离指数

	S	A	NUM	V	ADV	PR	CONJ	PART	INTJ
名词②（S）	0.00	0.26	0.43	0.30	0.30	0.38	0.36	0.36	0.65
形容词（A）		0.00	0.39	0.32	0.34	0.32	0.39	0.37	0.69
数词（NUM）			0.00	0.46	0.45	0.45	0.52	0.48	0.71
动词（V）				0.00	0.28	0.37	0.40	0.32	0.66
副词（ADV）					0.00	0.42	0.34	0.27	0.45
前置词（PR）						0.00	0.44	0.44	0.74
连词（CONJ）							0.00	0.40	0.66
语气词（PART）								0.00	0.64
感叹词（INTJ）									0.00

① 详见www.dialog-21.ru/Archive/2005/Zelenkov Segalovich/Zelenkov_Segalovich.htm
② 该矩阵中每个字符表示的词类在俄语国家语料库的网站上有说明,参考http://ruscorpora.ru/corpora-morph.html

表1.3 名词格之间的距离指数

	им.	род.	дат.	вин.	твор.	пр.
一格（им.）	0.000	0.450	0.453	0.422	0.494	0.525
二格（род.）		0.000	0.468	0.390	0.424	0.433
三格（дат.）			0.000	0.422	0.483	0.519
四格（вин.）				0.000	0.417	0.439
五格（твор.）					0.000	0.469
六格（пр.）						0.000

表1.4 动词体和态搭配之间的距离指数（以называть-назвать为例）

	несов.+действ. *называющий*	несов.+страд. *называемый*	сов.+действ. *назвавший*	сов.+страд. *названный*
未完成体主动语态（несов.+действ.）*называющий*	0.000	0.501	0.202	0.396
未完成体被动语态（несов.+страд.）*называемый*		0.000	0.525	0.508
完成体主动语态（сов.+действ.）*назвавший*			0.000	0.415
完成体被动语态（сов.+страд.）*названный*				0.000

俄罗斯科学院俄语所C.O.Савчук[①]以俄语阳性名词复数二格为例深入细致地讨论了俄语名词变格时的多种选择的情况，这可以看作是言语生成过程中的一对应多的现象，即生成性形态歧义现象。C.O.Савчук选取了两组复数二格有不只一种形式的阳性名词，一

---

① 详见http：//www.dialog-21.ru/digests/dialog2010/materials/html/64.htm

组是蔬菜水果的名称，另一组是军事人员的名称。第一组中选取了апельсин、баклажан、помидор、мандарин、абрикос、ананас、томат、банан等几个阳性名词，其复数二格形式在不同的词典和工具书中给出了不同的规定，总体来讲，其复数二格词尾有-ов和Ф（即零词尾）两种情况，如下表。

表1.5 蔬菜水果类阳性名词复数二格的多种变体情况

复数二格词形	语法	《Еськова语法形式词典》	《俄语言语的语法正确性》	《Горбачевич俄语词汇使用难点及词形变体手册》	《Горбачевич俄语难点词典》
апельсинов/ апельсин	-ов	-ов, 错误Ф	-ов 口语中Ф	-ов 可以Ф	-ов 可以Ф(旧)
баклажанов/ баклажан	-ов [Ф]	-ов 可以Ф	Ф	-ов 可以Ф	-ов 可以Ф(旧)
помидоров/ помидор	-ов [Ф]	-ов 不推荐Ф	-ов Ф	-ов 口语中Ф	-ов 可以Ф(旧)
мандаринов/ мандарин	-ов	-ов 不推荐Ф	-ов Ф	-ов 口语中Ф	-ов 可以Ф(旧)
абрикосов/ абрикос	-ов	-ов, 错误Ф	-ов	-ов 口语中Ф	-ов 不推荐Ф
ананасов/ ананас	-ов	-ов 错误Ф	-ов	-ов 不能Ф	-ов 不推荐Ф
томатов/ томат	-ов	-ов 不推荐Ф	-ов	-ов	-ов 不推荐Ф
бананов/ банан	-ов	-ов	-ов	-ов 不能Ф	-ов 不推荐Ф

但是通过上表可以看出，不同的工具书给出的复数二格变体的标准是不同的，于是С.О.Савчук进一步根据俄语国家语料库等语料统计了不同情况下和不同时期段中各变体的倾向性。表1.6中，"在商店中"、"问卷调查"、"对话语料"以及俄语国家语料库（НКРЯ）的三个时期段是作者所选用的六个分语料库，可以看出蔬菜水果类

名词复数二格的-ов变体所占比例是不同的。图1.2更加直观地显示出蔬菜水果类阳性名词复数二格形式中-ов变体的倾向性。

表1.6 不同情况、不同时期条件下蔬菜水果类名词复数二格的-ов变体所占比例

-ов变体所占的比例	在商店中 1962-1963	问卷调查 1964-1965①	对话语料 2010	俄语国家语料库 18世纪-20世纪上半叶	俄语国家语料库 20世纪下半叶	俄语国家语料库 21世纪大众传媒
баклажанов	0	0,365	0,57	0,636	0,94	0,97
помидоров	0,015	0,405	0,62	0,927	0,959	0,985
мандаринов	0,06	0,483	0,67	0,875	1	0,982
апельсинов	0	0,618	0,86	0,98	1	1
абрикосов	0,1		0,83	0,93	1	0,958
гранатов	0,04		0,64	0,5	1	1
бананов	0,78		0,97	1	1	1

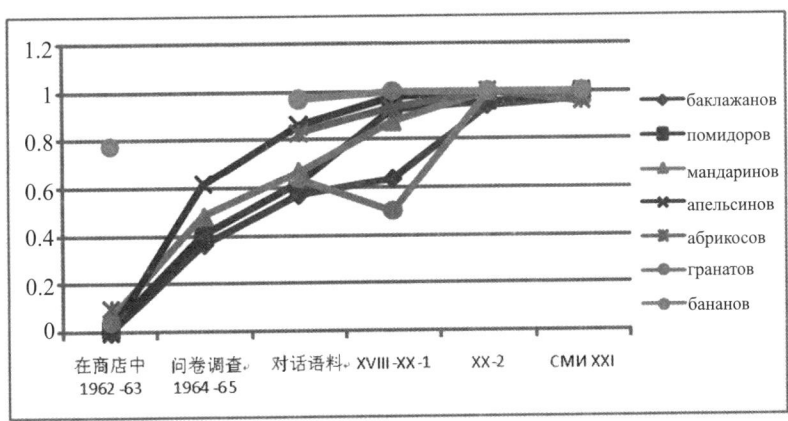

图1.2 不同情况、不同时期条件下蔬菜水果类名词复数二格变体的倾向性

---

① 数据来源于РЯСО(Русский язык и советское общество : Морфология и синтаксис современного русского литературного языка. М. : Наука, 1968)82-83页，以及Воронцова(Воронцова В.Л. Варианты флексии –ов и -Ф в родительном падеже множественного числа существительных мужского рода // Социально- лингвистические исследования / Ред. Л.П. Крысин и Д.Н. Шмелев. М.,1976.)140-142页。

另一组是军事人员的名称。С.О.Савчук(2009)把军事人员中的阳性名词按照相似的方法在俄语国家语料库中分时期段进行了复数二格变体的统计,每百万词次中词形的出现率数据如表1.7和图1.3所示。可见,除了солдат和партизан两个词的复数二格中零词尾的变体占绝大多数外,其他阳性名词的复数二格中-ов变体都呈逐渐增多的态势。这和上组表现出的趋势有相似之处,反映出特定领域俄语词汇复数二格生成性歧义的倾向性发展趋势。

表1.7 不同时期军事人员类阳性名词复数二格的变体

词形	18世纪	19世纪	20世纪上半叶	20世纪下半叶
солдат	28,8	>38,5	>62,5	>41,1
солдатов	0,38	0,19	0,28	0,06
партизан	0	0,27	>7,5	>3,6
партизанов	0	0,88	0,13	0,04
рекрут	8,9	3,7	0,13	0,01
рекрутов	0,39	1	0,5	0,27
кадет[1](中等军校的学生)	0,39	1,5	1,35	0,1
кадетов[1](中等军校的学生)	3,1	0,35	0,33	0,26
кадет[2](立宪民主党党员)	0	0	0,45	0,03
кадетов[2](立宪民主党党员)	0	0	4,8	0,49
гренадер	3,8	1,42	0,85	0,09
гренадеров	0,39	0,85	0,83	0,13
гардемарин	0	0,39	0,33	0,02
гардемаринов	0	0,58	0,25	0,12
гусар	4,2	5	1,25	0,23
гусаров	0,39	1,46	0,38	0,1
карабинер	1,9	0,15	0	0
карабинеров	0,77	0,23	0,18	0,1

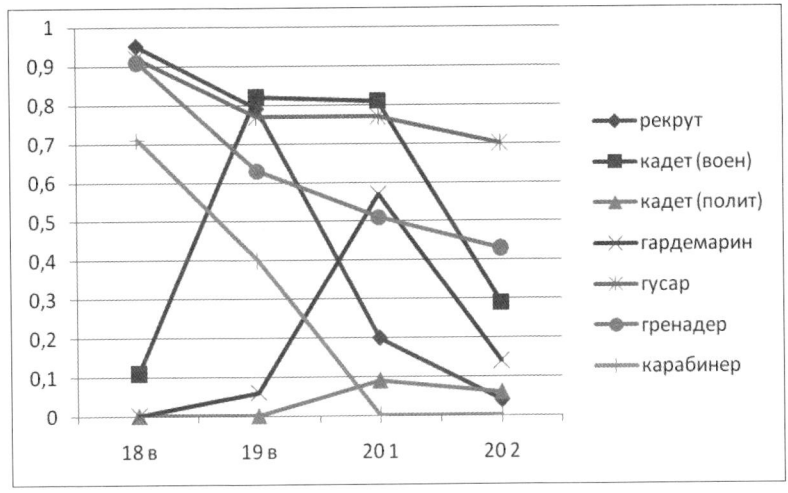

图1.3 不同时期军事人员类阳性名词复数二格变体的倾向性

(二)句法歧义

М.В.Юдина 从"前-后封闭"理论（теория раннего-позднего закрытия, РПЗ）角度讨论了定语从句的附着歧义的问题，也就是在定语从句前有两个性数范畴相同的可能被修饰词的情况下，定语从句究竟倾向于修饰哪一个中心词。定语从句倾向修饰前一个词（称为N1）的情况称为"前封闭"（раннее закрытие, РЗ）；倾向修饰后一个词（称为N2）的情况称为"后封闭"（позднее закрытие, ПЗ）。作者随机选取105名年龄、性别不同的受试，实验统计数据表明，1）在中性语境中的РЗ占62.5%，在倾向于N1的语境中РЗ占91.3%，在倾向于N2的语境中РЗ占60.6%；2）当N1与N2为阳性名词时РЗ占65%，当N1与N2为阴性名词时РЗ占78%。人理解复句的方式表明定语从句在附着歧义情况下，前封闭РЗ相对于后封闭ПЗ具有更大的可能性，对于阴性中心词来说更是如此。①

---

① 详见http：//www.dialog-21.ru/ dialog2006/materials/html/yudina.htm

А.В.Архипов等①专门讨论了由前置词с引导的伴随词组（комитативные группы, КГ）的附着歧义问题,并根据人处理类似歧义的知识来设置消歧方法。作者将前置词с引导的伴随结构分为两大类和六个次类:А大类附着在谓词项上（синтаксически подчиняется предикату）,包括次类А1-КОМ纯伴随结构（собственно комитативная конструкция）、次类А2-СИММ对称谓词的行动元（актант симметричного предиката）、次类А3-АКТ不对称谓词的行动元（актант несимметричного предиката）次类А4-СИРК状态元（сирконстант）；Б大类不附着在谓词项上（не подчиняется предикату）,包括次类Б1-ОПР名词性成分的定语（определение имени）和次类Б2-СОЧ准组合结构的连接项（конъюнкт в квазисочинительной конструкции）。在自然语言处理过程中,前置词с引导的伴随结构面临两种歧义,一是确定伴随结构的中心词（синтаксический хозяин КГ）的歧义,也就是大类的歧义；另一种是伴随结构对该中心词的依存类型（тип зависимости КГ от этого хозяина）的歧义,也就是次类的歧义。在此基础上,作者给出前置词с引导的伴随结构歧义消解需要参照的指标:1)动物性（одушевленность）；2)是否人称代词（личное местоимение）；3)专有名词还是普通名词（собственное или нарицательное）；4)与中心词的特征是否同类（однородность характеристик с хозяином）；5)语义类别（семантический класс）；6)伴随结构由复合前置词вместе с引导的情况（наличие в КГ составного предлога вместе с）。

Александр Гельбух讨论了如何使用支配模式词典（словарь моделей управления）来进行句法歧义的消解,所谓支配模式词典

---

① 详见http://www.dialog-21.ru/archive/2004/arkhipov_brykina.htm

需要从语料库中统计生成,每个词条记录的不是像普通词典那样的义项信息,而是该词在语料库中的各种支配模式,及其数量和概率[1]。例如动词词条купить的支配模式[2]:

表1.8 支配模式词典中动词词条купить

正确切分计数 (Правильные)	错误切分计数 (Неправильные)	搭配(Сочетание)	例子(Пример)
164782	26	вин.	книгу
37819	35	вин + в предл.	хлеб, в магазине
3768	47	в предл.+ вин.	в магазине, масло
2826	93	вин + на предл.	рыбу, на рынке
953	643	на предл.+ партитив + по дат.	на рынке, сахару, по рублю
632	1276	в предл.+ вин.+ для род.	в книжном, учебник, для брата

表中第一列数据显示语料库中该支配模式被正确切分的计数,它占所有计数的权重值记作p+;作为对比第二列中的数据显示该支配模式被错误切分的计数,它占所有计数的权重值记作p-,正确计数和错误计数的比值p+/p-是利用支配模式词典进行句法结构消歧的重要指标参数。

在消歧的具体事例中,例如句子Лена купила в магазине футляр для очков.中,前置词短语для очков存在附着歧义,有1)купила для очков和2)футляр для очков两种可能性,这就需要借助支配模式词典中купить和футляр两个词条的搭配统计概率来进行计算,

---

[1] 关于支配模式词典的具体构建方法的讨论,可以参考A.Гельбух的另一篇文章: Словари сочетаемости слов : какой метод составления лучше? http : //www.dialog-21.ru/ archive/2004/gelbukh.htm

[2] 详见http : //www.gelbukh.com/REDII/REDII-99/Publications/ KDS99.htm

从而优选出句法结构概率比较高的可能性作为正确的结构。如下表：

表1.9　两个中心词在支配模式词典中的数据

正确切分计数 （Правильные）	错误切分计数 （Неправильные）	搭配（Сочетание）	文本（Текст）
可能性1）			
632	1276	*купить* : в предл.+ вин.+ *для* род.	*в магазине*, футляр, *для* очков
272	6597	*футляр* : *Ф*	*Ф*
可能性2）			
3768	47	*купить* : в предл.+ вин.	*в магазине*, футляр
8902	489	*футляр* : *для* род.	*для* очков

可能性1）的概率为：

$P_1=(р+/р-)_{купить}*(р+/р-)_{футляр}=(632/1276)*(272/6597)≈0.02$

可能性2）的概率为：

$P_2=(р+/р-)_{купить}*(р+/р-)_{футляр}=(3768/47)*(8902/489)≈1459$

对两个概率进行归一化计算，得到P1=0.002%，P2=99.998%，由此可见第二种可能性应为正确的句法结构。但作者同时指出，该消歧方法有时也会产生偏差，例如句子 Лена купила футляр для брата. 就会出现判断异常。在类似情况下就有赖于其他消歧策略的支持。

（三）词义歧义

Н.В.Лукашевич 和 Б.В.Добров 提出了利用社会—政治叙词表（общественно-политический тезаурус）来对该领域的词汇进行词义消歧的方案。该社会–政治叙词表中针对所有领域概念建立关系集

(набор отношений)，每个概念都处在一定的叙词圈(тезаурусная окрестность)内，该词库场内包含着初始概念(исходное понятие)、相关概念以及它们之间的关系，如此一来圈内的相关概念就可以为初始概念的消歧提供有用信息。作者设计的词库中有四种基本类型的关系，分别是：分类联系(таксономическое отношение) НИЖЕ-ВЫШЕ、部分整体联系ЧАСТЬ-ЦЕЛОЕ、不对称联想关系(отношение несимметричной ассоциацией)АСЦ2-АСЦ1、对称联想关系(отношение симметричной ассоциацией)АСЦ。这四种联系可以定义为四种函数，从而进行如下运算：

ВЫШЕ(X, Y)+　ВЫШЕ(Y, Z)=>　　ВЫШЕ(X, Z)
ВЫШЕ(X, Y)+　ЦЕЛОЕ(Y, Z)=>　 ЦЕЛОЕ(X, Z)
ВЫШЕ(X, Y)+　АСЦ1(Y, Z)=>　　АСЦ1(X, Z)
ВЫШЕ(X, Y)+　АСЦ(Y, Z)=>　　 АСЦ(X, Z)
ЦЕЛОЕ(X, Y)+　АСЦ1(Y, Z)=>　 АСЦ1(Y, Z)
ЦЕЛОЕ(X, Y)+　АСЦ(Y, Z)=>　　АСЦ(X, Z)

该方法与英语词库WordNet很相近，对社会政治领域词汇的歧义自动消解正确率可达到60%，是利用词汇关系库进行俄语受限领域词义消歧的有益尝试。①

以Б.П.Кобрицов为代表的俄罗斯科学院科学技术信息研究所语言学研究分部(Отдел лингвистических исследований ВИНИТИ РАН)的一些科研工作者集中讨论了俄语国家语料库中的语义歧义消解问题。

Б.П.Кобрицов等指出在俄语国家语料库中搜索语料虽然可以对其特征进行限定，但常常会搜索出大量的不符合条件的结果，这

---

① 详见http://www.dialog-21.ru/dialog2007/materials/html/61.htm

就需要对其左右的语境进行同时限制以便缩小命中范围，左右语境的限制指标可以分为四种：1）根据文本的体裁（жанр текстов）、创建时间；2）根据左右语境的字母顺序（алфавитный порядок）；3）根据左右语境的词类和形态特征（частеречные и морфологические признаки）；4）根据左右语境的语义类别（семантические классы）。其中后两者发挥更为重要的作用。作者指出，常用词中的很大一部分都是多义词，在国家语料库中搜索这些多义词时经常囊括大量我们并不需要的义项和选择，这就需要建立过滤系统（система фильтров），以对搜索结果进行词义消歧。过滤系统中的规则根据是否考虑整体语境信息可以分为全局性的（глобальные）和局部性的（локальные）规则；过滤系统中的规则还可以分为限制性的（ограничительные）和优选性的（селективные）规则，限制性的规则筛掉不符合条件的搜索结果，一般使用如下样式的语句：

*слово класса **X** не может употребляться в контексте **Y** со словами класса **Z**.*

优选性的规则优先选出符合条件的搜索结果，使用这样的语句：

*если выполнено **Условие**, то слово употреблено в значении **Значение**.*

为演示消歧过滤系统的工作原理，文章中以"人物 – 衣着"（ЛИЦО – ОДЕЖДА）这种换喻多义现象为例，提出了七条限制性和优选性的消歧规则（правило）。其中较有代表性的例如规则 1：这种换喻多义词表示衣着（ОДЕЖДА）语义类时，不能作为主语同以下语义类谓语动词——包括情感（эмоции）、精神（ментальные）、生理（физиологические）、言语（речь）、人的行为（поведение человека）、声音（звук）、动作（движение）、感受（восприятие）

等——进行搭配。再例如规则3：如果这种换喻多义词在句中作属格补语（генитивное дополнение），并且主语的语义类为身体部位（часть тела），则换喻多义词的语义类应当优选为人物（ЛИЦО）。①

  Б.П.Кобрицов等的另一篇文章②进而提出俄语国家语料库中针对常用固定搭配（частотные устойчивые коллокации）应当建立表层过滤器（поверхностный фильтр）以进行单一语义的标注，因为这些固定搭配的短语常常是捆绑在一起表示固定语义的。作者所提出的常用固定短语专用的表层过滤器包含以下关于固定搭配的信息：1）构成搭配的各个词目（лемма）；2）搭配中各个词的词类特征（частеречные признаки составляющих）；3）搭配中各个词的分类特征（словоклассифицирующие признаки составляющих）；4）搭配中各个词的词变特征（словоизменительные признаки составляющих）；5）搭配中各个词的初始语义标注（исходная семантическая разметка）；6）固定搭配的左右语境的一些语法和词汇-语义属性（некоторые грамматические и лексико-семантические характеристики ближайшего контекста）。在对表层过滤器的有效性评价（оценка эффективности）方法上，作者提出了两个指数（показатель），完全消歧系数WSD（коэффициент полного снятия омонимии）是当常用固定短语的语义被唯一确定时，即：w$\{s_1, \cdots s_n\}$ → w$\{s_i\}$；而部分消歧系数WSR（коэффициент частичного снятия омонимии）适用于常用固定短语的语义被过滤掉一些后剩下多于一

---

① 其余5条规则我们不再逐一描述，详见http://www.dialog-21.ru/archive/2004/kobritsov.htm
② 此外Кобрицов Б.П., Ляшевская О.Н., Шсманаева О.Ю.的"Снятие лексико-семантической омонимии в новостных и газетно-журнальных текстах: поверхностные фильтры и статистическая оценка."一文（http://company.yandex.ru/grant/2005/ 01_Kobritsov_103002.pdf）对其理论进行了总结。

个意义的选项时,即:w{s₁,…sₙ} → w{s₁, s₂}。①

同在ВИНИТИ РАН工作的研究者О.Ю.Шеманаева等②具体讨论了国家语料库中形容词(包括性质形容词和关系形容词)的消歧过滤器的设计方法,首先要根据机器便于处理的语义特征标识对形容词的词典意义进行整合,整合出的机用义项数量常常少于词典中的义项;其次要考察各个机用义项所适用的语境特征,从而设计消歧过滤器;最后要合理安排过滤器的过滤顺序,以实现正确选择和高效消歧。以作者所举出的круглый为例,该形容词可以标记三个机用义项:1)作为性质形容词表示形状(качественное значение формы),例如круглое лицо、круглая луна,可标记为"кач.форма";2)作为性质形容词表示某特征达到很高的程度(качественное значение высокой степени проявления какого-либо признака),例如круглый дурак、круглый отличник,可标记为"кач.степень";3)作为关系形容词表示时间和数量的完整(относительное значение, сочетающееся с мерой времени и числами),例如круглые сутки、круглое число、круглая дата,可标记为"отн.время & число"。

首先使用常用固定短语过滤器选出固定搭配的短语,因为它们的语义具有整体性。其次为每个机用义项编制独立过滤器,最好从比较特殊的(специфичный)义项开始。第二机用义项кач.степень比较特殊,先使用过滤器«круглый + сущ.: лицо»可以将这部分义项的语料过滤出来。然后是第三机用义项отн.время & число,使用过滤器«круглый + сущ.: время & число»可以遴选出一部分合格语料,但是круглые часы和круглый месяц这样的语料是不合

---

① 详见http : //www.dialog-21.ru/archive/2005/kobritsov lyashevskaya/ kobritsovbp.htm
② 详见http : // www.dialog-21.ru/dialog2007/ materials/html/87.htm

格的，因为часы(«механизм»和«время»)和месяц(«время»和«предмет»)也是多义的，与它们搭配在一起的круглый事实上属于第一机用义项кач.форма，这时需要使用逆向过滤器，用«прил.: время & число + час: pl»和«прил.: время & число + месяц»过滤器先筛选出круглые часы和круглый месяц，剩下的就是круглые сутки、круглый год等符合第三机用义项的语料。使用过滤«круглый: кач.форма + сущ.: предмет & части тела»可以得到最常用的第一机用义项。最后一些无法编入机用义项的语料可能是一些转义用法，作者从自然语言处理的特点出发统称其为语义的隐喻切变(метафорический сдвиг)。

  О.С.Карпова等[①]探讨了基于俄语国家语料库的俄语多义性质形容词及其对应的副词数据库的构建、维护方法和用途，并深入分析了俄语性质形容词及其对应副词的多义现象。数据库根据Ляшевская和Шаров(2008)的《俄语词汇频率词典》及俄语国家语料库中的出现频率选中了300个最高频多义性质形容词，将多义词的单个义项作为数据库中的记录。数据库中的每个记录都包含以下14个字段：ID(该义项在数据库中的编号)、lemma(所对应的性质形容词的原形)、ID-parent(形成该义项的原始义项)、POS(所对应词的词类)、meaning(该义项的简短解释)、short-description(原型语境标签)、tax-class(语义分类)、ev(评价特征)、gram-restrict(语法限制)、context-sem(语境语义特性)、sem-except(context-sem字段中所规定规则的例外情况)、context-gram(语境语法特性)、trans-type(语义迁移类型)、example(该义项所对应形容词或副词的使用例子)。О.С.Карпова等还针对该数据库编写了查询软件，使用者可以

---

① 详见http://www.dialog-21.ru/digests/dialog2010/materials/html/26.htm

根据以上14个字段提供的信息来进行多义词义项的区分。例如，通过原型语境标签（short-description）可以判断如果形容词жесткий与名词сидение连用表示"硬的"，而与человек连用则表示"严厉的"；通过语义分类（tax-class）可以判断тонкий既可以表示形状的性质也可以表示声音的性质，因此在与палка和голос连用时就分别表示"形状细"和"声音细"。如此一来，该数据库就能够为形容词词义歧义的消解提供知识源。

（四）消歧策略

О.А.Невзорова等[①]针对词汇歧义提出建立固定搭配标记库（индексируемая база устойчивых коллокаций）的消解方法，通过对上下文语境中的信息进行标记训练从而确定多义词在具体语境中的唯一义项。这种用于词义排歧的典型性语境标记可以用两种方法进行采集：1）对已编辑语料（редактированные данные）中的典型性语境进行人工输入标记，这种方法正确性高，但需要耗费大量人力和经费；2）由专门的分析器从已标记词义的语料中寻找并抽取典型性语境进行自动标记，可惜这种方法虽然速度快、节省人力，但正确性难以保证，设计高效高质量的分析器是个难题。

А.С.Бердичевский和Б.Л.Иомдин[②]认为标点符号（пунктуация）能够有效地消解歧义，尤其是句法层次（синтаксический уровень）和句子的语义-句法层次（семантико-синтаксический уровень）。在句法层次，标点符号可以明确句子各成分是否应当分开，并限定每个成分的作用范围（сфера действия），指示句子各成分的左右界限，例如"Путин отстоял рождественскую службу и позвонил Ющенко."和"Путин отстоял рождественскую службу, и позвонил

---

① 详见http://www.dialog-21.ru/dialog2007/materials/html/ 64.htm
② 详见http://www.dialog-21.ru/dialog2007/materials/html/ 07.htm

Ющенко."一个是简单句一个是复合句，会导致动词позвонил的主语不同，句子意思也不同。在语义－句法层面，标点符号除了可以指示句子各部分的边界还可以反映出各部分间的语义关系，例如"Мама, это я."和"Мама – это я!"两个句子是完全不同的意思。

以Апресян Ю.Д.、Богуславский И.М.、Иомдин Л.Л.为代表的俄罗斯科学院信息传输问题研究所（Институт проблем передачи информации РАН）计算语言学实验室（Лаборатория компьютерной лингвистики）的研究组，在自己的自然语言处理系统"ЭТАП"中借鉴美国语言学界关于歧义问题的理论来研究俄语的部分歧义现象。

这些俄罗斯计算语言学学者们的工作与欧美计算语言学界是接轨的。И.М.Богуславский等（2003：40）就中肯地指出，当今世界上没有哪个自然语言处理系统可以像人类一样借助百科知识和对交际环境的判断从而对有歧义的语言单位做出准确的解读。Иомдин Л.Л.认为，机器翻译中最难以解决的问题就是歧义问题，他通过几个生动的实例演示了ЭТАП-3机器翻译系统所无法克服的词汇和句法歧义的问题，并指出句法歧义往往是与词义的歧义交织在一起的。[①]А.В.Лазурский等指出[②]，当今世界上的机器翻译系统和自然语言处理系统中没有一个是完善或者哪怕是接近完善的，最根本的原因之一在于自然语言的高度歧义性，作者借鉴了源自美国计算语言学界的人机交互（интерактивное разрешение）的消解歧义方法，用于ЭТАП-3机器翻译系统的词汇和句法歧义消解，并且区分了源语言自身歧义（внутриязыковая неоднозначность）与翻译产生的歧义（переводная неоднозначность）两个概念，指出翻译产生的歧义尤

---

① 参考http：//proling.iitp.ru/bibitems/ lessons_ winter_school.pdf
② 详见http：//company.yandex.ru/grant/2005/ 01_Lazursky_102921.pdf

其应当消除。

И.М.Богуславский等①指出，自然语言的句法剖析过程中以下三种情况需要寻求人机交互的消歧方法：1）在句法分析器决策句法分析树的顶端（выбор вершины дерева）时；2）在自动分析出多种可能的句法关系（гипотетические синтаксические связи）时；3）在选择多种可能的翻译输出文本（выбор вариантов перевода）时。通过对20000个俄语词汇的词义消歧实验，作者指出需要对语料库中的词汇进行四个方面的标注，从而使其成为高效的熟语料库：1）词义解释（толкование значения слова）；2）词类标注（маркер части речи）；3）简明句法特征（простые синтаксические признаки）；4）同义词以及反义词（синонимы и/или антонимы слова）。

М.Е.Епифанов等②阐述了一种俄语文本中词类歧义消解的迭代算法，在俄语句子的句法分析算法中可以使用这种迭代的方法部分消解句子中的词类歧义。Т.Ю.Кобзарева等（2002）总结出俄语句法分析中的63种词类歧义，并指出其中的15种为最常见词类歧义：复合前置词、复合副词、带有语气词не的短语、带有语气词ни的短语、成语（相当于一个词）、插入语和插入结构、形容词短尾－名词、副动词－名词、名词－动词变位形式、名词－形容词、前置词－名词、形容词短尾－副词－述谓结构、его-её-их、名词第五格－副词、形态相同但词类来源不同（例如词形 том、отчего 等）。由此，М.Е.Епифанов等分别针对这15种常见词类歧义编写了消解算法模块，在句法分析时逐个地运行15个模块可以消解对应的词类歧义；而所谓迭代算法是指每个模块都可以从前向后或从后向前重

---

① 详见http：//www.dialog-21.ru/Archive/2005/Iomdin Boguslavski Lazurski/Iomdin Boguslavski Lazurski.pdf
② 详见http：//www.dialog-21.ru/digests/dialog2010/materials/html/19.htm

复运算，直到可以得出计算机可识别的剖析结构为止。例如在句子"Она не помнит ни *добра*, ни *зла*."中划横线的*добра*和*зла*存在形容词短尾(Abr)–名词(N)的词类歧义，首先从前向后剖析，取值*добра*=N，但向后进行时*зла*存在歧义无法得到唯一正确的剖析结构；尔后从后向前剖析，取值*зла*=N，向前进行得到*добра*=N，可以得到唯一正确的剖析结构，算法成功。М.Е.Епифанов等最后指出，这些模块可以被组装在一起形成一个总的迭代算法，并可以在未来整合进其他类型的词类歧义的消解算法模块。我们认为，该算法虽然占用了一定的计算资源，但针对不同类型的词类歧义而言各模块也不失为一种实用的消解算法。

（五）我国俄语界的歧义研究

国内俄语界的歧义研究还相对较少，发表于20世纪80年代以后的专门研究成果见诸杨仕章的"漫谈俄语中的歧义现象"（1996）、巨芸的"歧义研究中存在的问题"（1998）、李向东和周清波的"基于多知识交叉分析的俄汉机器翻译系统的多义区分与消解"（2000）、王洪庆的"歧义句浅析"（2000）、许传华的"俄语中的种种歧义现象"（2004）、安利的"多义词和同形异义词产生的幽默"（2005）等几篇文章。

杨仕章（1996）认为，从认识论的角度出发，语言可划分为表达平面和内容平面，从表达平面来看，语言层面可称作音位层，它包括区分性特征、音位、音节、语音词、调位和句调等单位；从内容平面来看，语言层面可称作语义层，它包括词素、词、词组或熟语、句子、篇章等单位。整个文章分别举例说明了两个平面的各个单位层次上产生的歧义，总体上看是一篇关于歧义分类的专论，在俄语歧义的研究中是一篇系统性较强的文章。巨芸（1998）在"歧义研究中存在的问题"一文中则从本体论的角度讨论了歧义概念，该文侧重理论探索，探讨了歧义与多义、模糊、含混等相近概念的区别，简述了歧义与语境的关系，并举例说明了歧义的应用。该文涉及面较广，是一篇关于歧义问题的视野宽广的理论性杂文。王洪庆（2000）指出，俄语界目前关于这个题目的研究还不够深入，相关文献也较少，于是作者从俄语歧义句的定义、分类及成因、歧义的消除三方面做了较为简短的评述。许传华（2004）具体举例描述了俄语中的各种语法歧义和词汇歧义，这也是一篇关于歧义分类描述的文章，语法歧义和词汇歧义两个大类的分划符合当前语言学界最为流行的分类方法，两个大类下面的各个次类的分法体现了俄语的特点，在俄语歧义研究领域中迈进了一步。安利（2005）结合修辞学讨论了歧义现象可能产生的幽默效果，文中例句丰富，是一篇关于俄语歧义现象的扩展性论述。

李向东、周清波（2000）从计算语言学专业角度分析了俄汉机器翻译中出现的语义、语法、结构、语用等多义现象，面向俄语自动处理提出了包括以下6种方法的消解策略：上下文相关处理、内部限定、设置语法特征函数、优选排歧、以多义对多义、渐进消解。尽管文章的研究对象被称为"多义"，但"基于多知识交叉分析的俄汉机器翻译系统（简称MAP-RCMT）"中的"多义"与计算语言学中讨论的"歧义"有着紧密的联系。该文是计算语言学和自然语言处理领域关于俄语歧义问题专门研究的不可多得的文章，其中设置语法特征函数就是一种典型的基于规则的消歧策略。

我们看到，虽然国内俄语界对歧义问题的关注是有的，但是这方面的研究目前并不充分。首先论文数量少，尚未形成规模。其次在深度广度上有待于进一步发展，在已有研究成果的基础上继续深入探讨俄语歧义问题的空间还较大。再次，欧美语言学界以及我国汉语学界关于歧义问题的研究比较发达，而国内俄语歧义研究尚且没有形成一定的系统性和代表性。最后，在计算语言学和自然语言处理领域关于俄语歧义问题的专门论述更为少见。在这种情形下，作为俄语语言文学专业的研究人员，我们在总结借鉴相关研究成果的基础上，从计算语言学角度对俄语潜在歧义问题进行系统研究就具有一定的现实意义。

三、汉语学界的研究

应该说，西方对歧义问题的理论研究早于我国，直到春秋战国时代，我国的思想家荀子才从理论上谈及歧义现象。(于晓日，2004：56)我国现代语言学界最早注意到汉语歧义现象的是吕叔湘和朱德熙先生，1951年他们在《人民日报》上发表的"语法修辞讲话"中列举了五种歧义现象，认为歧义是一种表达上的毛病，应当尽量避免，由于当时只是从应用的角度谈到歧义现象，并没有深入到问题的实质，因而理论性不强。(同上：56)1959年，赵元任先生发表在国外的"汉语的歧义问题"(赵元任：1988)是第一篇从理论角度系统探讨汉语歧义的文章，以后的许多研究者经常引用的例子——"鸡不吃了"即出自这篇文章。赵先生在该文中就歧义界定、歧义成因、歧义分类、歧义分化、歧义消解和歧义度等重要问题进行了探索，为学者们以后的研究树立了重要的理论典范。

1978年朱德熙先生在"'的'字结构和判断句"(上、下)两文中对"的"字结构判断句的歧义问题进行了详细考察。两年后，朱德熙先生的"汉语句法中的歧义现象"一文发表于《中国语文》期刊，该文奠定了国内汉语歧义研究的理论基础。文章深入讨论了句法歧义及其成因，并通过两个实例"差一点死了"和"差一点儿没死"说明某些多义句式目前还找不到统一的分化方法。针对这两个实例只能依据两条规律：1)对于说话人企望发生的事情，那么肯定形式表示否定意义，否定形式表示肯定意义；2）对于说话人不企望发生的事情，那么无论是肯定形式还是否定形式，意思都是否定的。文章最后指出，说话人企望不企望事情发生并没有明确的界线，这涉及谈话的背景，因而应当将之归为语用因素。

"汉语句法中的歧义现象"发表后在国内语言学界引起很大反响，激发起语言学界对歧义问题的研究热潮。正是在这样的背景下，我国计算语言学界的歧义及其消解问题研究逐步兴起，同时受国外计算语言学最新理论的影响，研究者对中文信息自动处理过程中遇到的歧义现象进行较为精细的描写并提出消解策略和算法，研究手段和研究视角不断更新。

从研究对象和研究方法看，我国计算语言学领域对汉语歧义的研究大体可分为分词歧义研究、句法（语义）结构歧义研究、词义歧义研究、词性歧义研究和歧义消解的一般性论述五方面。其中前四方面具有明确的考察对象，针对具体类型的歧义现象提出具体的消歧策略或算法；后一方面并不明确限定歧义的具体类型，而是宏观性地提出歧义消解的某种总体性方略或思路。

（一）分词歧义研究

书面汉语的单词之间不设空格，自动分词歧义及其消解问题因此成为中文信息处理相对西文处理而言的一大特色难题。汉语分词歧义一般分为交集型和组合型两大类，其中交集型歧义占85%以上，是讨论的重点。

（1）分词歧义的本体论研究

刘挺等（1998）用有向图的形式给出了一套有关歧义字段的定义，将短句表示为有向图，弧和词一一对应。未被任何弧跨越的结点称为分点，分点之间的子图是字段。相邻分点之间的子图为单义字段，不相邻分点之间的子图为歧义字段；从起点到终点没有弧的歧义字段为交集型歧义字段，有弧的歧义字段为组合型歧义字段。这种有向图的形式化定义一目了然，且与有限状态自动机的模式相吻合。

孙茂松等（1999）引出了最大交集型歧义切分字段的概念，设 $S=c_1c_2\cdots c_n$ 为任一字符串，$S_{max}=c_i\cdots c_j$ 为 S 的一个子串（$1\leq i<j\leq n$）且为交集型歧义切分字段，如果在 S 中不存在包含 S_{max} 的更大的交集型歧义切分字段，则称为 S 的最大交集型歧义切分字段。该文将最大交集型歧义切分字段区分为真、伪两种主要类型，指出其高频部分表现出相当强的覆盖能力及稳定性，且覆盖率受语料领域变化的影响不大，而其中绝大部分为伪歧义型。针对最大交集型歧义切分字段的以上特性就可以有针对性地提出消解策略。

（2）分词歧义的方法论策略

徐秉铮等（1993）提出了神经网络的分词方法，以非线性并行处理为主流的神经网络系统的知识表示方法不需组织大量的产生式规则，以自组织、自学习的方式进行歧义字段的切分。刘挺等（1998）采用相对简单的最大概率分词算法（MP算法）进行歧义切分，正确率高于正向最大匹配（MM）算法和逆向最大匹配（RMM）算法。王伟等（2001）提出一种基于EM算法非监督训练的自组织分词歧义消解方案，每个句子所对应的所有（或一定范围内）分词结果构成训练集，对该训练集和初始语言模型可以进行多次迭代而估算出具有最大似然度的最终语言模型。

在交集型分词歧义方面，孙茂松等（1999）针对高频最大交集型歧义切分字段的特性提出了一种基于记忆的处理策略，将其设计成一个预处理模块可以明显改善实用型非受限汉语自动分词系统的排歧能力。李斌等（2006）使用全切分的方法，从大规模语料库中采集高频最大交集型歧义字段，通过对切分实例库的分析，发现大多数真歧义字段具有强势切分的现象，从而提出解决交集型歧义"分而治之"的方法。李蓉等（2001）提出了基于支持向量机（SVM）和k-近邻（k-NN）相结合的交集型伪歧义字段切分方法，实验结果显示此方法可以正确处理91.6%的交集歧义字段，且该算法具有一定的稳定性。

组合型分词歧义方面，秦颖等（2007）研究了组合歧义字段在切开与不切时的词性变化规律，并根据常见的一些组合歧义字段构造了歧义字段词性变化模板，根据模板可以较全面地收集切分中的组合型歧义；利用最大熵模型进行组合型歧义消解，考察了六类特征，各类特征从不同角度提供消除歧义的信息，其中关键词这一特征贡献最大，词汇特征优于单字特征，组合歧义消解在粗切分后效果较好。此外，李国臣等（1988）使用基于知识的"联想-回溯"算法讨论了组合型歧义的切分方法。

关于中文分词歧义还可参考黄昌宁先生（1997）（2007）两文，本书不再详述。

（二）句法（语义）结构歧义研究

当语法可以给一个句子指派一个以上的剖析时，就会发生结构歧义。（D.Jurafsky等，2005：233）句子（或短语）的句法（语义）结构歧义广泛存在于自然语言的各语种中。汉语的结构歧义有两种表现形式：一种体现为结构层次的歧义，如"欧美语言学研究"有两种层次划分，[[欧美语言学]研究]或[欧美[语言学研究]]；另一种体现为结构关系的歧义，如"出租汽车"可能是动宾关系或偏正关系。其中结构关系歧义在汉语中大量存在，但在西方语言中较为少见，主要原因在于汉语的两个特点：一是缺乏形态变化，结构关系不明显；二是词性灵活，兼类词众多。

(1)结构歧义的本体论研究

朱德熙先生(1980)认为,有些句子的歧义是代表这些句子的抽象句式所固有的,不是组成句子的具体词汇的词义所引起,这些多义句的存在反映出句式的歧义性,据此提出"歧义句式"概念。此后,冯志伟将"歧义句式"概念进一步阐释为"歧义格式",并论证了格式歧义的潜在性;詹卫东对歧义格式进行细化分类,通过统计提取出三项排列式中可能造成歧义的格式。与朱德熙不同的是,冯詹二人均是在短语单位上讨论歧义格式。

冯志伟(1989(2)、(3);1995(4);1996)指出,从科技语到日常语言广泛存在歧义结构,潜在性是其重要特点。冯先生潜在歧义论(Potential Ambiguity,简称PA论)认为,当一个PT-结构(词组类型结构)对应一个以上的SF-结构(句法功能结构)时,该PT-结构就是潜在歧义结构。之所以说歧义是潜在的,因为在PT-结构实例化的过程中,这种歧义有可能继续保持,成为真歧义结构;也有可能得到消除,成为歧义消除结构。因而这种歧义是潜在的而不是现实的,它只具有了歧义的可能性,但不一定具有歧义的现实性。冯先生认为,在自然语言中存在大量的同形歧义结构,它们的短语结构都可以归为PA结构,自然语言有歧义性的一面,也有非歧义性的一面,这种存在于短语结构中的潜在歧义有时又能够自行消解的现象正是自然语言歧义性和非歧义性辩证统一的体现。这说明,PA结构本身就包含了消解歧义的因素,仔细研究这些PA结构本身,就不难发现可供计算机自动消解歧义的办法。

冯志伟先生所提出的结构歧义潜在性是在语言能力(非语言运用)的层面进行讨论,带有抽象性(非具体性)特征,对自然语言处理过程中间计算机可能遇到的歧义情况具有很强的指导意义。计算机自动处理的多个环节都会涉及语言能力层面的知识,语言能力层面知识可能造成的歧义在语言的实际使用中不一定现实存在。为逼近自然语言计算机自动处理的目标，语言学家需要深入探索语言的本质和规律，尽量对语言进行形式化描写，而形式语言学的一大特点就是将自然语言范畴化，用抽象的范畴对无限的语料进行简化归类，建立规则系统，潜在歧义也正是在这样的背景下产生的。

詹卫东等（1999）对汉语短语歧义格式总结出三种分类方法：根据短语组成成分的特征分为包含终结符与不包含终结符的歧义格式；根据定界方式对外造成的影响分为外显型与内含型歧义格式；根据抽象格式歧义和具体实例歧义的对应关系分为真歧义格式、准歧义格式与伪歧义格式。詹卫东对汉语中可能造成结构定界歧义的所有三成分排列式进行统计分析，给出了汉语短语结构歧义格式的分布，将有可能造成歧义的排列式系统地整理出来。此后，学界涌现出了一批分析各种具体PA短语结构的文章，例如石定栩《动-名结构歧义的产生与消除》（2005）、杨泉《机用现代汉语"n+n"结构歧义研究》（2005）等等。

（2）消解结构歧义的方法论策略

邰晓英等（1993）提出的消歧策略基于规则，根据对汉语单词用法的规则化描述建立各个单词的启发式规则，用以对句法分析中歧义结构进行约束。苑春法等（1999）提出的消歧策略基于语义知识，通过寻找汉语语义类之间可能存在的句法关系建立形式化的汉语语义关联网，利用依存语法配合语义关联网排除句法歧义。但基于语义的消歧策略之发展有赖于汉语语义资源的继续开发和汉语语义关联网的进一步完善。刘颖（2000）的消歧策略基于统计，使用句法评分和语义评分对句法语义分析阶段的结构歧义进行消解。该方法可以和传统的基于规则的方法相结合，从而更有效地对自然语言进行分析。杨晓峰等（2001）的消歧策略基于实例，该方法避免了知识的手工获取和手工编码过程，直接参考语料库中的真实文本对歧义结构的备选剖析进行优选，该策略可以方便地通过调整词语实例集的例子来达到一个比较好的排歧效果。基于实例的方法最早在机器翻译中被提出，原理是在一个大规模的双语语料库中找出与输入句最相似的例句，将例句的目标语言适当调整后作为输入句的翻译结果。

以上四种消歧策略具有一定代表性，相关研究较多；张克亮（2004）使用HNC理论进行结构歧义消解是比较独到的。HNC理论从语言的深层入手，以概念的基元化、层次化、网络化、形式化的语义表达为基础，通过句类和句式体系把自然语言的表层结构和深层语义联系起来，从而实现对语句的多维描述。该理论开辟了一条计算机理解人类自然语言的新路子，成为目前国内自然语言处理的三大流派之一。基于HNC理论的歧义消解的总体原则是，以语句为基础，充分利用语句语境提供的句类知识，采取宏观消歧与微观消歧相结合的策略。以常见歧义格式V+NP1+的+NP2为例，张克亮提出了三条准则和十个推论以实现对其进行自动消歧。

许云等（2005）针对词汇化树邻接文法的歧义现象，利用《知网·信息结构库》作为知识库，并引入概率方法提出了一种有效的句法树消歧方法。《知网》作为一个知识系统，着重反映的是概念的共性和个性，同时反映概念属性之间的各种关系，与语法结构和语义结构相比，信息结构具有更丰富的内容且依赖于特定的语言。目前《知网》所公布的中文信息库包含271个信息结构模式，49个句法分布式，58个句法结构式，11000个实例，它已成为中文信息处理重要的资源。作者阐述了如何利用知网信息结构模式对句法树进行筛选，并提出了基于概率的信息结构抽取的计算方法。

刘蓓等（2005）将研究范围延伸到难度更大的口语，口语语言的随意性及识别器的错误都会导致大量不合法语句的产生，从而带来句法语义分析的困难。在消歧策略上，该研究将基于"制约"、基于"优选"两种思路有机统一起来，综合运用基于规则、基于语义、基于统计等多种策略，针对汉语口语对话分析所面临的语义关系歧义和结构层次歧义两类典型歧义现象，分别提出了基于"制约"的语义期待模型（EM）消歧方法，以及基于"优选"机制的语义概率上下文无关语法（PCFG）模型消歧方法。将期待模型与对话上下文相结合可以从提供合理的预测角度出发，解决语义格确定及用户意向推理的问题；对语义分析规则集进行概率扩展则增加了规则的覆盖率。

（三）词义歧义研究

多义词普遍存在于世界各语种中，其使用频率高、分布广泛。词义歧义消解就是针对多义词在具体语境中进行词义辨识，自然语言处理领域的词义排歧（消歧）体现在为多义词标注符合上下文的语义编码，通常这个编码可以是词典释义文本中该词所对应的某个义项号，也可以是义类词典中相应的义类编码。词义排歧在机器翻译、信息检索、文本导航、句法分析、文本与语音理解中都占据重要地位，是歧义研究的重要方面之一。

我们看到，当前的汉语词义排歧研究显示出以下四个特点：依赖搭配与语境信息；基于语料库；机器学习；算法多样。

（1）搭配与语境

词义是在语言运用中体现出来的，多义词在不同的搭配环境中具有不同的意义，在给定的搭配中多义词的意义往往是确定的。一般来说，越邻近的搭配对多义词的约束力越强，约束力随着上下文语境距离的逐渐增加而减弱。无论是人还是计算机，消解词义歧义都必须依赖搭配和语境。

王永生等(1998)指出德语动词、名词、形容词中存在的词义歧义现象,试图采用固定搭配、配价制导(即语法搭配)、类型码(包括词类和义类)和专业码(即更为细致的义类)四种手段消解。该研究依现在来看是比较基础性的。郑杰等(2000)提出了一种根据单词与语境之间的关系消除词义歧义的模型,该模型利用反映单词之间语义共现关系的知识库词典进行词义排歧。词义排歧的其他策略也都以搭配、共现和上下文语境为基础。

(2)基于语料库

20世纪90年代以前,基于搭配规则的词义排歧方法需要依靠人工来编制大量的排歧规则,不仅覆盖面窄,而且开销巨大,知识获取存在"瓶颈"问题。90年代以后,由于大规模机储词典和语料库的出现,词义排歧研究进入了一个以语料库方法为主的新时期。(陈浩等,2005:10)语料库的意义不仅体现在其提供了丰富可靠的数据,还体现在基于数据(data-based)计算的各种研究方法,例如概率统计、机器学习、评分、算法等。

刘冬明等(2005)利用当前HowNet资源中句子对齐的汉英双语平行语料库信息,将词义排歧问题转化为两种语言相对应句子词义组合的相似度计算问题,进而利用动态规划的思想设计出一种在一定的时间复杂度内有效标出多义词义项的算法。该方法从以前对每个多义词进行排歧时只考察其上下文窗口的搭配信息,改变为对句子中所有的词同时考察上下文环境,这样就可以在句子的框架内进行词义标注。

下一小节的机器学习方法也必须以语料库为素材。

(3)机器学习

根据是否对语料库进行人工标注,词义消歧方法可分为有指导(supervised)和无指导(unsupervised)两类。有指导消歧的典型方法有决策树、决策表、神经网络、最大熵方法，对训练语料库进行词义人工标注成本高昂，且统计结果存在严重的数据稀疏问题。无指导消歧方法将未标注的生语料作为初始知识开始学习，自组织获取知识，免除了人工标注词义的繁重工作，在学习训练过程中可有效解决数据稀疏问题。

Yarowsky(1995)提出通过机器学习初始搭配实例从而在语料库中获取更多的搭配知识成为词义消歧的有效方法。无指导学习的许多后续研究都基于Yarowsky的思想，并针对该方法的两点不足进行完善：其一，人工获取质量较好的指示词种子比较困难；其二，该方法只针对区分意义差别较大的两个义项的多义词利用判定表给出算法。

李涓子等(1999)用机器可读词典《现代汉语辞海》提供的实例作为初始搭配，采用自组织方法进行学习从而扩大搭配集，在学习过程中逐渐增大上下文窗口的长度，并通过建立搭配统计表实现多元词义歧义的消解。郑杰等(2000)利用反映单词之间语义共现关系的知识库词典进行词义排歧，为提高知识库的覆盖率，在对大量语料进行分析的基础上建立起单词语义分类之间的相关程度矩阵，同时采用动态链表来表示和维护语境，这也是一种无指导机器学习的策略。

全昌勤等(2005)与李涓子等(1999)策略类似，但提出新的算法：设由初始指示词集Q0找出的种子为第一批种子集U1，由第一批种子集再次找出的种子为第二批种子集U2，以此类推，该算法的优点在于每一步循环只找出一个候选种子进入下一步，最终对每一义项都能得到区别于其他义项的最优种子。

陈浩等(2005)提出了一种基于HowNet的无指导学习方法，其主要特点体现在以下几个方面：1)对上下文的聚类完成了对排歧的第一次分类；2）基于二阶context的上下文向量表示法可以更大量地获取上下文中多义词的信息而且防止了大量噪声的产生；3）在用k-means方法聚类时，通过每个k的得分来确定k，提高了聚类的准确度和实用性。

值得一提的是，高维君等（2000）讨论如何将机器学习应用于汉语关联词的歧义辨别，其中使用Quinlan的决策树归纳算法C4.5。C4.5是一个经验主义的学习系统，用来从训练数据中学习决策树分类器，训练数据由一系列已经分类的事例组成，这是一种有指导的机器学习。

刘凤成等（2006）提出一种基于AdaBoost.MH算法的有指导的汉语多义词消歧方法。该方法利用AdaBoost.MH算法对决策树产生的弱规则进行加强，经过若干次迭代后，最终得到一个准确度更高的分类规则，并且给出了一种简单的终止算法中迭代的方法。为获取多义词上下文中的知识源，在采用传统的词性标注和局部搭配序列等知识源的基础上，引入了一种新的知识源即语义范畴，提高了算法的学习效率和排歧的正确率。

神经网络和贝叶斯网络是源自西方语言学界的两种经典的机器学习方法，卢志茂等（2004）通过实验方法考察了这两种网络模型在汉语词义消歧上的应用效果。实验对象是通过特定规则构造的6个伪词，使用伪词可以避免有指导的词义消歧方法中的数据稀疏问题，充分验证词义分类器的实验效果。贝叶斯网络用于词义分类简单高效，模型容易构造；而神经网络的结构则相对复杂，用于词义消歧需要先解决输入问题。实验数据表明，贝叶斯网络比神经网络更适合解决汉语词义消歧问题，但贝叶斯网络的抗噪声能力却明显逊色于神经网络，神经网络模型比贝叶斯模型的结构更复杂、功能也更强大。

(4) 算法多样

李涓子等(1999)使用搭配统计表的多元最大对数似然比词义排歧算法，高维君等(2000)使用Quinlan的决策树归纳算法C4.5，陈浩等(2005)提出k-means聚类算法。刘风成等(2006)提出一种基于AdaBoost.MH算法的有指导词义消歧方法，该方法利用AdaBoost.MH算法对决策树产生的弱规则进行加强，经过若干次迭代后，最终得到一个准确度更高的分类规则。

吴云芳等(2007)通过对比指出词典属性特征算法大致可看作是规则方法的代表，贝叶斯算法大致可看作是统计方法的代表。词典特征算法表现出了不受数据规模影响以及对词语敏感的特性，而这个特性正好是像贝叶斯这样的统计算法所缺乏的。对于某些利用特征消歧准确率可达到100%的词语(譬如量词)，不妨先利用特征方法进行消歧，对于特征方法无法召回的词语，再利用其他统计算法。这可以看作是基于规则和基于统计两大消歧策略在词义消歧方面的具体结合手段。

此外，冯志伟(2004: 573-595)总结出八种重要的词义排歧方法，体现了该领域目前的总体发展状况。

(四) 词性歧义消解

周强(1995)指出，由于计算机处理汉语文本时通常不考虑读音，同形词和兼类词的识别处理没有区别，致使在词类标注过程中遇到的词类歧义(词性歧义)现象比传统语言学意义上的兼类现象范围更广。规则处理的优势在于能充分利用现有的语言学研究成果，对于某些特殊的歧义组合，可以通过对语境中的相邻词、词类和词语的特征信息进行深入细致的描述，获得很好的排歧效果；而统计处理的优势则在于它的全部知识是通过对大规模语料库的参数训练自动得到的，因此可以获得很好的一致性和很高的覆盖率，并且可以将一些不确定的知识客观量化。因此，较好的处理方法是考虑把它们结合起来，以充分发挥两者的优势。

规则和统计相结合的处理思路可以如此实现：对于切分和初始标注结果（每个词带有所有可能的词类标记），首先经过规则消歧排除那些最常见的、语言特征比较明显的歧义现象；然后通过统计排歧，处理那些剩余的兼类词并进行未登录词的词性推断，最后再进行人工校对，从而得到正确的标注结果。

谈文蓉等（2005）指出汉语的词性歧义可划分为4种：1）形同音不同；2）同形同音但意义无联系；3）具有典型意义的兼类词；4）上述情况的组合。统计结果表明，尽管词典中兼类词数量所占的比例不算太高，但在真实文本中出现的频率却不低，许多常用词都是兼类词，因此消除兼类词的词性歧义在汉语自动处理中具有重要的意义。

（五）歧义（消解）一般性论述

该部分的论述不针对具体类型的歧义，而是综合性、一般性地提出歧义消解的某种思路和方法。这种一般性论述在20世纪90年代初期偏多，之后这种大体思路性质的研究减少，歧义及其消解研究向细化、具体化的方向发展。

人们的交流是基于双方对客观世界具有的共同认识进行的，意象正是反映了这样一个基本命题，所谓意象就是各种实物、概念、关系、现象等在人脑中的映象，它是超越各种语言的。杨莹等（1993）由此提出一种可以表示常识及语言知识的意象知识体系，在这种知识的形式化表示基础上给出了NLP中的消歧知识及其表示形式，以及基于消歧知识的消歧策略。

钱树人（1993）非常强调语境对语言片段的歧义理解产生的影响，提出默认语境、系统语境和系统歧义等概念，在此基础上扼要地提出汉语语言片段歧义分析模型系统CAAMS。

受限语言就是对自然语言在词条的数量、词义或短语结构、句法结构以及语义上加以一定的限制，之后形成的受限语言子集在歧义性、复杂性上比原语言显著降低，使计算机处理起来更为有效，可以说，设计受限语言的直接目的就是减少自然语言各个层次的歧义。孙健等（1997）借鉴日本长尾真的日语制限文法的一些设计思想，使用规则、附则、说明和例子的三级描述方式，设计了一种汉语受限语言，采用句法结构上的层次关系应予明确、并列关系应加注关联词、多用单句、限制多义词汇的使用等方法，以对汉语中存在的歧义进行受限处理，并给出了一个应用实例——面向受限汉语的机器翻译前编辑系统。

刘颖（2001）的一般性论述对象是算法，她强调了学习算法的鲁棒性（robust，亦译："健壮性"）。使用统计方法可以对汉英机器翻译的词性标注和句法语义分析阶段产生的歧义进行消解，在估计过程中往往使用最大可能方法，但是并不是在所有的情况下取最大值都正确。对此应当使用健壮性学习算法，当正确的候选结果评分不是最高时，仍能通过健壮性算法来调整正确结果的评分使之最大，并且降低不正确候选的评分。另外，考虑到训练集与测试集的不同，使训练集中的错误率最小不能保证测试集中的错误率也最小，为应对训练语料库和测试语料库间存在的统计变化，应该使用健壮性学习算法。

回顾以往，赵元任先生在国外最早较为系统地从语言学理论出发来研究汉语歧义，但《汉语的歧义问题》（1959）未能及时译成汉语介绍到国内。朱德熙先生较早接受了结构主义语言学理论，在国内率先研究歧义。20世纪70年代末以来，随着西方语言学理论在国内被广泛接受，国内计算语言学界的歧义研究兴起并逐步发展。

90年代冯志伟先生原创的潜在歧义论成为我国计算语言学界的一种重要理论发现，有力地推动了面向中文信息处理的歧义问题研究。同时我们也发现，当前国内对歧义问题研究进行综合论述的专著较少，各块理论较为分散、不成系统。

四、讨论

通过回顾国内外英语、俄语、汉语学界对歧义问题的相关研究，总体来讲我们有以下几点认识：

1）歧义问题在计算语言学以及整个语言学界是一个研究的热点问题，自然语言处理中的歧义问题与理论语言学所广泛关注的歧义现象有所不同。

2）我国俄语计算语言学界对歧义问题尚缺乏系统研究，本书将尝试在此方面进行挖掘与探索。

3）目前的歧义及其消解问题研究的焦点在于词汇和句法的层面，词汇歧义和句法歧义也将成为本书讨论的中心议题。同时，语义相关和概率统计方法成为当今歧义消解研究的两个显著特征，这两种方法论值得我们在科研工作中予以关注。

第三节　本章小结

语言是信息的载体，在以计算机科学为先导的信息时代，使用计算机这一功能强大的工具来处理人类自然语言成为包括语言学、计算机科学在内许多领域的专家学者们越来越关心的问题。我们通过对计算语言学产生和发展大体轮廓的简要回顾，点明自然语言处理研究总体可以归结为符号派和随机派两大流派。符号派主要包括有语言学背景的学者，受当时乔姆斯基的形式语言理论和转换生成语法的影响，他们从理性主义的方法论出发，试图构建适合计算机处理的语言模型，符号派为基于规则的消歧策略提供了方法论依据。随机派主要指来自统计学专业和电子学专业的学者，他们使用贝叶斯方法解决识别最优字符的问题，利用N元语法和隐马尔科夫模型来进行语音识别的计算，20世纪80年代语料库语言学兴起标志着随机派复苏并迅速成长为与符号派并驾齐驱的一股力量，基于概率统计的消歧策略源自随机派的方法论。90年代以来符号派与随机派逐渐合流，形成计算语言学全面繁荣的局面，在这样的背景下，自动消歧研究也必将走上各种策略相结合的道路，从而提高歧义消解的效率和正确率。

"自然语言处理"和"计算语言学"两种学科术语是一种对立统一的关系，不少文献中将两个术语相等同。自然语言处理是计算语言学应用研究的核心内容，两个术语的内涵相统一，都体现了语言学与计算机科学的交叉。在自然语言处理的过程中，计算机根据我们设定的规则系统经常会针对输入语段自动分析得出多种分析结果，而事实上按照人类的理解却只有一种结果是正确的，这种潜在歧义的消解成为计算语言学难以解决的瓶颈，贯穿于自然语言处理的整个过程。

歧义的研究自古有之，最早可以追溯到古希腊时期，当时的歧义研究是在哲学的范畴之内进行的。20世纪乔姆斯基关于句法歧义的理论在整个语言学界引起很大反响，激起众多语言学工作者研究歧义问题的热情，特别是在自然语言处理的句法剖析领域有一大批学者致力于句法歧义自动消解的工作。赵元任先生在国外最早较为系统地从语言学理论出发来研究汉语歧义，朱德熙先生较早接受了结构主义语言学理论，在国内率先研究歧义。

英语计算语言学界的歧义研究起步较早基础雄厚，俄语计算语言学界的歧义研究在2000年后得到迅猛发展，著名的网上论坛《21世纪对话》为俄罗斯计算语言学学者讨论歧义问题搭建了交流与合作的平台。汉语计算语言学界的歧义研究自20世纪80年代以来成长迅速，欧美先进方法理论的借鉴与汉语自动处理的特点得到较好的结合。90年代冯志伟先生提出的潜在歧义论是计算语言学界关于歧义问题——特别是短语结构的句法歧义——的重要发现。

通过对英、俄、汉语计算语言学界歧义研究的总结回顾我们看到，歧义及其消解问题逐渐成为自然语言处理领域的一个重点和热点，具体的算法和策略在不断的更新。另一方面，国内俄语学界对歧义问题的关注目前还较为有限，从自动处理角度对俄语歧义问题的系统论述更为少见，与美欧、苏俄学界以及我国汉语学界关于歧义问题的研究相比，论文数量较少，尚且没有形成一定的系统性。由此，我们从计算语言学角度系统考察俄语自动处理中的潜在歧义及其消解问题就显得更具有现实意义。

第二章　潜在歧义概念的多维阐释

如果一个输入产生了比正确结构更多的可供选择的语言学结构，那么这个输入就是歧义性的。

——D.Jurafsky & J.H.Martin

在研究同形歧义问题时，我们归纳概括出来的歧义格式中所反映的歧义并不是现实的歧义，而是一种潜在的歧义；当用具体的单词去代真歧义格式中的范畴符号时，在所形成的具体的句子或词组中，这种潜在歧义有可能继续保持，也有可能不再继续保持而消失。在歧义格式的研究中这是一个值得特别注意、带有普遍性的语言现象。

——冯志伟

在词汇歧义和句法歧义两种最常见的歧义现象中，词汇歧义是直接由多义造成的。

——Ю.Д.Апресян

对于歧义概念的界定，不同学科领域的不同学者有着不尽相同的解释，我们从计算语言学角度研究俄语歧义问题，首先应当明确"潜在歧义"的概念。在此，我们既要博采众家之言，又要突出计算语言学的特点，明确自己的学术立场。计算语言学所讨论的潜在歧义与多义、模糊等相近概念存在较大区别，应当予以明确区分。对潜在歧义的特性和成因分析，有助于系统深入地把握潜在歧义概念的实质。

第一节 从歧义到潜在歧义

一、歧义概念的多种定义

学术界对"歧义"概念的定义可以说是众说纷纭,有的相似有的却差别较大。

语言学词典按照一般意义来界定该术语。例如《现代语言学词典》中的 ambiguity(ambiguous)词条翻译为"歧义[性](歧义的)","指一个词或句子表达不止一个意义,但又区分出几种不同类型的歧义,近年来讨论最多的一类是语法(或结构)歧义……"(D.Crystal,沈家煊译,2004:17)。《朗文语言教学及应用语言学辞典》中的 ambiguous(ambiguity)词条解释为,"具有不止一个意义的单词(word)、短语(phrase)或句子(sentence)被称为是歧义的","常见的是语法(grammatical)歧义和词汇(lexical)歧义"。(J.C.Richards,管燕红译,2000:19)俄罗斯网上词典 http://www.krugosvet.ru/ 的 Неоднозначность 词条指出,"歧义体现在一个能指(одно означающее)对应多个所指(разные означаемые),它存在于语言的各个层面之中,包括词素(морфемы)、词形(формы слов)、词(слова)、成语(фразеологические обороты)、短语(словосочетания)和句子(предложения)。"[①]

语义学家们十分关注语言中的歧义现象。英国语义学家利奇认为,"歧义的句子是指表示一个以上命题的句子","句法和意义之间存在着一与多的关系,那就是歧义"。(杰弗里·N·利奇,1987:112)俄罗斯语义学家 А.А.Зализняк 认为,歧义是指"同一个语言表达(языковое выражение)具有若干个不同的意义",它是"与多义

[①] 见 http://www.krugosvet.ru/articles/90/1009006/1009006a1.htm#1009006-A-101

相近的概念"。(А.А.Зализняк，2004：22)伍谦光(1988：40)认为，"虽然句子的各个组成部分能按照句法规则组合，但整个句子所表达的意思不明确，可以有不同的理解，这种句子称为'歧义句'。"

语法学家朱德熙(1980：81-82)指出，"所谓语法歧义(grammatical ambiguity)指的是句子的多义现象。一个词不止一个意思叫多义词(polysemy)，那么一个句子不止一个意思也可以叫做'多义句'(polysemous sentence)。"……"句子的'多义性'是代表这些句子的抽象'句式'所固有的，并不是组成这些句子的那些具体的词的词义引起的。"

著名文学理论家W.Empson认为，歧义(ambiguity)一词指的是说话人未曾确定的意思，可以是"一个词表示几种事物的意图"，可以是多个事物"同时被意指的可能性"，或者是"一个陈述有多重含义"。(W.Empson，周邦宪等译，1996：7)

计算语言学是20世纪60年代以后兴起的交叉学科，自然语言处理是其应用研究领域内的核心问题之一。自然语言处理中的歧义问题成为困扰着许多计算语言学家的难题。乌克兰计算语言学家G.米兰认为，"机器翻译活动之所以困难，原因在于歧义现象。歧义是指，同一个语言单位有好几个不同的意义。"(G.米兰，李锡胤译，2003：5)

美国计算语言学家D.Jurafsky和J.H.Martin认为，"如果一个输入产生了比正确结构更多的可供选择的语言学结构(multiple alternative linguistic structures)，那么这个输入就是歧义性的。"(Jurafsky, D., Martin, J.H., 1999：4)D.Jurafsky和J.H.Martin举了这样一个例句：I made her duck.该句话可能有五种意思，1)I cooked waterfowl for her. 2)I cooked waterfowl belonging to her. 3)I created the (plaster?) duck she owns. 4)I caused her to quickly lower her head or body. 5) I waved my magic wand and turned her into undifferentiated waterfowl. 它们分别代表着自然语言处理诸多层面上可能产生的歧义。

我国著名计算语言学家冯志伟先生（1996：166）指出："自然语言的歧义问题实质上是意义与形式之间的矛盾问题。同一形式与不同的意义相联系就必然会产生歧义，这是自然语言不同于人工语言的特点之一。"并且"在研究同形歧义问题时，我们归纳概括出来的歧义格式中所反映的歧义并不是现实的歧义，而是一种潜在的歧义；当用具体的单词去代真歧义格式中的范畴符号时，在所形成的具体的句子或词组中，这种潜在歧义有可能继续保持，也有可能不再继续保持而消失。在歧义格式的研究中这是一个值得特别注意、带有普遍性的语言现象。"（同上：173）潜在歧义论是冯志伟先生在计算语言学领域提出的一个重要理论。

以上我们引述了一些比较有代表性的定义，结合与之相关的论述我们发现：

首先，上述所有对歧义概念的定义分析有一个共同点，就是大家都认为歧义指的是"同一个语言符号具有多个意义"，或者说"一个语言形式对应多个意义"。这一点是各学科间达成的共识，也应当是歧义概念的核心内涵。歧义概念在英语中对应词为ambiguity，在俄语中是неоднозначность或двусмысленность；另有一个常用的类似概念是"歧义（性）的"，在英语中是ambiguous，在俄语中是неоднозначный或двусмысленный。

其次，计算语言学和理论语言学之间对歧义的研究存在一定差异。利奇（1987）、А.А.Зализняк（2004）等语义学家从语义研究的角度出发，比较注重不同意义的分化和描写，区分出语音歧义、词汇歧义和语法歧义三种情况，常常将歧义与多义和模糊现象结合起来进行研究。朱德熙（1980）等语法学家对歧义的关注集中在句法歧义，近年来这是语法学界的一个研究热点，一些语法学家对句法歧义进行了细致的描写和分类，区分出了句法层次的歧义和句法关系的歧义。W.Empson（1996）的定义是立足于文学语言和文学评论的，在 Seven Types of Ambiguity 全书中分析的例句绝大多数取自文学作品，出于解读文学作品的目的，他强调说话人意图的不同所造成的歧义。

与理论语言学家们不同，D.Jurafsky 和 J.H.Martin（1999）以及冯志伟（1996）等计算语言学家从自然语言处理的角度出发，考究计算机自动处理语言时可能遇到的"一个语言形式对应多个意义（或者多个结构）"的情况。这种计算机遇到的歧义现象与人类遇到的歧义现象有较大不同，输入语料由计算机系统处理并自动生成多种可能的输出，大量存在的是潜在歧义，这种潜在歧义人类不会遇到，可是计算机却难以筛选出正确的意义或者结构。此外，计算语言学中的潜在歧义可能存在于自然语言处理的各个语言学层面（包括语音、形态、词汇、句法、语义、语用等）以及语言单位的多个层次（包括词素、词、短语、句子等），而人类经常遇到的现实歧义现象则只表现在一词多义和句法切分歧义两方面。

再次，关于歧义概念，除了各个学科公认的"一个语言形式对应多个意义"的核心内涵以外，还包含另一个重要内容。计算语言学家和语法学家共同认为，句法歧义是一个语言表达能形成多种意义的重要原因，一个语言形式如果能切分出多种结构就可能形成多种意义，句法歧义这种普遍存在的歧义类型由此可以被描述为"一个语言形式对应多个结构"。

最后，我们对歧义概念作一总结。歧义（неоднозначность，ambiguity），指的是一个语言形式对应多个意义或者结构，它在计算机自动处理过程中体现为一个输入对应多种可能的输出；歧义可分为潜在歧义和现实歧义；计算机需要消解的潜在歧义存在于语音、形态、词汇、句法、语义、语用等多个语言学层面以及词素、词汇、短语、句子等多种语言单位层次。

二、抽象歧义与具体歧义

无论是冯志伟提出的潜在歧义论，还是詹卫东（1999；2000）区分的真歧义、准歧义、伪歧义，都强调一个"格式"，它们都是指一个抽象的格式可能会被分析为多种可能的结构，例如[VP AP NP]格式就可以被分析为[[VP AP]NP]或[VP[AP NP]]两种可能的结构，这就是抽象歧义。应当指出，冯志伟先生提出潜在歧义概念时，讨论的是句法层面的歧义现象，是抽象歧义。我们发现，潜在歧义应当是一个更为广泛的概念，潜在歧义不仅包含抽象歧义也包含具体歧义，关于潜在歧义的这一特点我们将在下一小节详细讨论。如果一个具体的语言材料片断可以被分析为多种可能的结构或意义，那就是具体歧义，例如[умные женщины и мужчины]既可以被分析为[[умные женщины]и мужчины]也可以被分析为[умные[женщины и мужчины]]。再例如俄语词尾-ой，在计算机自动处理中既可能被分析为名词词尾(如родной"亲人")，也可能是动词命令式词尾(如пой"请唱歌")，还可能是形容词或代词的多种可能的词尾(如красивой"漂亮的"；мой"我的")等等。

对于各个语言学层面上存在的歧义现象来讲，具体歧义和抽象歧义的分布具有一定的特点。词法学(词性标注)、词汇语义学层面上的歧义主要针对词或更小的语言单位而言，存在的歧义主要体现为具体歧义；而句法学、语义学(句子的语义结构)层面上探讨的歧义则多是针对短语、句子等大于词的单位的抽象结构而言，大量存在的则是抽象歧义。

区分出具体歧义和抽象歧义对计算语言学的歧义研究有一定价值。我们注意到,冯志伟先生提出潜在歧义概念时,主要是指抽象句法歧义,解决的是词性序列的自动句法剖析中可能产生多种剖析树的歧义问题;而我们在研究中发现,针对词或更小的语言单位遇到具体歧义问题使用潜在歧义论来解释也是可行的,因此潜在歧义论在自然语言处理领域具有普遍适用性。

关于抽象歧义概念,有一点需要强调说明。我们考察抽象歧义是在计算语言学理论框架下进行的,是在冯志伟提出的潜在歧义论和詹卫东提出的真歧义格式、准歧义格式、伪歧义格式概念的基础上进行的。这里的抽象格式与某个具体句子分析出来的具体句法结构是不同的,一个是语言能力层面,另一个是语言运用层面。在社会大众对具体语料进行分析的时候,涉及的是语言运用的知识,不会涉及语言能力的知识;而计算机在处理自然语言的过程中需要在多个语言学层面上进行自动分析,且计算机不具有人类的智能和灵活性,所以其中某些方面就会涉及语言能力的知识。因此,抽象歧义不存在于现实歧义中,抽象歧义只存在于潜在歧义中[①]。

在此意义上,语言学家为具体句子分析出抽象句法结构(还包括句子语义结构)的做法对于社会大众来说不具有普遍意义,在实际交往和语言运用的过程中,人们(社会大众)极少去分析抽象句法结构或者讨论句子成分。在遇到有歧义的句子时,社会大众往往是就事论事,就具体的搭配关系来讨论多种可能的意思,较少会分析抽象句法结构;只有语言学家才会分析句子成分和句法结构。例如:

[①] 关于潜在歧义和现实歧义,详见下一小节。

Моих родителей звали Владимир и Анна.① (2.1)

如果是普通的俄国人遇到有歧义的例句(2.1)，他们的做法大概也就是认为 Владимир и Анна 有可能是"我父母"的名字，或者是 Владимир и Анна 这两个人电话邀请了"我父母"，这主要是 звать 一词的多种搭配可能性造成的。普通的俄国社会大众较少有人去详细地分析例句(2.1)的每个句子成分得出"补语+谓语动词+补语"或"补语+谓语动词+主语"两种可能，也很少会讨论全句的抽象句法结构从而得出［VP(NP V NP)］或［VP(NP V)NP］两种情况，只有语言学家或者是外语学习者才会进行这样的深入分析。

抽象歧义在语言运用中是不存在的，而是语言学家在分析自然语言的过程中创造出来的。语言学家为了深入认识语言的本质并不断地探索语言的规律，计算机产生后学者们试图使用它协助自己处理自然语言，于是尽量对语言进行形式化的描写，以期把自然语言先形式化、规范化以后交给计算机去自动处理。形式语言学的一大特点就是将自然语言进行范畴化，用抽象的范畴来将无限的语料简化归类，从而便于建立规则系统，抽象歧义也正是在这样的背景下形成的。语言学家越是需要简化、范畴化、抽象化的层面，越是会产生抽象歧义；越是复杂的语言单位，语言学家就越是想将其简化、范畴化，这就越可能产生抽象歧义。抽象歧义的研究对于计算语言学的实践是有好处的，当前在句法处理的过程中，对于标注后的词性序列究竟应当进行怎样的句法剖析，对抽象歧义的相关研究具有一定的指导意义。人类(社会大众)处理语言时遇到的歧义都是具体歧义，计算机才会遇到抽象歧义。当然，计算机也会遇到具体歧义。

---

① 采集自俄语网页http://proling.iitp.ru/bibitems/lessons_winter_school.pdf

本书中，句法结构潜在歧义以及句子（短语）的语义结构潜在歧义属于抽象歧义，词以及词素单位的各种潜在歧义大都属于具体歧义。

三、潜在歧义与现实歧义

（一）人处理歧义与计算机处理歧义的对比

以上我们曾提到，计算语言学与理论语言学对歧义的研究有较大不同，这主要是因为计算机处理歧义与人处理歧义的不同。必须明确，我们这里说"人处理歧义"中的"人"指的是普通人，是社会大众，而不是语言学家。

计算机处理自然语言与人处理自然语言存在较大差异。人在处理自然语言时往往依靠直觉和积累的经验，人对交际的环境十分敏感，并善于综合利用丰富的百科知识，在处理语言的过程中具有较明显的目的性和创造性。而自然语言的计算机处理能力则非常有限，计算机需要根据人类事先输入的语言知识、依照人类编写的规则和程序、一步一步按部就班地对自然语言进行严格、死板的处理。计算机处理自然语言没有创造性，不可能依靠直觉和灵感而是严格按照程序规则，计算机对语言环境不敏感，不擅长综合利用百科知识，也谈不上进行有目的的交际。因此，计算机处理自然语言的进步有赖于人类为其建立更大的知识库、为其编写更为细致规范的规则系统。

人遇到的歧义与计算机处理自然语言时遇到的歧义存在区别。人类遇到的歧义是现实存在的歧义，而计算机则既可能遇到现实的歧义也可能遇到潜在的歧义，并且潜在歧义的范围更广泛。我们向计算机输入一个语段，目的是让计算机根据我们设定的规则系统对其进行自动分析，从而推导出该语段的正确结构和意义。在这一过程中，经常会出现这样的情况：计算机根据规则系统对输入语段得出了多种分析结果，而事实上其中按照人类的理解却往往只有一种结果是正确的，这就是计算语言学中与现实不相符的潜在歧义问题。发生这样的情况不是说我们为计算机设定的分析规则系统是错误的，而是说明我们现阶段建立的供计算机使用的规则系统不够完善，而且这一规则系统从不完善到完善要经历漫长的研究历程，这一历程也就是我们逐步教会计算机消解潜在歧义的过程。自然语言处理中一个输入对应多个输出的现象就是计算机遇到的歧义，其中既包括与人类也可能遇到的现实歧义相重合的情况，也包括大量只有计算机才会遇到的与现实不相符的潜在歧义。

（二）潜在歧义与现实歧义的根本对立

现实歧义是指人类在实际的语言表达或者说实际的语言运用中遇到的具体歧义，属于语言运用的层面。潜在歧义指的是计算机在处理自然语言的过程中产生的中间产物，这种潜在的歧义对人类来说并不一定现实存在，对人类处理语言的过程来说不一定具有现实意义，因此说它是潜在的歧义。潜在歧义产生于语言自动分析的层面，这是一个由计算机自动分析处理语料的特殊层面，既不同于语言运用层面的灵活性和由人参与的特点，也有别于语言能力层面的静止性和完全脱离语境的特点[1]。潜在歧义的产生源于语言能力层面的知识常常具有一对多的可能性，同时潜在歧义的处理又具有语言运用的具体性和动态性。

现实歧义与潜在歧义的根本对立在于：现实歧义存在于原始语料，是人遇到的歧义；而潜在歧义存在于对原始语料的中间处理过程，是计算机遇到的歧义，如图2.1所示。潜在歧义的范围大于现

---

[1] 详见第二章第二节中"潜在歧义与多义"。

实歧义的范围，与现实相符的潜在歧义会转变为现实歧义，大量与现实不符的潜在歧义应当予以消解。

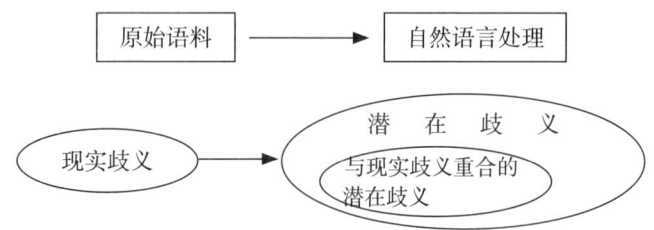

图2.1 现实歧义与潜在歧义产生于不同的环节

冯志伟提出的潜在歧义论针对的是自然语言处理中间过程计算机可能遇到的歧义情况，由于计算机自动处理的各个环节都会涉及语言能力层面的知识，因为计算机不具有人类的智能，所以它拥有的关于语言的知识都是语言学家事先教给它的有关语言能力的知识，语言能力知识可能造成的歧义在语言的实际使用中不一定是现实存在的歧义，这是潜在歧义的要旨。

(三)潜在歧义与抽象歧义的对应关系

按照冯志伟先生提出的潜在歧义论，在自然语言的计算机自动处理过程中，词性标注的下一个步骤就是分析句法结构，这时如果标注出来的词性之间形成了潜在歧义格式，则计算机会自动分析出多个可能的句法结构，这就是潜在歧义(格式)论在自然语言处理中句法剖析层面的运用。

詹卫东(2000：122-123)从抽象的歧义格式和具体的歧义实例之间的对应关系的角度，将歧义格式区分为"真歧义格式、准歧义格式和伪歧义格式"三种情况。他认为有些结构人和机器都可能理解为歧义结构，它们称为真歧义格式；另一些结构人在理解时不会产生歧义，只是在计算机碰到这样的实例时要判断按哪一种方式进行结构定界，这样"在抽象句法结构层面有定界歧义，但在语言中所对应的具体表达式却只有一种理解的可能性,称为准歧义格式";还有一些结构可以按多种方式定界但并不影响对意义的理解,它们称为伪歧义格式。詹卫东以上提出的三种歧义格式都属于句法剖析层面的潜在歧义,这是对冯氏潜在歧义论的进一步细化。

我们在研究中看到,潜在歧义的发现虽然源自句法层面的抽象歧义,可是潜在歧义却不止存在于句法层面,也不仅仅包含抽象歧义,自然语言处理的多个语言学层面以及多个语言单位层次遇到的歧义现象都具有潜在性。现实歧义、潜在歧义与抽象歧义、具体歧义的对应关系是:现实歧义一定是具体歧义,潜在歧义可以是抽象歧义也可以是具体歧义;抽象歧义一定是潜在歧义,具体歧义可以是现实歧义也可以是潜在歧义。如下表所示:

表2.1 现实/潜在歧义与具体/抽象歧义的对应关系

现实歧义	具体歧义
潜在歧义	
	抽象歧义

将现实歧义、潜在歧义与抽象歧义、具体歧义两对矛盾区分开来,对于计算语言学视角下歧义问题的研究颇具启发意义。冯先生当时提出潜在歧义概念是针对句法分析层面的抽象歧义而言的,并没有论及自然语言处理的其他方面,后来詹卫东也是在句法分析层面区分出三种歧义格式,这些都是抽象歧义。应当说,句法分析层面的抽象歧义在潜在歧义中最具有代表性,但它绝不是潜在歧义的全部,潜在歧义存在于自然语言处理的多种语言单位和多个语言学层面。在词单位以下,计算机要自动对具体语料先进行扫描和识别,在此过程中也是存在潜在歧义的,这样的潜在歧义就不属于抽象歧义,而是具体歧义。所以说,潜在歧义应当与抽象歧义区分开来,

这有利于将潜在歧义理论适用于自然语言处理的各个环节。

（四）现实歧义的分类：积极歧义与消极歧义

计算语言学对歧义问题的研究侧重潜在歧义，尤其是与现实不符的潜在歧义。同时也应当注意现实歧义的相关研究，这也是歧义研究的一个重要方面，因为潜在歧义需要经常与现实歧义进行比对。潜在歧义与现实歧义相重合时消歧策略也与现实歧义相同；潜在歧义与现实歧义不相符的情况下应当尽量消解。

人类遇到的现实歧义有些需要消解，有些不需要；有些可以消解，有些却不能。有时为了达到特定的修辞效果，说话人可能故意说出有歧义的句子，这样的歧义发挥着一语双关的作用，是积极歧义，并不需要消解。例如：

Встречаются Брежнев и Андропов на том свете, Брежнев спрашивает: «Ну и кто же там в Кремле сейчас главный?» — «А Миша Горбачев.» — «Ну и кто его поддерживает?» — «А никто не *поддерживает*, он сам ходит.»① （2.2）

例（2.2）中的斜体谓语动词*поддерживает*就存在现实歧义，动词поддерживать有"支持、帮助"和"支撑、搀扶"等多个意思。在例（2.2）中的最后一句话其字面意义既可以理解为"没有人搀扶他，他可以自己走路"，又可能是"没有人支持他，他自行其是"的意思。如果再加之评价意义的多种可能，那么该句话既可能是"尽管没有人支持他，他还是一意孤行"，又可能是"没有人支持他，他只能孤军奋战"的意思。尽管谓语动词*поддерживает*有现实歧义，但这丝毫不会影响交际，反而能达到幽默诙谐的修辞效果，起到了一语双关的作用，给读者留下耐人寻味的广阔联想空间，这样的歧义是积极的歧义，便不需要消解。假如让计算机来理解并翻译此句，

---

① 采集自俄语网页http：//www.Krugosvet.ru/articles/90/1009006/1009006a11.htm#1009 006-L-119

第二章　潜在歧义概念的多维阐释

则不可能传达这种言外之意。

如果说话人不是故意说出有歧义的话以期达到特定的修辞效果，而是无意间造成歧义从而影响到交际，那么这种现实歧义就是消极歧义，应当予以消解。例如例（2.5）中的词形 потом 究竟是副词"然后"还是名词 пот(汗水)的第五格就必须澄清，否则就会影响交际的准确性，故而这种现实歧义是应当消解的。

大多数消极型现实歧义可以结合上下文的语境予以消解；而在文学作品中，很多歧义属于积极歧义，作者故意写出这样的语言以达到一语双关的效果，朦胧和多种解释是文学作品常常带有的特征，这样的积极歧义不能消解也不需要消解。

四、Ⅰ型潜在歧义与Ⅱ型潜在歧义

上文的图2.1表明，潜在歧义的范围大于现实歧义的范围。其中与现实相符的潜在歧义会转变为现实歧义，这样的潜在歧义对人处理语言和计算机处理语言而言都具有现实意义，我们称其为Ⅰ型潜在歧义。与现实歧义相对应，Ⅰ型潜在歧义也可以分为积极的和消极的两种类型。

在自然语言处理的很多情况下潜在歧义是凭空产生的，也就是说，明明原始语料中并不存在现实歧义，可是计算机处理过程中却分析出了潜在歧义，这种与现实不符的只有计算机才会遇到的潜在歧义，我们称其为Ⅱ型潜在歧义，在机器翻译和自然语言处理过程中应当尽量予以消解。

应当指出，在原始语料中本身就存在现实歧义的情况下，自然语言处理的中间过程中肯定也会分析产生相同的Ⅰ型潜在歧义，此时现实歧义与潜在歧义相重合，按照冯志伟先生的提法，叫做"潜在歧义转化为现实歧义"。例如：

Сергей вернулся из командировки в Москву.[①]　　　（2.3）

该句的两种可能性为"Сергей 从莫斯科出差回来了",或者"Сергей 出差后回到了莫斯科"。前置词短语 в Москву 存在句法附着歧义,既可能限定相邻的名词 командировки,也可能是限定谓语动词 вернулся,两种情况都讲得通,故原始语料中存在现实歧义。计算机处理例(2.3)的句法结构时,也会自动生成两种可能的句法剖析树,[N V PP(Prep NP(N PP))]或者[N V PP PP],如图2.2中的(a)、(b),这种情况下的Ⅰ型潜在歧义与现实歧义相重合,潜在歧义转化为现实歧义。

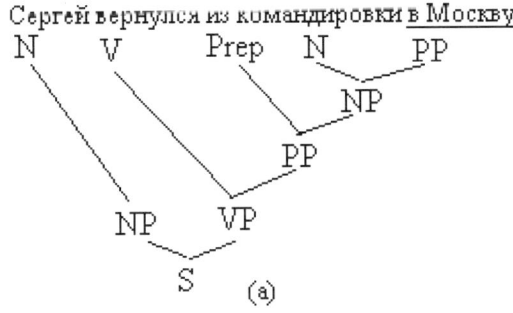

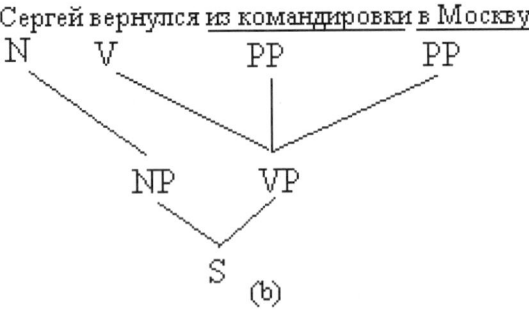

图2.2　例(2.3)两种可能的句法剖析树

---

① 采集自俄语网页http://www.tvzvezda.ru/?id=190892

第二章 潜在歧义概念的多维阐释

自然语言处理过程中大量存在Ⅱ型潜在歧义，这种潜在歧义与现实歧义并不相符的情况体现了现阶段自然语言处理的局限和不足，计算语言学者们正努力试图消解的歧义大多属于这类潜在歧义。例如：

Мордовские милиционеры вернулись из командировки на Северный Кавказ.[①] (2.4)

在例句(2.4)中，前置词短语на Северный Кавказ只能是修饰名词командировки作非一致定语，而不可能受动词вернулись支配，否则逻辑语义上说不通。因为摩尔多瓦不在北高加索，所以摩尔多瓦人去北高加索只能是командировка（出差），而不能是вернулись（回来），因此原始语料中是不存在现实歧义的。但计算机自动处理例(2.4)的结构时，也会像处理例(2.3)一样，将标注过的词性序列[NP V Prep N Prep NP]自动分析为[NP V PP(Prep NP(N PP))]或者[NP V PP PP]，从而形成与图2.2一样的两种可能的剖析树。在这种情况下，计算机处理的中间过程产生了潜在歧义，但原始语料并没有现实歧义，计算语言学研究者需要消解的歧义大部分都是这种Ⅱ型潜在歧义。

以上是在句法剖析层面，Ⅰ型潜在歧义和Ⅱ型潜在歧义的区别还反映在自然语言处理的其他语言学层面。例如形态学处理层面：

Если увлажнить потом кожу, то эффект усиливается.[②] (2.5)

Сначала народу сносят крышу, а потом не знают, что делать.[③]
(2.6)

在例(2.5)和例(2.6)中，在词形单位的形态处理层面，词形

[①] 取自论文А.В.Лазурский и др.http：//company.yandex.ru/grant/2005/01_Lazursky_102921.pdf
[②] 采集自俄语网页http：//www.alexander6.ru/alexander6/87106/def_thread
[③] 采集自俄语网页，Зализняк, А.А.Феномен многозначности и способы его описания.http：//virtualcoglab.cs.msu.su/pdf/zaliznyak1.pdf

потом应当如何识别和标注是有潜在歧义的,因为词形потом既可能是副词"然后",也有可能是名词пот(汗水)的第五格。例(2.5)中,词形потом是存在现实歧义的,如果потом是副词"然后",那么全句的意思是"然后浸湿皮肤,那么效果更强";如果потом是名词пот的第五格,那么全句意思是"如果汗水浸湿皮肤,那么效果更强",两种解释都可以说的通,这样一来潜在歧义与现实歧义相重合,是Ⅰ型潜在歧义。在例(2.6)中,词形потом是不存在现实歧义的,它只可能是副词,与句首的сначала相呼应,而作名词пот的第五格是说不通的;但是在计算机自动标注的过程中却仍然可能将词形потом标出两种情况,这就是词形单位的形态处理层面与现实不相符的Ⅱ型潜在歧义。

Ⅰ型潜在歧义和Ⅱ型潜在歧义的不同还体现在词义歧义及其消解方法上,Ⅰ型词义潜在歧义的消解策略与现实歧义相同;Ⅱ型词义潜在歧义应当尽量消除。Ⅰ型潜在歧义中有些是积极歧义,是说话人为了达到特定的修辞效果故意说出有歧义的句子,这样的歧义发挥着一语双关的作用,并不需要消解。例如上一小节例(2.2)中的斜体谓语动词*поддерживает*存在Ⅰ型潜在歧义,但这丝毫不会影响交际,反而能达到幽默诙谐的修辞效果,起到了一语双关的作用,这样的积极歧义便不需要消解。如果说话人不是故意说出有歧义的话以期达到特定的修辞效果,而是无意间造成歧义从而影响到交际,那么这种Ⅰ型潜在歧义是消极歧义,应当予以消解。例如例(2.5)中的词形потом究竟是副词"然后"还是名词пот的第五格就必须澄清,否则就会影响交际的准确性,故而这种潜在歧义是应当消解的。

Ⅱ型词义潜在歧义应当尽量消除。例如:

第二章 潜在歧义概念的多维阐释

—Дедушка Хрущев, это вы запустили ракету?

—Это я, мальчишка.

—А сельское хозяйство?

—Кто тебя научил такое говорить?!

—Папа.

—Так вот скажи папе, что я умею сажать не только кукурузу.①

(2.7)

在例（2.7）中的两个谓语动词запустили和сажать就存在Ⅱ型潜在歧义。虽然动词запустить本身是多义词，有"发射"和"荒废"两个意思，但在现实的语言运用中，与ракету搭配在一起，意思只可能是"发射火箭"，与сельское хозяйство搭配在一起就只能是"荒废了农业"的意思。сажать的情况也类似，虽然该词有"种植"、"将……投入监狱"等多个意思，但是在现实使用中，与кукурузу搭配就只可能是"种植玉米"的意思，与表人名词搭配时只能表示"将……投入监狱"的意思，并不存在现实歧义。尽管两个动词在实际使用中没有现实歧义，但在自然语言处理的过程中，计算机却可能分析出Ⅱ型潜在歧义，它们应当尽量予以消解。

消解这类Ⅱ型潜在歧义是计算语言学家们多年以来孜孜以求的目标，从理论上讲，如果可以彻底消解这类与现实不符的潜在歧义，那么自然语言处理的水平就已经相当接近人类处理语言的情况了，这也是计算语言学家们的终极目标。计算语言学对歧义问题的研究侧重潜在歧义，尤其是Ⅱ型潜在歧义。同时还应当注意现实歧义的相关研究，这也是歧义研究的一个重要方面，因为潜在歧义需要经常与现实歧义进行比对，从而确定Ⅰ型潜在歧义。

---

① 详见http://www.philology.ru/linguistics1/apresyan-71.htm

五、小结

本节围绕潜在歧义这一中心概念进行讨论，由此可见，潜在歧义（потенциальная неоднозначность，potential ambiguity）指的是计算机处理自然语言过程中语言形式的一个输入对应意义或者结构多个输出的情况，它依据与现实歧义的对应关系可分为Ⅰ型潜在歧义和Ⅱ型潜在歧义，分布于自然语言处理语音、形态、词汇、句法、语义、语用等多个语言学层面以及词素、词汇、短语、句子等多个语言单位层次。

第二节 潜在歧义与多义和模糊的判别

一、潜在歧义与多义

（一）歧义与多义

歧义和多义两个概念较为接近，都是指一个语言形式对应多个意义。语言的经济原则要求语言必须以有限的形式表达尽量多的意义，这就造成了语言形式与内容之间的矛盾：一方面体现为同一形式与不同意义相联系，另一方面则体现为不同形式与同一意义相联系（石安石，1993：121），歧义与多义都属于其中的第一种情况。可见，歧义与多义两者联系紧密。

然而，歧义与多义之间并不仅仅有相似之处，二者又存在根本的区别。从语言和言语二元对立的角度来看，歧义出现在动态的言语之中，它不是语言单位固有的静态的意义；而多义则存在于语言单位固有的静态的意义中，从这种意义上说，多义是构成歧义的原因之一。Ю.Д.Апресян认为[①]，在词汇歧义和句法歧义两种最常见的

---

① 详见http://www.philology.ru/linguistics1/apresyan-71.htm

歧义现象中，词汇歧义（лексическая неоднозначность）是直接由多义（многозначность）造成的。

歧义现象是动态的言语现象。在言语中，当语境不足以使语言的排除机制充分发挥作用，或者由于交际者的心理原因致使意义发生增减现象时，便会出现歧义现象。多义现象是静态的语言现象，它所具备的各种意义本身都是明确的，多义词放在词典里谁也不会把它们当作歧义词，当我们运用它们时，常常只会选取其中一个意义来表达自己的思想。一个多义词与不同的语言单位组合，由于语言的机制作用，通常会排除与语境不符的意思，从而获取多个义项中的某一种。

歧义属于言语现象，只有当发话人的意思对听话人来说是无法确定时，才能被称作歧义，它不是语言存在的初衷，人们使用语言是为了进行交际，而不是为了产生歧义。多义是语言现象，承载多义的语言单位通常会在语境中获得单一的意义，即它在语境中通常以某一种意义出现，但即使在单义的情况下也无法否认它在语言层面具备表达多种意义的能力。

(二)潜在歧义与多义

值得注意的是，以往学术界所谈到的歧义与多义的区别似乎主要是指现实歧义，计算语言学关注的潜在歧义与多义的区别需要进一步探讨。我们看到，潜在歧义与多义的区别主要体现在以下四方面。

1. 动态与静态

我们上文曾讨论过，潜在歧义源于语言能力层面的知识从而区别于语言运用层面的现实歧义。与此同时，多义也属于语言能力的层面，那么潜在歧义与多义的区别应当怎样理解呢？

戴黎刚在其硕士论文《歧义研究》(2002：17-19)中提出歧义生

成的三个平面的理论。第一平面的多义可以分为三种：语音多义、词汇多义、句法多义。例如以下三种多义的情况：1) zheng qi；2) 包袱；3) 反对的是以色列。其中1) 的发音"Zheng qi"可能指争气，也可能指蒸汽，这种多义是语音多义。2) "包袱"一词根据《现代汉语词典》有四个义项，a) 包衣服等东西的布；b) 用布包起来的包儿；c) 比喻某种负担；d) 指相声、快书等曲艺中的笑料，多义的原因是由于词具有多个义项，这种多义词称为"词汇多义"。在3) 中，"以色列"具有两种身份，一种是施事，另一种是受事，这种多义称为句法多义。这是歧义生成的第一平面，这一平面是语言的基础材料平面，因而完全是静态的。

第二平面是歧义生成的中间过程，语音、词汇、句法结合起来便生成了语义句法的结构体，要组成什么样的语义句法结构体总是潜在地受到具体情景语境的制约。所以，语义句法结构体具有动态的性质。这一平面属于语言和言语两层面的中间过渡层，既有具体的一面，也有抽象的一面，是多义向歧义转变的中间过程，也就是潜在歧义的平面，没有多义。戴黎刚（2002：18）认为，这一平面既是属于语言的，也是属于言语的；既含有动态的具体成分，又含有静态的抽象成分。潜在歧义所具有的特殊的身份，决定其具有多义和歧义的双重属性，从语言的角度来分析，它是属于多义的；而从言语的角度来分析，它是属于歧义的。因为戴黎刚是从动态的生成角度来研究，所以他把第二平面和第三平面都一律称为歧义。

第三平面，语义句法结构体形成具体的语言表达后，就带上特定的句调，可以用来表示一个相对完整的意义。此时它要受到现实具体上下文的情境语境的制约，并成为言语的组成部分。这时潜在歧义的性质发生了变化，由具有半动半静的语义句法结构升格为完全动态的具体话语，在此只有歧义而没有多义了，这就是戴黎刚

(2002)提出的歧义生成的三个平面理论。三个平面理论可用表2.2来表示:

表2.2 歧义生成的三个平面

第一平面(基础材料平面)	语音、词汇、句法(多义)
第二平面(生成过程平面)	语义句法结构体(潜在歧义)
第三平面(产品形成平面)	句子(歧义)

尽管所谓"语音多义"和"语法多义"两个提法似乎在一定程度上夸大了多义概念的外延,但三个平面的划分在区别潜在歧义和多义两个概念的问题上是可取的。戴黎刚(2002)关于歧义生成的三个平面的理论揭示了多义与歧义、潜在歧义之间密切的联系,点明了潜在歧义是中间过渡的重要阶段,第三个平面所指的歧义其实就是我们所说的现实歧义。

我们本书讨论的潜在歧义与多义和现实歧义的区别恰恰可以体现在类似于戴黎刚(2002)提出的三个层面中。我们认为,多义存在于语言能力层面,是静态的语言现象;潜在歧义存在于语言分析层面,属于计算语言学研究范围内的动态语言现象,它的产生是由于计算机机械地运用语言能力知识来处理自然语言造成的;现实歧义存在于语言运用层面,是一种完全动态的语言现象。具体情况见图2.3,其中双向箭头表示"存在/存在于";单向箭头表示"造成"。

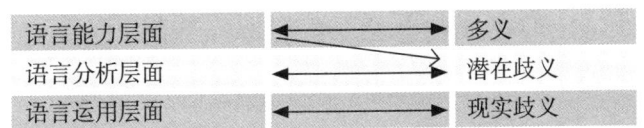

图2.3 多义、潜在歧义、现实歧义存在于三个层面

图2.3中由上到下是歧义形成的过程。从理论上讲,多义的语言单位在语言的生成过程中转化为潜在歧义,潜在歧义在具体言语

形成后落实为现实的歧义；由下到上可以理解为自然语言处理过程中对现实歧义的分析情况，由现实歧义的言语可以反溯到产生它的潜在歧义机制，最后追究到原本的多义语言单位。自然语言处理实践正是图中的语言分析层面，自然语言处理的中间过程所产生的潜在歧义与上下两个层面都相关：既是由语言能力的多种可能性造成，所分析的语言素材又类似于语言运用层面因而具有动态性。值得强调的是，中间的语言分析层面所代表的自然语言处理，其语言知识来源于上面的语言能力层面，其分析素材却来自下面的语言运用层面，这是具有计算语言学特色的一个中间层面。

综上可见，潜在歧义处在多义和现实歧义两个层面中间。潜在歧义与多义的区别在于：潜在歧义是针对自然语言处理中间过程，计算机遇到的一个语言形式对应多个意义或结构的情况；而多义则完全属于静态的语言学描写。换言之，潜在歧义是在自然语言处理的动态系统中，而多义则是在语言描写的静态系统中。我们讨论潜在歧义是在计算语言学理论框架下进行的，属于应用语言学的范畴；而多义的概念则处在语义学的理论框架之内，属于理论语言学的范畴。

2. 是否受语境制约

多义之"义"本来就是抽象归纳出来的，所以语境对多义没有制约性，即处于零制约状态。多义是语言单位自身所具备的能力，不受任何个人的意志干扰。一个多义的语言单位，即使在具体的上下文中获得了单一的意义，我们也不能否认它自身具备表达不同意义的能力。无论是多义语素还是多义词，它们无论有多少种意思都是它们本身的能力，不受语境的制约，语境也改变不了它们的任何一个义项。

而潜在歧义则是具体语境中产生多种可能的意思。对于潜在歧义来说,在自然语言处理的过程中,计算机遇到的一个输入对应多个输出的情况一定是有上下文的,无论是现实歧义还是潜在歧义都离不开语境,离开语境谈歧义是毫无意义的。因此,无论是语素歧义、词汇歧义还是短语歧义、句子歧义,都受到语境的强制约束,它们的消解也依赖语境,离开语境也就无所谓歧义消解。

3. 指涉范围

А.А.Зализняк认为,歧义是指语言表达式或言语作品(篇章)(языковое выражение или речевое произведение [текст])有多个意思(смысл);而多义是指某个语言单位(единица)有多个意思(значение)。①可见,歧义是针对语言表达式或言语作品而言的,多义则是针对某个语言单位(некоторой языковой единицы)而言的。

多义概念源自语义学,常用来讨论词的多义情况,外延相对较窄;而潜在歧义概念则涉及自然语言处理过程的各个语言单位以及各个语言学层面的自动处理,潜在歧义概念外延的范围相对来说更广泛。我们从计算语言学的角度研究潜在歧义,这使得对潜在歧义问题的探讨超出了语义学的范围。我们说一种形式的歧义不仅可以是对应多个意义,还可以是对应多个结构;我们讨论的潜在歧义不仅是与现实歧义吻合的 I 型潜在歧义,我们更加重视自然语言处理中间过程冗余的 II 型潜在歧义。因此计算语言学研究的潜在歧义概念与语义学中经常讨论的多义概念在所指范围上有较大不同,潜在歧义比多义指涉范围更广。

4. 能否消解

虽然潜在歧义和多义都是指一个语言形式对应多个意义,但潜在歧义中大多数是负面的,尤其大量 II 型潜在歧义是我们不希望遇

---

① 详见http://virtualcoglab.cs.msu.su/pdf/zaliznyak1.pdf

到的,是应当想办法消解的。大量潜在歧义产生在自然语言处理的动态层面,和语境有紧密的联系,因而它们是可以通过多种技术手段逐渐得以训练计算机消除的。而多义则是一种中性的情况,广义地指一个形式对应多个意义的情况,多义并不需要消解。多义是语言单位固有的现象,无论在具体的言语中是否显现,多义都是不能够消解的。例如:

Вся *аудитория* была неспокойна и издавала глухой, сдавленный гул.① (2.8)

例句(2.8)意思是"整个听众人群并不平静,发出低沉嘈杂的轰轰声",其中斜体的*аудитория*一词具有潜在歧义,它既可以指"教室",也可以指"听众",根据上下文的语境,可以判断发出глухой, сдавленный гул的应该是听众而不是教室。该潜在歧义是一个换喻(метонимия),人可以理解,机器则费解,是一个Ⅱ型潜在歧义,应当消除也可以消除。可是,词语аудитория的两个义项不会随着例句中的消歧而少一个,词语аудитория本身还是多义词,它在词典中的义项解释丝毫没有改变。

此处需要补充说明,歧义的大多数情况是需要消解的,但并不是绝对需要消解,与现实重合的Ⅰ型潜在歧义也具有积极和消极之分。虽然潜在歧义的大多数是影响交际的,是不利于自然语言处理的,是消极的歧义,应当予以消解。但是为达到某些特定修辞效果而故意造成的歧义往往具有一语双关的作用,另外文学作品也往往可以有多种解读,这属于积极的歧义,它们是不需要消解的。②这时的积极歧义与多义的区别体现在其他几点所讨论的内容,积极歧义

---

① 采集自俄语网页,Зализняк, А.А.Феномен многозначности и способы его описания.http://virtualcoglab.cs.msu.su/pdf/zaliznyak1.pdf
② 详见第四章第一节中"潜在歧义的分类消解原则"。

属于动态的言语范畴，而多义是静态的语言范畴；积极歧义与语境有着紧密的联系，而多义则无所谓语境；积极歧义比多义概念的指涉范围更广。

二、潜在歧义与模糊

语言的模糊性很早就引起过语言学家的注意，前苏联语言学家Л.В.Щерба说过，"在语言中，明确的只是极端的情况。过渡的现象在其本源中，即说话人的意识中原本是游移不定的。这些模糊的、游移不定的现象应当更多地引起语言学家的注意"。（转引自：伍铁平，1999：35）模糊集理论（Fuzzy Sets）的始创人札德（Zadeh）认为，在现实物质世界中所遇到的客体，经常没有精确的界限，模糊类就是指"其界限不是经纬分明地确定好了的类别"，或者换个说法，"模糊类是指该类中的成员向非成员的过渡是逐渐的，而不是突然的"。（同上：67）A.Marty 提出了另外一个较为通俗易懂的定义：模糊性是指没有把某些名称的应用范围严格划出的现象。（刘宇、王建武，2004：88）哲学家罗素指出，"整个语言或多或少是模糊的"，这是因为客观世界的"移动性、不可分析性和构成一个连续统（continuum）的特点"，也就是因为世界的模糊性。（伍铁平，1999：98）M.Black也认为，模糊是"限定范围和对这个范围的界限缺乏明确的规定"。（同上：103）

模糊（диффузность）在英语中的对应词是fuzziness或者vagueness。札德关于模糊的首篇论文《模糊集》于1965年发表，文中他对模糊的称谓是fuzziness，在此之前模糊基本都是用vagueness这一比较中性的词来表示。伍铁平（1999）认为，两个词都可以，vagueness是最普遍、最常用的中性词，fuzziness的意思更单一、更准确，是专业用语。

词的模糊性是客观事物的模糊性以及人们正常交际中对这种模糊性的反映，指的是词所表示的概念类属边界不确定的现象。词汇意思的基础是概念，而词义与概念并不是一回事，概念属于思维的范畴，词义属于语言的范畴。科学研究表明，世界上的可辨色彩有700万种，而自然语言里的颜色词却是极其有限的，所以颜色词就必然具有模糊性的特点，词义的重叠和交叉也在所难免。此外，人们在正常交际中，有时候需要用模糊的词语来表示模糊的概念，有时候需要用模糊的词语以避免把话说得绝对化或口气过于生硬，所以适当地使用模糊词语也是委婉语的方法之一。例如：

—Сколько вам лет?

—Много.[①]   (2.9)

问话人问的问题涉及了对方的隐私，答话人显然不想回答他的问题，而直接回答说—Я не хочу ответить.又显得太过生硬，所以答话人采用一个模糊词作为委婉语，绕开了问题。答话人说的Много究竟多少岁算"多"？是35还是40？还是45？或者是中间某个岁数？没有一个准确的数字，这就是典型的模糊词。

潜在歧义与模糊也是容易混淆的一对概念。我们认为，语言学中的模糊是指词义的界限不清、程度不同，潜在歧义则是指一个形式能够对应多个意义或结构。两者的根源不同，潜在歧义源自形式和意义的矛盾，由于不同的意义的表现形式相重合，造成同一个形式会有不同的意义或者结构；模糊是源自词汇语义的移动性、连续性和不精确的特点，词义虽然是一种固定的解释，但词义的程度、范围不够明确。具体说来，潜在歧义与模糊的区别体现在以下五个方面。

---

① 采集自电影《Ирония судьбы》。

（一）主体不同

潜在歧义是指一个语言形式对应多个具体、清晰的意义；模糊是指某个词义或某个概念是模糊、不清晰的。石安石（1993：55）曾指出，"多义或歧义都是说同一形式有不止一个意义，而模糊与否则是指某一意义的状况说的。"如果究其根本，潜在歧义的主体是某个语言形式；而模糊的主体则是某个意义或者某个概念。

我们经常说，"这个词是有歧义的"、"这个表达是有歧义的"，或者"这句话是歧义句"；我们较少说，"这个词的意思是有歧义的"或者"这句话的意思是有歧义的"，这样的表达细细品来很别扭，因为"歧义"这个概念本身就含有"意思"这个义素。如果换成这样的表达便合理一些："这个词的意思有多种可能"，或者"这句话的意思有多种解释"。

对于模糊而言，它的主体不是某个语言形式，而是该语言形式的意义或该语言形式所指的概念。我们经常说，"这个词的意思是模糊的"，或者"这个概念是模糊的"，或者"这两个概念之间的界限是模糊的"。我们较少说，"这个词是模糊的"、"那个表达是模糊的"，或者"这两个词之间的界限是模糊的"，这样的说法固然可以理解，那是因为我们默认了中间省略掉的成分，但是把话说全了，应当是"这个词的意思是模糊的"、"那个表达的意义是模糊的"、"这两个词所指的概念之间的界限是模糊的"，模糊的主体还是意义或者概念。诸如"模糊词"、"模糊语言"这样的说法也是一样，这都是一些省略的说法，为了表达的方便与简洁形成了固定的搭配。如果考究逻辑关系，那么模糊的主体无疑应当是语言形式的意义或所指的概念，而不应当是语言形式本身。

（二）数的不同

潜在歧义的数量是可以计算的，而模糊的数量是不能计算的。

潜在歧义是指一个语言形式对应两个或两个以上具体、清晰的意义；而模糊是指一个语言形式对应某一个模糊、不清晰的意义，这个模糊、不清晰的意义可能会是多种数值。

伍铁平先生是我国模糊语言学研究的先驱，他提出的模糊语言学理论受美国控制论专家、数学家札德的影响很大，札德的模糊学说与模糊数学理论联系紧密。现代数学是建立在集合论的基础上，集合论的重要意义就一个侧面看，就在于它把数学的抽象能力延伸到人类认识过程的深处。在模糊集合中，给定范围内元素对它的隶属关系不一定只有"是"或"否"两种情况，而是用介于0和1之间的任意实数来表示隶属程度，存在大量中间状态。此外，模糊还体现在概念的范围边界的不确定性，例如表示颜色的词зелёный（绿色）和жёлтый（黄色）虽表示不同的颜色，但它们之间却没有明确的界限，凯保罗和麦克丹尼尔用札德的方法分析了颜色词（伍铁平，1999：277）。通过测绘光波波长的曲线图，二人指出，只有光谱波长是510毫微米周围狭窄的一小段才是纯粹的绿色зелёный，光谱波长是575毫微米周围狭窄的一小段才是纯粹的黄色жёлтый，但究竟光谱波长为多少毫微米的地方才是两个颜色的分界线？这一点实在是难以确定，中间的过渡色既有黄的成分又带绿的成分，也就是说两个颜色中间的界限是模糊的。由此可见，大量的模糊概念需要用数值来表示，意义和概念的模糊常与数据有关。

对于潜在歧义而言，语言形式歧义的数量是明确的，也是有限的。例如短语посещение друзей是有歧义的，歧义的数量非常明了，就是两种可能：一种可能是"朋友拜访了某人"，另一种可能是"朋友被某人拜访"。模糊则不同，词义的模糊会产生多种可能，但归根到底模糊词义其实是一个意思，是一个模糊的意思。例如，短语высокий человек中的высокий的词义是模糊的，究竟身高是多少才算高？这个人究竟有多么高？这都是不确定的、模糊的，可能性也是非常之多，可能是180公分，可能是190公分，也可能超过200公分，或者是在这些数值中间的某个数值。也就是说，模糊导致的可能性数量非常大，而且这个数量是不明确的。但是，这些大量的可能性归根结底是一个意思，一个模糊的意思。总之，歧义指的是几个清晰的意思，模糊指的是一个模糊的意思；歧义造成的可能性数量少而且明确，模糊导致的可能性数量多而且不明确。如下表所示：

表2.3　潜在歧义与模糊之间数的不同

潜在歧义	几个清晰的意思	可能性数量少，且明确
模糊	一个模糊的意思	可能性数量多，且不明确

（三）质的不同

　　潜在歧义的各种可能性之间是质的区别；而模糊的多种可能性之间是量的区别。就是说，潜在歧义的各种可能性之间不是量变的，也不存在大小多少的关系，它们之间是质变的关系；但模糊的多种可能性之间是一种量变的关系。

　　我们上面说过，在模糊集合中，给定范围内元素对它的隶属关系不一定只有"是"或"非"两种情况，而是用介于0和1之间的任意实数来表示隶属程度。这样一来，大量处在中间状态的元素的隶属程度就既不是0也不是1，而是一种非此非彼的状态。模糊体现在概念的范围边界的不确定性时，那么大量的中间状态就是一种既此又彼的状态，例如表示颜色的зелёный和жёлтый之间的界限是模糊的，中间状态就既有几分黄又带几分绿。而潜在歧义现象则体现了质的不同，歧义的几种可能性之间是一种本质的区别，中间不存在什么量的过渡。例如：

　　Мы выслушали и обсудили программу товарища Иванова и

товарища Кортошова.(Не сошлись характерами.)① (2.10)

例句中我们听取并讨论了的*программу товарища Иванова и товарища Кортошова*是有潜在歧义的，这个программу既可能是Иванов和Кортошов两位同志一起写的，一共就一份；也可能是两人各写了一份。也就是说，例句理解为"我们听取并讨论了Иванов和Кортошов两位同志共同起草的方案"或者"我们分别听取并讨论了Иванов和Кортошов两位同志各自的方案"都是可以的，形成了Ⅰ型潜在歧义。在这个例子中，两种可能性一个意思是"两人共同的方案"，另一个可能性意思是"两人各自的方案"，两个意思都是清晰的，中间根本不存在任何过渡的意思，两个意思根本就是两个独立的元素，中间不存在量变的过程，完全就是两回事，是质的区别。而模糊则是量变的过程，例如старые люди"老人"的概念是模糊的，50岁以上的都可以说是老人，可能是60岁、70岁或者80岁、90岁，甚至100岁以上，这些可能性之间就是一种量变的区别。

（四）范围不同

模糊常常是针对词单位，有时还反映在一些带有模糊词的短语中；而我们在计算语言学中讨论潜在歧义则涉及了各个语言单位，不仅有词单位，还有小到词素、大到句子等其他语言单位。

我们搜集到的关于模糊语言的所有论述中，大都是关于词义的模糊的，另外还有一些程度模糊的修饰语，例如чрезвычайно（极其）、очень（非常）、слегка（稍微、有些）等，它们与被修饰的词结合起来构成的短语可以认为是模糊短语，例如修饰жирный（肥胖的）一词，чрезвычайно жирный（极其胖）、очень жирный（非常胖）和слегка жирный（有些胖），这些就属于模糊短语。但这些模糊短

---

① 取自论文《歧义研究中存在的问题》，巨芸，1998(4)：50.

语的模糊性也主要是来自程度模糊的修饰语，因此归根结底，模糊性主要是体现在词这一级语言单位。而我们讨论的潜在歧义则分布于自然语言处理的各个语言学层面和各级语言单位，具体情况我们将在下一章中论述。

（五）种类不同

模糊词的种类常见的有四类：第一，性质形容词，因为性质形容词的程度往往难以确定，例如лысый头发少到怎么样才算"秃"是模糊的，красивый怎么样的五官怎么样的身材才算"漂亮"，длинный多少米多少公里才算"长"，тёмный多少光线才算"暗"，这些都是模糊不清的；第二，模糊修饰语，这类常常是副词，例如очень、немного、чуть等修饰程度，около、приблизительно等修饰数量，它们都是模糊的修饰，"大致"的意思；第三，表示大约数量的词，它们也是典型的模糊词，例如сотни чего-н.泛指很多，但具体是多少说不清，толпа кого-чего-н.也是一个大概的量词，只知道多，但是到底多少是模糊的，同理还有группа кого-чего-н.、кусок чего-н.等；第四，可以表示为数值段的概念，它们在数值上也往往是模糊不清的，例如вечер应该是从几点钟到几点钟是模糊的，море应该是指多大面积以上的水域也是不确定的，молодёжь应当是指多少岁到多少岁的人也是模糊的。而我们从自然语言处理角度讨论潜在歧义的种类则有另外的分类系统，例如抽象歧义和具体歧义、Ⅰ型潜在歧义和Ⅱ型潜在歧义、各个语言学层面的潜在歧义以及各个语言单位上的潜在歧义等。

三、补议

事实上，潜在歧义与多义、模糊等概念，以及朦胧、笼统、含混、含糊、模棱两可等相关概念之间的界限本来就存在模糊性，对于这些相近概念,不同的学者给出了不同的解释,不同的学科也有不同的定义和讨论范围。我们认为对待这些相近概念的合理态度是:一方面应当承认这些概念之间的对立,尽量寻找出每个概念最有说服力的区分性特征;另一方面也应当承认这些相近概念之间紧密的联系,这些概念对应的语义场之间肯定是存在交集的。

对于相近概念,仁者见仁智者见智,学术上的百家争鸣自古有之。在具体的研究中,研究者时常会根据自己的学科背景、研究旨趣和目标来对研究对象做出自己的解释,这在人文学科中并不奇怪。研究者根据科研的实际需要深入挖掘研究对象,这就会引起对象概念的泛化效果,也就是说,具体科研项目中的研究对象常常会被研究者泛化。这样的泛化应当是有节制的泛化,我们认为有一条底线原则是必须坚持的,那就是不能混淆了各个概念公认的区分性特征。如果合理的泛化促进了该领域的研究并且没有根本性错误,我们认为其积极意义是值得肯定的。对于这些相近概念之所以说法不一,正是由于不同的学者对这些概念做出了不同的泛化效果造成的。

第三节 潜在歧义的特性与成因

一、潜在歧义的特性

上一节中,我们讨论了潜在歧义与两个相近概念的区别,在这过程中已初步论及潜在歧义现象的某些特性,本小节中我们将对潜在歧义的特性做进一步阐述。从计算语言学角度研究自然语言处理过程中的潜在歧义现象,我们认为以下几方面的特性是值得注意的。

(一)潜在歧义的机械性

在我们的研究中,首先应当明确区分理论语言学讨论的歧义和计算语言学关注的潜在歧义。从计算语言学角度研究自然语言处理中机器面临的歧义和从理论语言学角度研究人理解歧义有较大不同,这主要是因为计算机处理潜在歧义具有机械性,这与人处理歧义存在较大差异。这里的"人"指的是普通人、社会大众,而不是语言学家。

计算机处理自然语言需要依靠语言学家以程序或数据的形式教给它的语言知识,这些语言知识大都属于语言能力的层面,计算机没有意识,因而没有交际的需求和能力,它能存储大量的语言知识却不擅长语言运用,因此在它机械地处理自然语言的过程中,就会大量出现语言分析层面的潜在歧义,而且这些潜在歧义大部分是与现实不相符的Ⅱ型潜在歧义。

具体说来,人对自然语言的处理依靠直觉和经验,是一种智能的活动,具有较明显的目的性和创造性。而自然语言的计算机处理则非常机械和程式化,需要根据人类事先设定的语言知识、规则和程序,按部就班地对自然语言进行刻板的处理。计算机处理自然语言没有创造性,不依靠直觉和灵感而是严格按照程序规则,计算机对语言环境不敏感,不擅长综合利用百科知识,也谈不上进行有目的的交际。理论语言学研究的是现实歧义,而计算语言学的研究对象则应当既包括现实歧义也包含潜在歧义,并且潜在歧义的范围更广泛,包括Ⅰ型潜在歧义和Ⅱ型潜在歧义,其中Ⅱ型潜在歧义尤其具有机械性的特征,其消解对计算语言学研究来说是亟待解决的问题。

(二)潜在歧义的动态性

歧义总是发生在语言运用和自然语言处理的动态过程中。对于现实歧义来说，在言语中，当语境不足以使语言的排除机制充分发挥作用，或者由于交际者的心理原因致使意义发生增减现象时，便会出现现实歧义现象，这是在语言实际使用的过程中发生的，显然带有动态的性质。

潜在歧义现象也同样具有动态性。第一，潜在歧义是针对自然语言处理中间过程，计算机遇到的一个语言形式对应多个意义或结构的情况，就是说，潜在歧义是在自然语言处理的动态系统中讨论的对象。第二，我们在计算语言学理论框架下讨论潜在歧义，属于应用语言学的范畴，与语言的实际应用有关，这种实际应用也反映了潜在歧义的动态性。第三，自然语言处理的对象是具体的言语表达，就是说，自然语言处理的原材料是动态的言语。虽然计算机自动处理言语的过程分为多个语言学层面和语言单位层次，在各个层面计算机都根据语言学家事先设定的规则自动处理，这些规则往往涉及语言能力层面的知识，但自然语言处理从整体来讲，其对象或者原材料是动态的言语，这是潜在歧义之所以具有动态性的第三个表现。

（三）潜在歧义的负面性

现实歧义是一把双刃剑，使用恰当得体会达到一语双关的效果，增强语言的表现力；如果说话人是不小心说了歧义句，使用不恰当，会让听话人（也可以指自然语言处理中的计算机）产生误解，导致交际失误。基于这样的原因，Ⅰ型潜在歧义也可以分为积极和消极两种，积极的Ⅰ型潜在歧义往往是说话人故意造成的歧义现象，此时不需要消解。

但是计算机自动处理语言过程中，Ⅱ型潜在歧义和消极的Ⅰ型潜在歧义占据了大多数，它们是当前潜在歧义研究的主流。目前的自然语言处理系统大都尚不具备处理幽默、笑话或文学语言的能力,并且不是针对具有修辞效果的、一语双关的文本进行设计的,因此积极的Ⅰ型潜在歧义并非本书讨论的重点。大量的Ⅱ型潜在歧义和消极的Ⅰ型潜在歧义会给自然语言处理带来障碍,甚至导致翻译错误,具有明显的负面性,这是目前计算语言学的歧义研究所面临的主要问题,本书的探索也正是致力于尽量消解这类负面潜在歧义的。例如:

Это что, мой стакан.① (2.11)

例(2.11)中的词形мой既可以是物主代词"我的"的阳性一、四格形式,也可以是动词мыть的命令式形式,计算机自动词法分析时就会对词形мой形成三种标注,导致潜在形态歧义。该潜在形态歧义是对人来说不具有现实意义的Ⅱ型潜在歧义,会影响自然语言处理系统的正确性和工作效率。事实上,根据前后语境的限制词形мой的正确标注应当是唯一的,这就需要我们计算语言学工作者为语言处理系统设计自动消歧组件,建立消歧知识库,以达到消解这些Ⅱ型潜在歧义的目标。

(四)潜在歧义的可消解性

潜在歧义总是处于具体语境中,语境中又总是存在一些可以制约潜在歧义的线索,我们往往可以根据语境的限制将潜在歧义分化开,并消解不适合语境的可能性。在自然语言处理过程中,无论是语素歧义、词汇歧义还是短语歧义、句子歧义,以及语言学各个层面上的潜在歧义都与语境紧密相关,大量的潜在歧义需要根据以大定小效应在上下文中予以消解。

消解潜在歧义是计算语言学应用研究最重要的任务之一。既然大量存在的Ⅱ型潜在歧义对人类来说是没有现实意义的,那么人掌

---

① 采集自俄语网页http://zaychegov.net/2007/06/24/print : page, 1,jeto_chto_mojj_stakan.html

握的知识就足以消解这类潜在歧义,所以从理论上讲,将人类的语言知识用来训练计算机就可以消解Ⅱ型潜在歧义。同时,消极的Ⅰ型潜在歧义往往可以通过语境信息进行推理消解,这样一来,计算语言学所关注的绝大多数潜在歧义从理论上讲是具有可消解性的。

目前普遍采用的消歧方法归纳起来主要有两种思路:一种是基于"制约"(constraint)的消解方法,是从潜在歧义的备选项中减掉不合适的项,是一种排除法;另一种是基于"优选"(preference)的消解方法,是从诸多备选项中根据指标挑出最优的选项。我们在本书第四章将具体讨论面向俄语自动处理的基于规则、基于概率统计、基于语义、人机交互四种消歧策略。

在当今的计算语言学界尤其推崇基于概率统计的消歧策略,如果不使用语言学的知识,虽然能够取得一定的正确率,但终究由于其先天不足,难于达到高质量,消歧效果难以稳定。对潜在歧义消解的多方面研究表明,应采用混合方法,即基于规则、基于统计、基于实例、基于语义等策略应当相互结合,并且人也适当地参与到歧义消解的过程中来,可以较好地消解潜在歧义。

(五)潜在歧义分布的多层性

对计算机来说,在语言处理的中间过程会产生各种潜在歧义。D.Jurafsky和J.H.Martin明确指出,自然语言处理的复杂过程恰恰可以看作在语音学与音系学、形态学、句法学、语义学、语用学、话语学等多个层面上的消解歧义。这样看来,由冯志伟先生早先提出的潜在歧义除了存在于句法层面,也同样存在于其他的语言学层面。

我们认为,计算语言学视野下的潜在歧义也存在于各个语言单位层次。传统的理论语言学总结归纳了现实存在的歧义,认为主要有词汇歧义和句法歧义两种,这种提法是针对人处理语言而论的,是从日常语言运用中总结出来的。而自然语言处理中间过程的潜在歧义则贯穿始终，每个语言单位对于计算机而言都是可能产生潜在歧义的，词以下的小单位的潜在歧义目前解决得好一些，但是并不能因为解决了这些小单位的歧义就否认它们的存在。事实上，大的语言单位的歧义有时正是由小一级语言单位的潜在歧义造成的，这就是歧义产生的由小及大效应。歧义的多层次、多层面的特性将在下一章讨论俄语歧义分布中加以描述。

（六）**潜在歧义的复杂性**

自然语言处理中的潜在歧义及其消解问题是一项非常复杂的课题，将长期存在于计算语言学研究者的视野中。从自然语言处理的潜在歧义消解角度来看，自然语言的计算机自动处理的好坏成败将在较大程度上取决于潜在歧义的消解。我们向计算机输入一个语段，希望计算机自动分析推导出该语段的正确结构和意义，而在这一过程中，计算机系统常常对输入语段得出多种与正确意义根本不相关，又不符合人类逻辑的分析结果。这就需要我们不断完善为计算机设定的规则系统，而且这一规则系统从不完善到完善要经历漫长的研究历程，这一历程也就是我们逐步教会计算机消解那些与正确意义差距甚远、不符合人类思维逻辑的潜在歧义的过程。

这种与现实不符的潜在歧义的消解问题一直是计算语言学工作者们的一项重要工作。从理论上讲，如果可以彻底消解这类与现实不符的潜在歧义，那么自然语言处理的水平就已经相当接近人类处理自己语言的能力了，这应成为计算语言学家研究的终极目标。但是，这一目标的实现有相当长的路要走，我们目前在本书进行的只是基础性的工作，在将来的科研工作中我们将以此为基础展开更广泛的应用性研究。

二、潜在歧义产生的原因

自然语言是人们日常使用的语言，是人类在长期发展过程中自然形成的，伴随着人类的发展而逐步完善。由于自然语言是人类社会长期以来约定俗成的产物，因而远比以世界语和计算机语言为代表的人工语言复杂。

一般人工语言都是根据需要、按照一定的原则设计出来的，其规则简单、结构严谨且明确，语言形式与语义间具有较准确的一一对应关系，不易产生歧义。相反，自然语言却规则多变结构复杂，其语言形式与语义间往往不能一一对应，所以计算机在分析处理自然语言时常会出现潜在歧义，这也是目前机器翻译结果还远不能同人工翻译相提并论的原因。

潜在歧义的实质是语言的表达形式与其意义间缺乏一一对应的关系。潜在歧义是自然语言的固有特性，是自然语言区别于人工语言的特征之一。事实上，潜在歧义问题并非在计算语言学出现之后才受到重视，在此之前也一直是语言学家的研究内容之一。总体说来，潜在歧义产生的原因在于以下三个方面。

（一）从语言符号的属性看潜在歧义的产生

语言是由各种符号组成的，现代语言学的奠基人F.de Saussure在《普通语言学教程》中曾指出，语言符号具有任意性和线条性。（索绪尔，1999：102-106）我国计算语言学家冯志伟先生（1996：25-46）从自然语言计算机处理的角度提出语言符号具有七个属性，即：层次性、非单元性、离散性、递归性、随机性、冗余性和模糊性，这为计算语言学工作者应用、发展和创造适用于计算机处理的语言学基本理论和模型奠定了理论基础。结合语言符号的以上特性，我们认为潜在歧义的成因与语言符号的以下一些属性有关：

第二章 潜在歧义概念的多维阐释

第一，语言符号的任意性导致潜在歧义。语言符号的任意性表明，能指和所指之间的联系是任意的，多年来虽然存在着对此问题的争论，但语言符号的任意性特征已深入人心，在语言学界获得了广泛认同。既然语言符号具有任意性，那么相当一部分语言符号的形式与意义之间就没有必然联系，这为语言符号的形式与意义之间存在非一对一关系创造了先决条件。语言在许多年的发展变化后，有些不同的符号就可能对应相同或相近的意义，还有一些符号可能又衍生出多个意义，这种形式和意义之间的一对应多的关系就会导致潜在歧义的产生。

第二，语言符号的层次性会产生潜在歧义。索绪尔曾提到过语言符号的线条性，认为语言在表达的过程中总是呈线性流动的。其实，弗斯的"跨音段论"已经证明语言符号不仅仅是线条性的，还具有立体性。所谓立体性，就是指语言符号具有分层结构，即层次性。（冯志伟，1996：25）语言符号的层次性在句子结构方面显得特别明显，例如：

Старые мужчины и женщины должны сидеть дома.[①]　（2.12）

старые мужчины и женщины这一名词短语就明显具有两种层次的划分，一是старые мужчины和женщины（一些年老的男人和一些女人），старые只限定мужчины而不限定женщины；二是старые мужчины和старые женщины（年老的男人和年老的女人），старые同时限定мужчины和женщины，старые不仅可能修饰和它有线性邻接关系的мужчины，还有可能跨线性关系去修饰женщины，这样старые，мужчины和женщины三种形式就形成了立体的修饰关系，体现了语言符号的立体性和层次性。

---

① 采集自俄语网页http://www.krugosvet.ru/articles/90/1009006/1009006a11.htm #1009006-L-119

语言符号的线条性使得它们之间的联系比较简明单一，每个语符只和相邻的语符相关；而语言符号的这种立体性和层次性则使语符之间的关系复杂化，语符和语符之间的关系就存在多种可能性。例如上面例句中，名词短语 старые мужчины и женщины 就存在两种可能的关系结构，这两种层次结构的划分便造成了语言的潜在歧义。事实上，自然语言处理的句法剖析中使用的树形图和短语结构语法正是基于对语言符号层次性的认识而提出并逐步完善的。

第三，语言符号具有随机性。语言运用与语言能力存在较大差别，人们在使用语言进行交流时，语言符号的选择并不是完全固定的，往往是有的语言成分使用得多一些，有的语言成分使用得少一些，各个语言成分使用的这种不确定性就是语言符号的随机性。（冯志伟，1996：36）语言规则中总是具有许多例外，难以用固定的模型描述，这些例外也是由语符的随机性造成的。虽然可以采用统计学的方法进行描述和分析，但受到统计样本容量、样本的准确性和统计算法本身的适应性等诸多因素的影响，统计模型也不可能反映出语言规则的所有例外情况。这样一来，人的语言能力在随机符号不同的情况下，就会产生不同的结构，语符的随机性导致潜在歧义的产生。例如在语言能力层面 AP NP NP 这样的格式，在语言运用层面代入随机的语言符号以后，有的形成 AP [NP NP] 的结构，另一些形成 [AP NP] NP 的结构，还有一些是两种都可能（形成现实歧义，例如上面的例子），这样一来，语言能力层面的 AP NP NP 格式在语言分析层面就有多种可能的结构划分，导致了该格式的潜在歧义。

第四，语言符号的多义性也是产生潜在歧义的原因。多义属于语言能力的层面，是语言符号固有的属性，当我们具体使用它们时，常常只会选取其中一个意义来表达自己的思想，因为一个多义词与

第二章 潜在歧义概念的多维阐释

不同的语言单位组合，由于语言的机制作用，通常会排除与语境不符的意思，从而获取多个义项中的某一种。但是在有些情况下，如果语境不足以使语言的排除机制充分发挥作用，或者由于交际者的心理原因致使意义发生增减现象时，语符的多义性便会导致潜在歧义现象的产生。潜在歧义形成的过程，是多义的语言单位在语言的生成过程中转化为潜在歧义，潜在歧义又在具体言语形成后落实为现实歧义的过程。简言之，语言能力层面的多义导致语言分析层面的潜在歧义的产生。

在多义属性的讨论范围内，语言符号的隐喻化使用也常常导致潜在歧义。语言运用中的许多潜在歧义现象源于语符的隐喻化使用。隐喻是在不同事物之间某种相似关系的基础上所产生的心理联想内容在语言层面上的一种表现形式，就是说，隐喻的产生以人们在某种条件下所产生的相似联想为基础。所谓相似联想，是指因事物的外部特征或性质相似而由一事物想到另一事物的一种联想方式，这一联想方式在我们的思维活动中得以广泛应用，其本质在于思维主体基于某一特征的相似而在不同事物间进行类比，从而超越了事物间的范畴界限。（王松亭，1999：102-103）正是由于隐喻基于这种相似联想，使得语言符号隐喻后的意义与原意义存在某种相似性，在具体语言运用中两种意义可能都说得通，这就造成了潜在歧义。这种潜在歧义是一种相似性的歧义，语言形式的多种意义间存在相似的联系。例如：

Почему ты такой холодный?![1]　　　　　　　　　　(2.13)

холодный一词的原意是"冷的、寒冷的"，但该意义又可以隐喻为"冷淡的、冷酷的、无情的"，在上面的例句中，两种说法都

---

[1] 取自论文《漫谈俄语中的歧义现象》，杨仕章，1996(4)：8。

讲得通，这就造成了潜在歧义。这种潜在歧义是一种基于相似联想的歧义，是由词义隐喻而造成的歧义，所以多种解释之间又存在着内在的联系。

值得一提的是，俄罗斯著名数学家А.Н.Колмогоров曾从一般科学意义出发认为，语言的歧义主要源于语言符号的两种性质：1）容量（емкость），同一语言单位的意义容量可大可小；2）灵活性、柔韧性（гибкость），同一意义可以用多种语言形式来表达。[①]这与计算语言学领域的潜在歧义成因分析不谋而合。

（二）从自然语言的计算机处理过程看潜在歧义的产生

1. 计算机工作原理导致潜在歧义

计算机自动处理语言依赖计算机自身的工作原理，其本质就是搜索、识别和匹配。例如，计算机自动识别单词过程的原理其实就是对磁盘上的字符串进行搜索，识别器就是计算机的搜索程序，磁盘上的符号串就相当于一条长长的带子，识别器逐一搜索带子上的每个字符并对其进行识别，就是自动识别字母，这也是计算机自动处理书面语言的最基本手段。计算语言学中的有限状态自动机就是专门用来进行这类识别的识别器。识别器搜索和识别带子有两种策略：一种是深度优先搜索或者后进先出（last in first out，简称LIFO）策略，这种搜索的数据库进程表可以用栈[②]（stack）来实现；另一种是广度优先搜索或者先进先出（first in first out，简称FIFO）策略，此搜索的数据库进程表用队列[③]（queue）来实现。

[①] 详见http://text.marsu.ru/osp/school/2000/03/041.htm
[②] 栈（stack），计算机科学术语，数据库的一种数据存储模式。像是一个封闭的容器，先放的东西在下面后放进的东西在上面，取东西时先取出的是最后放进的，在栈中对数据的操作同理。
[③] 队列（queue），也是计算机科学术语，数据库的另一种数据存储模式。像是一个管状通道，放进去的东西只能单向前行而不能退回，这样一来，先进去的东西先从管子的另一头出来，在队列中对数据的操作同理。

印欧语系中的语言大都是拼音语言，在当今的书面文本中单词间都有空格，这样一来单词（词形）之间就自然而然地切分开来，对这些切分开来的词形逐一地进行识别和标注是自然语言处理中的一项基础性工作。计算机需要将识别出的词形与电子词典中的词条信息进行搜索匹配，从而对词形完成词性标注，其中包括词类以及性数格时体态等语法范畴，为下一阶段句子的句法分析做准备。

对每个词形的识别和标注又可以分为几个小的阶段：1）识别字母并判断它匹配于哪个词素；2）判别该词形的词干和词尾；3）根据判别出的词干和词尾对词形进行词性和性数格时体态等语法范畴的标注。为了提高对词形识别和标注的效率，编程人员将词形的带子复制为两份，分别以LIFO和FIFO的策略进行搜索和识别。LIFO策略的搜索将首先识别词形最后的字母，然后向前搜目的是确认词形的词尾；而FIFO策略的搜索则首先识别词形最前的字母，然后向后搜目的是确认词形的词干。

可见计算机的工作大都是一种机械性的反复操作，这就必然导致大量潜在歧义的产生。例如，在LIFO策略的搜索过程中，动词词尾-те既可能是动词命令式复数形式的词尾，也可能是未完成体动词现在时或者完成体动词将来时的复数第二人称变位形式的词尾，词形лежите的词尾-те既可能表示该词形是动词сидеть的命令式复数形式，也可能表示该词形是动词лежить的现在时复数第二人称变位形式，与电子词典中的两种变化形式都可以形成匹配，这就会导致词性标注过程中的潜在歧义。

2. 难以实现机用语言学知识的高度形式化

计算机处理自然语言一般要经过三个过程：一是把需要研究的问题在语言学中加以规则化以及形式化（лингвистическая формализация），将语言学问题表达为严整的数学或逻辑形式；二是将数学或逻辑形式表示为算法（алгоритм），使其在计算机上形式化（компьютерная формализация）；三是算法的计算机实现（компьютерная реализация），就是将算法编写为计算机程序，使得计算机可以直接运行。其中，后两个过程的目标是用计算机解决数学或逻辑问题，对潜在歧义影响不大，因此潜在歧义主要产生于第一个过程。

大多数自然语言都十分复杂，不仅词汇中存在着一词多义、同义词、基本义和隐喻转义、词形的变化等现象，句法规则复杂多变，而且意义不仅与用词和句法有关，还与语音、语义、语境和篇章主题等因素有关。即使是语言学专家在理解本民族语言时，也不能保证任何时候都不产生错误。计算机处理自然语言时，只有具备全面的语音、形态、词汇、句法、语义、语用方面的语言知识，词素、词、短语、句、篇章、话语等方面的分析水平，并具有足够多的关于篇章主题方面的百科知识储备，才有可能像普通人一样正确理解，避免或减少潜在歧义。而在现有的理论和技术水平上，要做到这一点还有相当大的困难和差距。已有的数学工具也还不能将如此复杂的语言问题以严谨、完整的数学形式表示出来，所以即使是一些普通人能正常理解的、非常简单的自然语言的语句，计算机理解时也可能会产生潜在歧义。

例如пройти是一个多义词，С.И.Ожегов词典（1975：563）给出的пройти的解释包括16项释义和3个词组。虽然释义较多，但即使对于将俄语作为第二语言的我国大学生来说，通过对语法关系和上下文的分析，正确理解该词及其所在句子的意思并不困难。而要想使计算机能正确理解，则必须将其全部词义、与句中前后词的搭配组合关系以准确的数学形式在计算机上严整地表示出来，而且计算机还需具备分析上下文甚至篇章内容的能力。但目前，无论是数学表达，还是其计算机实现，还有语言的形式化，都不具备全面解决这一问题的能力。其结果就是计算机针对自然语言语句的输入分析并输出多个结果，这也就产生了自然语言处理中的潜在歧义，其中相当一部分是与现实不相符的Ⅱ型潜在歧义。

（三）从言语交际的需要看Ⅰ型潜在歧义的产生

Ю.Д.Апресян(1974：176-178)认为，歧义可以分为语言歧义（языковая）和言语歧义（речевая）两大类，其中语言歧义又可以细分为词汇歧义和句法歧义；言语歧义是在话语（высказывание）中由于交际环境的不确定性引起的，而且交际环境的这种不确定性是多方面的。Апресян指出，如果说语言歧义是语言单位（包括词汇、短语、句子结构）固有特性的话，那么言语歧义就是这些语言单位的特性在言语使用中的具体体现（реализация）。我们关于Ⅰ型潜在歧义和Ⅱ型潜在歧义的划分与Апресян的思想是吻合的，潜在歧义中的一部分会体现在现实歧义中，Ⅰ型潜在歧义就是这种潜在歧义。但是与Апресян讨论人处理语言的情况不同，我们讨论的潜在歧义是机器处理语言中产生的歧义，大量存在的Ⅱ型潜在歧义是机器"虚构"出来的，并不会体现在人类的话语使用中，因此，与言语交际相关的只有Ⅰ型潜在歧义而没有Ⅱ型潜在歧义。

积极的Ⅰ型潜在歧义大量存在于文学语言和日常交际中，发挥一语双关的表达效果。А.А.Зализняк认为，文学语言中大量使用着歧义的手法，各种语言单位——小到一个词、一句话，大到整部作品——都可能理解出歧义，产生歧义的原因也较多——可能是作者或读者的立场和评价不确定，也可能是作品所处的社会历史环境不确定等等。文学文本中的歧义与公文事务文本（деловой текст）中的歧义存在重大区别：文学歧义的多种解释可能都是合理的，歧义对于文学写作是一种有益、有用的手法；而公文事务文本中的歧义中只应当有一种解释是合理的，我们在公文中应当尽量避免歧义。[1] Ю.К.Пирогова(2000：167-190)认为歧义的一个重要功能就是进行语言游戏(языковая игра)，例如在广告语言和幽默、笑话中就经常使用有歧义的语言来达到双关(каламбур)的效果。

在日常言语交际中，人们一般会遵守规约性原则和一形一义原则进行交际，这就要求人们说话要明确简洁，尽量避免歧义。但同时由于人既有遵循社会普遍规律的一面，也有创新的一面，因此人们在遵守言语交际一般原则的同时，也会创新求异，以期交际表达能够获得不同的修辞效果。正是语言运用的这种变异性、非规约性才使语言交际妙趣横生，幽默笑话层出不穷，这就是积极歧义的产生原因。

1. 委婉表达的需要

由于说话人的心理感受和社会文化因素的综合制约，有些话不宜直白，必须用较为隐晦委婉的方式才易于让人接受，从而达到交际表达的效果。词语使用中的歧义性有时正好可以满足这一需求。例如，夫妻两人去看话剧，虽然丈夫的手中拿着两张票，但是妻子还是想先去售票处问问剧情的结局是否喜剧：

—Скажите, а конец у этой пьесы *счастливый*?

—Конечно,—отвечает кассирша.—Все бывают счастливы, когда кончается спектакль.[2] (2.14)

在女观众的问话中，*счастливый*用于隐喻意义，她问这部戏剧是"喜剧结局"还是"悲剧结局"，这是文学或电影艺术的一种表达方法。而在售票员的答话里，*счастливый*却回到它的原始意义"幸福、高兴"的意思。由于不知道结局是否喜剧，或者不想直接回答

---

[1] 详见http://virtualcoglab.cs.msu.su/pdf/zaliznyak1.pdf
[2] 取自论文《多义词和同形异义词产生的幽默》，安利，2005(6)：75。

女观众的提问,所以售票员委婉地使用了这个有歧义的词来作为回答。这样含蓄委婉的表达,加之上下文中其他文字的引导,女观众还是会明白售票员的意思。

2. 风趣、幽默的效果

歧义现象的巧妙运用,往往可以制造幽默、风趣或讽刺效果。例如:

Если на сигаретах пишут —*лёгкие*, почему на водке не пишут —печень?!① （2.15）

上面例子里的斜体词*лёгкие*具有一语双关的积极歧义,它产生在同一个上下文中表达了两个毫无关联的词义:第一个意义是"清淡的",意思是该香烟是清淡型的;但接下来的话却激活了另外一个与它相去甚远的意义——"肺"。这样,两个互不联系的词出现在了同一个语境中,讽刺幽默便不言而喻了。由于上下文中有一个相同语义场的词печень（肝）,在它的提示下,"肺"的含义就浮出了水面。这里说话人巧妙地利用香烟上标注的"清淡型"字眼的歧义性,抨击了抽烟与喝酒的害处:一个能导致肺病,一个会引起肝病。

第四节 本章小结

结合对多种具有代表性的歧义概念定义的考察我们看到,歧义指的是一个语言形式对应多个意义或者结构;理论语言学研究人遇到的现实歧义与计算语言学研究机器面临的潜在歧义有较大不同。在讨论了歧义概念的基础上,我们结合自然语言处理的特点进一步指出,计算语言学所关注的潜在歧义指的是计算机处理自然语言过程中语言形式的一个输入对应意义或者结构多个输出的情况,它依

---

① 取自论文《多义词和同形异义词产生的幽默》,安利,2005(6):76.

据与现实歧义的对应关系可分为Ⅰ型潜在歧义和Ⅱ型潜在歧义，分布于自然语言处理语音、形态、词汇、句法、语义、语用等多个语言学层面以及词素、词汇、短语、句子等语言单位多个层次。这为下文的展开讨论进行理论铺垫。

潜在歧义概念与多义和模糊既有联系又有区别。潜在歧义产生于语言分析层面，这一以计算机作为主体的特殊层面区别于语言能力层面和语言运用层面，多义存在于语言能力层面。潜在歧义出现在动态的言语之中，它不是语言单位固有的静态的意义；而多义则属于语言单位固有的静态的意义。潜在歧义受到语境的制约，往往是可以消解的；而多义不受语境的制约，也是不能够消解的。语言学中的模糊是指词义的界限不清、程度不同，潜在歧义则是指一个形式能够对应多个意义或结构，歧义和模糊两个相近概念在主体、数、质、范围、种类等五个方面存在差异。

依据以上论述，我们总结出计算语言学视野下潜在歧义概念的六个特性：机械性、动态性、负面性、可消解性、多层性、复杂性等。从语言符号的本质属性、计算机自动处理的过程和言语交际的需要三个方面来看，潜在歧义的产生具有深刻的原因。

第三章　俄语潜在歧义的多层分布

To summarize, the knowledge of language needed to engage in complex language behavior can be separated into six distinct categories. A perhaps surprising fact about the six categories of linguistic knowledge is that most or all tasks in speech and language processing can be viewed as resolving ambiguity at one of these levels.

——D.Jurafsky & J.H.Martin[①]

Неоднозначность проявляется на всех языковых уровнях, где выделяются значимые единицы: на уровне морфем, форм слов, слов, фразеологических оборотов, словосочетаний и предложений.

——Энциклопедия Кругосвет[②]

　　理论语言学中通常将歧义的类型归纳为词汇歧义和句法歧义（亦称结构歧义）两种，其中词汇歧义主要就是指词义的歧义。这种分类方法是从语言实践中总结出来的，而计算语言学视野下的潜在歧义研究与理论语言学的一般性研究有较大不同。在本章中，我们将从俄语自动处理的实际出发，分别从语言学层面和语言单位层次观察俄语潜在歧义的多层分布情况。

---

① 参见 D.Jurafsky & J.H.Martin, 1999: 4.
② http://www.krugosvet.ru/articles/90/1009006/1009006a1.htm#1009006-A-101 该段话的译文如下："歧义表现在所有有意义的语言单位层次上，包括：词素、词形、词、成语、词组和句子层次。"

第一节　俄语潜在歧义分布的两个观察点

　　人遇到的歧义大体上限于句法和语义两个语言学层面，而计算机遇到的潜在歧义则可能存在于自然语言处理的各个语言学层面，包括语音学、形态学、词汇学、句法学、语义学、语用学等层面。D.Jurafsky 和 J.H.Martin（1999：4）认为，"在自然语言自动处理过程中需要的语言学知识可以分为语音学与音系学、形态学、句法学、语义学、语用学等多个层面"，而"语音和语言计算机处理的绝大多数或者是全部研究都可以看成是在其中某个层面上的消解歧义（resolving ambiguity）"。

　　人遇到的歧义大体上仅限于词和句子两个语言单位，而计算机遇到的潜在歧义则可能存在于自然语言处理的各个语言单位，包括词素、词形、短语、句子等。根据俄罗斯在线百科词典 Кругосвет（http：//www.krugosvet.ru/）对 Неоднозначность 词条的解释，歧义体现在一个能指（одно означающее）对应多个所指（разные означаемые），它存在于语言的各个层面之中，包括词素（морфемы）、词形（формы слов）、词（слова）、成语（фразеологические обороты）、短语（словосочетания）和句子（предложения）。[①]

　　可见，自然语言处理所面临的潜在歧义存在于多级语言单位以及语言学的多个层面，语言学层面和语言单位层次可以作为俄语潜在歧义分布情况的两个观察点。

　　从自然语言计算机处理的角度看，每一个语言学层面的计算机自动分析都可能产生潜在歧义。以语言学各层面作为划分潜在歧义

[①]　参见 http：//www.krugosvet.ru/articles/90/1009006/1009006a1.htm#1009006-A-101

的观察点，俄语潜在歧义可以分为语音潜在歧义、形态潜在歧义、词性潜在歧义、句法潜在歧义、语义潜在歧义和语用潜在歧义。

从被输入计算机的语料来看，各层次语言单位的自动分析都可能产生潜在歧义。此处"语言单位层次"的观察点不是相对于"言语"而言的，而是相对于"语言学层面"的观察点而言的。以语言单位各层次作为潜在歧义的观察点，俄语潜在歧义又可区分出词素潜在歧义、词汇潜在歧义、短语（词组）潜在歧义、句子潜在歧义等几种类型。

语言学层面和语言单位层次两个观察点（简称观察点1和观察点2）在以往的歧义研究中常常是被混合在一起的，两个观察点并没有得到清晰的区分界定。我们认为，两个观察点对应形成了俄语潜在歧义的两种不同分布体系（简称体系1和体系2），应当区别对待。

首先，观察点1依据的是语言学内部的分支学科体系，它可以看作是语言的各个侧面或者方面；而观察点2是依据语言单位本身由小到大进行划分的，它其实是语言材料由小到大的等级。其次，一些现有的歧义观察点不统一，大都是从计算机处理的实践中总结出来的，所以不成系统；而我们区别出这两个观察点就能形成两个分布体系，在其中一个体系下的某一层潜在歧义类型可能包含另一体系下多个层次的潜在歧义类型，两个体系并不完全相同，它们之间存在一定的交叉性。下面我们分别从体系1中选取语义层面的潜在歧义，从体系2中选取句子这一级语言单位的潜在歧义为例，演示两个分布体系的交叉性。

在体系1中语义层面的潜在歧义，既包括词素单位和词单位的语义潜在歧义，也包括词组单位和句子单位的语义结构潜在歧义。例如，词素пере-在С.И.Ожегов词典（1975：456）中共有10个义项，这样一来该词素出现在具体单词中就可能会带有词素潜在歧义，例如动词перебить中的前缀пере-就可能有"分开、断开";"过多、过分"或"重新、再次"几个意思。至于词单位的语义潜在歧义,可以一段关于沙发的广告词为例:

——Где возникает атмосфера *близости и тепла*?
——Конечно, на диване.[①] (3.1)

例(3.1)中斜体的*близости*和*тепла*是词单位的语义潜在歧义,即词义潜在歧义,它们既可以表示物理上的"距离近"和"温度暖和",也可以表示心理感受上的"亲近"和"温存"。

词组单位和句子单位的语义结构潜在歧义,例如词组приглашение друга中,名词二格"друга"肯定是动名词中心语"приглашение"的修饰限定成分,两者的句法关系是明确的,但是语义关系却存在潜在歧义,друга既可能是приглашение的施事也可能是受事,既可能是"邀请朋友"又可能是"朋友的邀请",即词组的语义结构存在潜在歧义。

反过来,体系2中句子这一级语言单位的潜在歧义,既可以是由于句子重音的多种可能性而造成语音潜在歧义(体系1中的语音学层面),又可能是由于句法结构的多种可能性造成句法潜在歧义(句法学层面),还可能是指句子的语义结构会有多种可能(语义学层面)。

句子的语音潜在歧义表现在:同一句话可能由于说话人强调的重点不同而形成不同的逻辑语义重音,从而传达出多种可能的意思。例如句子Мы вернулись в институт в прошлую неделю.如果是回答问句Когда вы вернулись в институт?那么意思是强调"在上周"我们返回学院的,逻辑重音在в прошлую неделю上;如果是回答

[①] 采集自俄语网页А.А.Зализняк,http://virtualcoglab.cs.msu.su/pdf/zaliznyak1.pdf

问句Вы уже вернулись в институт?那么句子强调的是我们"已经返回"学院了，逻辑重音在вернулись上。

再来看句子句法层面的潜在歧义。在句子"Сергей вернулся из командировки в Москву."中，前置词短语в Москву既可能是定语修饰名词командировки，也可能是做状语修饰谓语动词вернулся，该句标注后的词性序列［N V Prep N Prep N］既可以自动分析为NP［V［Prep［N PP］］］，也可以分析为NP［V PP PP］，从而形成两种不同的句法结构和意思。

句子单位的语义结构潜在歧义可以下句为例：

Он прислан к нам инспектором.①   （3.2）

例（3.2）有两种可能性，"检察员派他到我们这里来"或者"他是以检察员的身份被派到我们这里来的"。第五格名词инспектором在句子中的格角色是有潜在歧义的，可能是прислать这个动作的施事；也可能是прислать这个动词的接格形式，表示"作为检察员的身份"。例句中第五格инспектором与谓语动词прислан的句法结构（修饰关系）是明确的，但是存在语义结构潜在歧义，一种可能是被动语态的动作主体，另一种可能是动词的接格形式。此外，句子还会产生语用潜在歧义，例如句子В комнате душно.的语用含义既可能是"我们出去转转吧"，也可能是"我们打开窗户吧"。

如果将两个观察点形成的两种分布体系的交叉情况作一总结，便如表3.1所示，其中符号"+"表明该语言学层面的该语言单位会产生潜在歧义现象，符号"-"表示这一语言单位的这一语言学层面不会产生潜在歧义。

---

① 采集自俄语网页http：//www.krugosvet.ru/articles/90/1009006/1009006a11.htm #1009006-L-119

表3.1　语言学层面和语言单位层次两个分布体系的交叉对应情况

	词素潜在歧义	词潜在歧义	词组潜在歧义	句子潜在歧义
语音潜在歧义	+	+	-	+
形态潜在歧义	+	+	-	-
词性潜在歧义	-	+	-	-
句法潜在歧义	-	-	+	+
语义潜在歧义	+	+	+	+
语用潜在歧义	-	-	-	+

当然，观察点1和观察点2有相似之处，它们都是依据语言处理从局部到整体、由小到大的顺序，所以这两个观察点又可以相互配合来解决自然语言处理的实际问题。在本章中，我们将以语言学层面作为一级观察点、以语言单位层次作为二级观察点，并以具体语言事实来观察俄语潜在歧义的多层分布情况。

第二节　语音学层面的俄语潜在歧义[①]

语音学层面的俄语潜在歧义也可以称为语音潜在歧义，是语音自动处理中可能会遇到的歧义现象。

计算机自动处理有声语言，要先将语音识别为文字，这是非常复杂的过程。这方面的工作由专门从事语音学、音系学研究的学者来完成，他们需要掌握丰富的声学、韵律学、语音学、音系学(音位学)等方面的知识，现在的研究取得了不少成就，对于发音清晰、

---

① 语音的自动处理相当复杂，相对于自然语言的语法语义处理而言有较大不同，因此语音潜在歧义问题适宜由专门从事声学物理、韵律学、语音学和音系学研究的人士来开展深入探讨，本书将语音潜在歧义纳入系统理论框架，但并不作为主要内容。

语法规范的语音段识别得比较成功，同时也存在难以识别和确认的语音潜在歧义问题。我们认为，俄语语音潜在歧义可分以下几种：

一、词素的语音潜在歧义

在拼音文字语言中，常存在音素（фонема）和形素（графема）对应的问题，大多数语言都不能够做到音素和形素的一一对应，这样就会产生一对多的可能，由此就会导致词素的语音潜在歧义。

（一）同一字母发音不同（полифония графемы）

相同字母有可能对应多种发音，字母的发音可能会形成语音潜在歧义。例如俄语字母 з 在 заря，зерно，раз，резь 四个单词中的发音分别是 [с]，[с']，[з] 和 [з']，也就是说字母 з 有 [с]，[с']，[з] 和 [з'] 四种发音的可能性。这是字母层面可能产生的语音潜在歧义之一。同一字母发音不同的语音潜在歧义可能会导致产生同形近音（омография）词素的情况，例如词素 воз- 的写法虽然相同，但 воз-будить（唤醒）一词中的发音弱化为 [вʌз-]，而在 воз-дух（空气）一词中的发音是 [воз-]。

（二）相同发音不同字母（полиграфемность）

在字母单位可能产生的另一种语音潜在歧义是，不同的字母可能有相同的发音。例如在 каска 和 указка 两个单词中，两个不同的字母 с 和 з 发音却都是 [с]，这样在听到 [с] 这个发音的时候，就既有可能是字母 с，也有可能是字母 з。再如发音 [ф] 既可能是字母 ф 也可能是字母 в。相同发音不同字母的语音潜在歧义有时可能导致同音近形（омофония）词素的情况，例如 вод-ка（伏特加酒）和语气词 вот（这、这里）两词中，第一个词素的发音都是 [вот-]，可是在拼写上却一个是 вод-，另一个是 вот，也即发音是 [вот-] 的词素既可能是 вод-，也可能是 вот-，存在语音潜在歧义。

二、词的语音潜在歧义

（一）同音同形（омонимия）

同音同形是发音和拼写相同，意思却不一样的一组语言单位，这样的语言单位以往经常是指词，这样的一组词称为омонимы。同音同形的语言单位不仅限于词单位，还包括词素单位，总体来讲同音同形现象（омонимия）描述的是词和词以下的语言单位。

词单位的同音同形现象常常见诸词典，例如брак（婚姻）和брак（废品、瑕疵）就是一组同音同形词；发音［п'йэч］既可以是动词"烤"печь（пеку, печешь），也可以是名词"炉子"печь（печи, печью），它们也是同音同形词；还有发音［лук］可能是лук（洋葱）或лук（弓）；［вал］可能是вал（土堤）或вал（轴）等等。

词的变化形式也存在大量的同音同形现象，例如词形пою对应的发音［пΛйу́］既可能是петь（唱歌）的第一人称单数变位形式，也可能是动词поить（给……喝水）的第一人称单数变位形式。

（二）同音近形（омофония）

同音近形是指发音相同、拼写相近，意思却不一样的一组语言单位，这样的语言单位通常是指词，这样的一组词称为омофоны。同音近形的语言单位不仅限于词单位，还包括词素和音素等单位，总体来讲同音近形现象（омофония）描述的通常是词和词以下的语言单位。超出词单位的同音近形现象比较罕见，例如：

Он стал［н'ьΛпхΛд'и́мым］！[①]   (3.3)

例（3.3）中，语音序列［н'ьΛпхΛд'и́мым］既有可能是形容词необходимым（必不可少的（人）），也可能是形动词обходимым（被躲开的）的否定形式не обходимым（躲不掉的）。необходимым与не

[①] 取自论文《漫谈俄语中的歧义现象》，杨仕章，1996(4): 7.

обходимым虽然发音相同，但是拼写就不完全一样，意思就更不同了，例(3.3)显然对人来说也具有现实意义，属于Ⅰ型语音潜在歧义。

同音近形词(омофоны)是在词单位的音同拼写不同的情况。例如，发音[плот]既可能是плот(木筏子)，也可能是плод(果实)；发音[рот]可以是рот(嘴)，又可以是род(种族)；发音[лук]既可能是луг(草地)，又可能是лук(洋葱)，还可能是лук(弓)。在词形层面，例如发音[стро́итсΛ]既可能是动词原形строиться又可能是单数第三人称的变位词形строится。

不难发现，底层单位的同音近形现象可能导致它上面一层单位的同音近形现象，小单位的潜在歧义有可能导致大单位的潜在歧义的产生，这就是潜在歧义产生的由小及大效应。在潜在歧义的消解过程中，小单位的潜在歧义的消解总是要依据大一级单位的具体情况，这就是潜在歧义消解的以大定小效应。

同音近形现象(омофония)的根源在于俄语的发音规则，归纳起来主要有下面几种情形。第一，元音弱化引起的，о弱化为а、e，я弱化为и，例如дуло与дула发音相同，пребывать与прибывать发音相近，посветить与посвятить音同。第二，由浊辅音的清化引起的，例如серб词尾清化后与серп发音相同，груздь与грусть发音相同，рог与рок发音相同，пруд与прут发音相同。第三，软音符号在词尾并不发音，例如тушь与туш发音相同，ложь与лож发音相同。第四，带-ся动词的第三人称单数变位形式与动词原形的发音常常相同，решиться与решится发音相同，строиться与строится发音相同，гнуться与гнутся发音相同，вернуться与вернутся发音相同。第五，辅音连用时有些辅音会出现吞音的情况，这偶尔也会造成同音近形的情况，例如костный与косный的发音相同。第六，形容词单数第二格形式词尾-ого中的г发音为в，这也会产生语音潜在歧义，例如острого与острова发音相同，толстого与толстова发音相同。第七，词首字母大小写不同却发音相同，这可能造成专有名词和普通名词的混淆，也会引起语音潜在歧义，例如вера与Вера发音相同，любовь与Любовь发音相同，роман与Роман发音相同。

（三）同形近音（омография）

同形近音是拼写相同、发音相近，意思却不一样的一组语言单位，这样的语言单位也经常是指词，这样的一组词称为омографы。可是同形近音的语言单位不仅限于词单位，还包括词素和形素等单位，总体来讲同形近音现象（омография）描述的也是词和词以下的语言单位。例如词形теста：

пирожки из слоеного *теста*；результаты психологического *теста*[①]　　　　　　　　　　　　　　　　　　　　　(3.4)

在例(3.4)中的两个词组都属于Ⅱ型语音潜在歧义，词形теста的发音是不同的，随之意义具有本质差别，但在具体左右语境中，其语音是可以得到确定的。词组пирожки из слоеного *теста*中发音为[т'йэстΛ]，这时词形теста是名词тесто（面粉）的单数第二格变格词形；而词组результаты психологического *теста*中发音为[тэстΛ]，这时词形теста是名词тест（测验）的单数第二格变格词形。

造成俄语同形近音现象的原因，除了与造成同音近形现象相同的发音规则以外，还有两点。第一，由于重音的不同而引起的同形

[①] 采集自俄语网页 http：//veslo.org/index.php?option=com_recepty&Itemid=36&cat_id=2&sub_cat_id=16&recept_id=523&task=show_recept和http：//www.ljfind.com/post/102284667/

近音，俄语书面语中单词很少标注重音，有的同形近音词发音的区别就是在重音上，例如замо́к（锁）和за́мок（城堡）虽然拼写相同，都写作замок，但发音和意思就不一样；再例如вы́возить（使滚着沾满……、使滚在……上而弄脏）和вывози́ть（运出、输出），也是重音不同的同形近音词。第二，在俄语的书写中，字母ё和е都写作"e"，这样也可能引起发音潜在歧义，例如拼写небо就既可能是не́бо（天空），也可能是нёбо（上膛、腭）；拼写поем既有可能是词形пое́м（我吃，完成体动词поесть的将来时第一人称单数变位），又有可能是词形поём（我们唱歌，动词петь的现在时第一人称复数变位）；拼写берет有可能是阳性名词бере́т（圆形软帽、无檐帽），也有可能是词形берёт（（他）拿，动词брать的第三人称单数变位）；拼写осел可能是词形осе́л（下沉、下陷，动词осесть的过去时单数阳性变位形式）或者是名词осёл（驴）。

（四）三种情况的对比

为了更清晰地对比同音同形、同音近形、同形近音三种语音潜在歧义的情况，我们用表3.2进行表示。假设А和Б是两个同一组的语言单位，那么它们在同音同形、同音近形、同形近音三种语音潜在歧义的情况中，发音、拼写、意义的对例如表3.2所示：

表3.2　同音同形、同音近形、同形近音三种语音潜在歧义的对比

	同音同形омонимия	同音近形омофония	同形近音омография
发音	А=Б	А=Б	А≈Б
拼写	А=Б	А≈Б	А=Б
意思	А≠Б	А≠Б	А≠Б

三、句子的语音潜在歧义

(一)语调潜在歧义

我们知道,俄语中有四个基本调型ИК,有时同一句话,调型不同可能就会引起句子意思的不同,从而造成句子的语调潜在歧义。例如:

Ваш билет?[①] (3.5)

在例(3.5)中,如果用调型3则表达询问,可以翻译为"是您的票吗?";如果用调型4则表达请求对方出示票,翻译为"您的票呢?",在自然语言的计算机处理中,这属于Ⅰ型潜在歧义的例句。

(二)语义重音潜在歧义

一句话可能有不同的语义重音。这样一来,一句简简单单的话就可能由于说话人强调的重点不同,而表达出各种意思,从而形成句子的语义重音潜在歧义。例如:

Прошлую неделю я получил бумагу, в которой мне было приказано явиться в городскую думу.[②] (3.6)

例(3.6)在不同的语境下逻辑语义重音有所不同,是Ⅰ型语音潜在歧义。如果回答问题Когда вы получили бумагу, в которой было приказано явиться в городскую думу?那么例(3.6)的意思是强调"在上周"我收到传票的,语义重音在прошлую неделю上;如果回答问题Что вы получили прошлую неделю?那么句子强调的是,上周我收到了"一份传票"让我去一趟市杜马,语义重音在бумагу上;如果回答问题Какую бумагу вы получили прошлую неделю?那么句子强调的是,上周我收到了一份传票"让我去一趟市杜马",

---

① 取自论文《漫谈俄语中的歧义现象》,杨仕章,1996(4):7.
② 采集自俄语国家语料库。

语义重音在从句 было приказано явиться в городскую думу 上。

第三节 形态学层面的俄语潜在歧义

一、词素的形态潜在歧义

自然语言处理的过程中,计算机自动逐个识别字母的同时就在确认词素和词形。在有限状态自动机的工作流程中,通过比对字母序列从而识别词素,再进一步确定词形是一项基本工作,识别词素对于确定词形是"由部分到整体"的推进过程。

俄语的词素总体来讲可以区分为构词词素和构形词素。构词词素的作用主要体现在表意功能,会影响到词汇的语义从而改变词的性质;构形词素不会影响到词的语义和根本性质,它的作用主要体现在语法功能,反映词形的屈折变化进而确认词在句法分析中的位置。下面,我们分别讨论构形词素和构词词素的形态潜在歧义现象。

(一)构形词素的形态潜在歧义

俄语是有着丰富词尾变化的屈折语,名词、形容词、动词、副词等开放性词类都有着多种词尾,代词、数词等封闭性词汇也有变化多端的词尾形式,只有前置词、连词、语气词、感叹词等封闭性词汇的词尾是相对固定的。事实上,在如此之多的词尾形式之间,有不少是相互重合的,这也就造成的词尾这些构形词素间的潜在歧义。例如词素 -а,既有可能是阴性名词的单数第一格词尾,也有可能是阳性名词的单数第二格词尾;又如词形 *супруга* 中的词尾 -а,就既有可能是阴性名词 супруга(妻子)的单数第一格词尾,也有可能是阳性名词 супруг(丈夫)的单数第二格词尾。下面是一种 II 型形态潜在歧义的例子:

Дама постоянно смазывает себя и *супруга* солнцезащитным кремом.[①](《Известия》, 2001.07.13)　　　　　　　　（3.7）

例句意思是"女士经常用防晒油涂抹自己和丈夫"。Google 自动翻译[②]为"Ladies constantly lubricates itself and wife sunscreen."其中有几个问题，我们只谈论其中斜体的 *супруга* 被错误地翻译为 wife。该错误就是由于自动词法分析过程中词形 *супруга* 的词尾 -a 存在潜在形态歧义，有阴性名词 супруга 的单数第一格词尾或阳性名词 супруг 的单数第二格词尾可能，而 Google 翻译系统未能对该 II 型形态潜在歧义进行正确消解，从而导致翻译错误。

再如动词词尾 -те，它有可能是动词命令式复数形式的词尾，也可能是未完成体动词现在时或者完成体动词将来时的复数第二人称变位形式的词尾，在词形 *сидите* 中词尾 -те 既可能表示该词形是动词 сидеть 的命令式复数形式，也可能表示该词形是动词 сидеть 的现在时复数第二人称变位形式，同样的情形还有 *висите*、*лежите*、*летите* 等词形。

我们前面提到过潜在歧义产生的由小及大效应。就 *супруга*、*сидите*、*висите*、*лежите*、*летите* 这些词形来讲，它们已经由于词素的潜在歧义导致了词形的潜在歧义，这些潜在歧义需要在更大一级的单位（词组或者句子）中间按照具体的情况进行消解。

（二）构词词素的形态潜在歧义

构词词素的形态潜在歧义常表现在同音同形词素的情况。例如单词 *пере-нос-ица* 和 *нос-ильщик*，两个词都包含构词词素 *нос-*，前一个词的意思是"鼻梁"，其中的构词词素 *нос-* 与"鼻子"有关，源

---

① 采集自俄语国家语料库。
② 网页http://translate.google.com/translate_t?langpair=ru|en

自名词нос；后一个词的意思是"搬运工"，其中的**构词词素**нос-与"拿、搬"有关，源自动词носить，两个词中虽然都有构词词素нос-，但词素的来源、意义都不相同，这便构成了构词词素的形态潜在歧义。两个词中的词素虽然同形，但从词源上讲来源并不相同，动词носить是俄语固有词，而名词нос与英语中的nose发音相接近，是共同印欧语词汇，这样的情况也可以理解为是两个不同词素的同形潜在歧义。类似的情况俄语中还有一些，例如*вод-яной*和*вод-итель*两个词中都有构词词素*вод-*，但是*вод-яной*中的构词词素*вод-*源自名词вода，词义"水的（形容词）"或者"水怪、水妖（阳性名词）"都与"水"有关，而*вод-итель*中的构词词素*вод-*却源自动词водить，词根的意思"司机"与"驾驶、驾驭"有关，因此两个词中的词素虽然同形，但可以理解为两个不同的词素。再如*прав-овой*和*с-прав-а*两个词，虽然都有构词词素*прав-*，但前者源自名词право（法律、权利），是该名词构成的形容词；后者源自形容词правый（右边的、右面的），是该形容词构成的副词，两个词中的构词词素也是两个不同的词素形成相同形态的潜在歧义。

动词变化形式的某些音变也可能造成同音同形的词素形态潜在歧义现象，例如表意词素*леч-*，既可能是由лететь的词干经变位形成的，表示"飞行"，也可能是动词лечить的词干，表示"医治"。

（三）构形词素和构词词素之间的同形潜在歧义

有时构词词素和构形词素是混合在一起产生同形潜在歧义的，也就是同形词素既可以是构形词素又可以是构词词素，这种情况与前两种情况相比较为少见。例如词素*-y-*既可能是构词词素也可能是构形词素，在动词убежать中表现为前缀y-，在полуостров中表现为中缀，连接了前半部分пол-和后半部分-остров；在词形сбоку中词素-y是阴性名词的单数第四格词尾，而词形иду中词素-y是动词现在时第一人称单数变位形式的词尾。此外，由于前缀y-的多义性，导致了动词 *убежать* 也有三个意思：1）跑开、跑去；2）逃跑、潜逃；3）溢出。以上就是词素-y-的各种同形潜在歧义现象，这一点也体现了语言的经济原则，语言必须做到有限符号的无限应用，与此同时就会使得符号出现同形潜在歧义。

二、词形的形态潜在歧义

通过字母和词素的识别之后，我们可以通过字母组合来判定出各个词形的词尾和词干。在词素和词形两个语言单位层次上，词尾也非常容易引起同形潜在歧义。俄语属屈折语，形态变化非常发达，而本着语言的经济原则，相同形态的词尾可能会有不同的用途，这样的话，在计算机自动识别一个词形的词尾时就容易在性数格、时体态等范畴上产生潜在歧义，我们在计算语言学上称之为形态潜在歧义。例如，-ой可能是形容词阴性单数的二三五六格词尾，也可能是某些形容词或物主代词的阳性一格，还可能是某些动词的命令式词尾；-я既可以是阴性名词一格，也可以是阳性名词二格，还可以是副动词的词尾；-a可能是阴性名词一格词尾，也可能是阳性的二格，还可能是形容词阴性短尾，等等。形态潜在歧义主要指的是词尾形态的潜在歧义，而词尾形态的潜在歧义就直接导致了词性标注的潜在歧义，可以说俄语的形态潜在歧义在较大程度上影响了词性标注，是词性潜在歧义的主要内容之一。例如：

Мама с папой уже выступили с заявлениями для прессы, уверяя, что понятия не имеют *о поле* будущего ребенка...[①]（Светкие новости // «Домовой», 2002.10.04） (3.8)

---

① 采集自俄语国家语料库。

该句意思为"妈妈和爸爸已经向媒体做出声明，确信对将来孩子的性别一无所知"，PROMT自动翻译系统①的译文为"Mum with the daddy have already acted with applications for press, assuring, that concepts have no about *a floor* of the future child"，其中斜体的 *o поле* 存在Ⅱ型形态潜在歧义，词形 *поле* 可能是пол（地面）、пол（性别）或者поле（田野）的单数第六格，PROMT系统未能根据语义相关信息正确消歧，从而导致错误地将пол翻译为floor（地面）。

词形的形态潜在歧义在以俄语为代表的屈折语中比较突出，是俄语相对于汉语和英语的一大特点。俄语的形态潜在歧义存在于词素、词形两个语言单位中，这两个层次由小到大可以形成因果关系，这就是我们提到过的潜在歧义产生的由小及大效应在形态潜在歧义层面上的反映，词形的形态潜在歧义是两个语言单位形态潜在歧义的集中体现，它最终影响到该词的词性以及该词在句法分析中的位置。

我们认为，俄语词形的形态潜在歧义总体来讲可以分为两大类：一类是同音同形词形的形态潜在歧义，另一类是近音同形词形的形态潜在歧义，因为它们在书面语中都表现为拼写相同的词形。

（一）同音同形词形的形态潜在歧义

同音同形词形的形态潜在歧义可以分为三种情况：

第一，同一个词的形态潜在歧义。例如词形 *тетради* 可能是名词тетрадь的多种形式：1）单数二格；2）单数三格；3）单数六格；4）复数一格；5）复数四格，但这五种形式都是名词тетрадь一个词的变格形态。再如词形 *большой* 可能是形容词большой的多种形式：1）阳性单数一格；2）阳性单数四格（修饰无生命名词）；3）阴性单数二

---

① PROMT是世界知名机器翻译平台，由俄国研发，但不支持俄汉翻译，我们只能参考俄英翻译的情况。网页为http：//www.online-translator.com/text.asp#tr_form

格；4）阴性单数三格；5）阴性单数五格；6）阴性单数六格，这六种形式都是形容词 большой 的变格形态。类似地，词形 сидите 可能是动词 сидеть 的现在时复数第二人称变位形式或者是命令式复数形式，但都是 сидеть 一个词的潜在歧义。俄语中这样的情况并不少见，主要是由于不同变化形式的词尾同形潜在歧义，也就是由构形词素潜在歧义造成的，再加之各种变化形式的重音也相同，这就形成了同一个词的形态潜在歧义。

第二，同根词之间的形态潜在歧义。在词性相同的同根词之间时而会发生形态潜在歧义，例如在 о супруге 中的词形 супруге 既可能是阳性名词 супруг 的单数六格，也可能是阴性名词 супруга 的单数六格，这就构成了两个同根词间的形态潜在歧义，而不再是同一个词的形态潜在歧义了。再如 о критике 中的词形 критике 可能是阳性名词 критик（批评家）的单数六格，也可能是阴性名词 критика（批评）的单数六格，这也是两个同根词间的形态潜在歧义。词形 расти 可能是动词 расти（（自己）生长）的命令式单数形式，也可能是动词 растить（使……生长、培植、培育）的命令式单数形式，расти 和 растить 也是同根词。词形 критику 稍有不同，可能是阳性名词 критик（批评家）的单数三格，也可能是阴性名词 критика（批评）的单数四格，两个同根词的变格不完全相同，一个是三格一个是四格。

在词性不同的同根词之间也会发生形态潜在歧义，例如词形 мыло 既可能是中性名词"肥皂"，也可能是动词 мыть（洗）的过去时中性变位形式，类似地还有词形 зубрила 可能是阴性名词"死读书的人"或者是动词 зубрить 的过去时阴性变位形式；词形 были 可能是复数名词"过去的事"或者是动词 быть 的过去时复数变位形式等。再如词形 вой 既有可能是阳性名词"嗥叫、呼啸"，也可能是动词

выть 的命令式单数形式；类似地还有词形 лай。词形 печь 可以是阴性名词（炉子），也可以是动词不定式形式"烤"；类似地还有词形 течь 和 знать。词形 зло 既可能是中性名词"恶、灾难、恶意"，又可能是副词"恶毒地"，还可能是形容词 злой（凶恶的、恼怒的）的中性短尾形式；类似地还有词形 тепло。词形 смелей 既可能是动词 смелеть 的命令式单数形式，还可能是形容词 смелый（勇敢的）或者副词 смело（毫不犹豫地）的比较级形式；类似地还有词形 здоровей、красней 等。

第三，不同词之间的形态潜在歧义，这种情况在词形的三类形态潜在歧义中最为罕见。不同词之间的形态潜在歧义常常是由形态比较相近，但词源和意思有很大差别的词进行变化后发生的。有时是两词的变化方法相同、形态也相同，但是意思不同，例如词形 пою 可能是 петь（唱歌）或者 поить（给……水喝、喂水喝）两个动词的现在时第一人称单数变位形式，петь 和 поить 两个动词虽然形态相近，变位形式也出现了同形潜在歧义，但它们的词源和意思却不同。再如词形 лечу 可能是 лететь（飞行）或者 лечить（给……治病）两个动词的现在时第一人称单数变位形式，但它们的词源和意思并不相同。类似地还有词形 вожу 可能是 водить 或者 возить 的现在时第一人称单数变位形式。在名词中也有相同的情况，о дне 中的词形 дне 可能是 дно（底、底部）或者 день（日子）两个名词的单数第六格变格形式，但 дно 和 день 两词的词源和意思完全不同。类似地还有 о поле 中的词形 поле 可能是 пол（地面）、пол（性别）或者 поле（田野）的单数第六格，в карьере 中的词形 карьере 可能是 карьера（事业、功名）或者 карьер（采矿场）两个词的第六格，词形 копий 可能是 копия（副本、拷贝）或者 копьё（矛、标枪）两个词的复数第二格变格形式。

有时两个词的变化方法不同,也会发生形态潜在歧义。例如词形 *мой* 既可能是物主代词"我的"的阳性一格形式,也可能是动词 мыть(洗)的命令式变位形式。再如词形 *вели* 可能是动词вести(引导、带路、率领)的过去时复数变位,也可能是动词велеть(让……做某事)的命令式单数形式。类似地还有词形 *мели* 可能是动词мести(打扫、扫除)的过去时复数变位,也可能是动词молоть(磨)的命令式单数形式;词形 *сошли* 可能是动词сойти(走下来、离开)的过去时复数变位,也可能是动词сослать(放逐、流放)的命令式单数形式。名词词形 *рот* 可能是阳性名词рот(嘴、嘴巴)的单数一格形式(原形),也可能是阴性名词рота(连、连队)的复数二格形式。又如词形 *карьера* 可能是阴性名词карьера(事业)的原形,也可能是阳性名词карьер(采石场)的单数第二格形式。

(二)近音同形词形的形态潜在歧义

与同音同形词形相对应,近音同形词形的形态潜在歧义也可以分为三种情况,它与同音同形词形的区别在于,多种可能性的重音位置常常不同。第一,同一个词不同形态间的形态潜在歧义。例如,词形 *большая* 既可能是形容词большо́й的阴性形式больша́я,也可能是большо́й的最高级бо́льший的阴性形式бо́льшая。名词的单数二格形式常常与复数一格形式产生这种形态潜在歧义,例如词形 *стены* 可能是名词стена́的单数二格стены́或者复数一格сте́ны,类似地还有词形 *паспорта*、*города*、*дома*、*учителя*、*письма*、*окна* 等等。名词的其他格之间有时也会形成形态潜在歧义,例如词形 *лесу* 既可能是名词的单数第三格如к ле́су,或者是该词的单数第六格如в лесу́;类似地还有词形 *саду* 可能是三格по са́ду或者是六格в саду́。动词的复数第二人称变位形式也常常和命令式复数形式产生这种重音不同的形态潜在歧义,例如词形 *носите* 可能是

动词 носить 的复数第二人称变位形式 носи́те 或者命令式复数形式 носи́те。类似地，词形 *смотрите* 可能是动词 смотреть 的复数第二人称变位 смотри́те 或者命令式复数 смотри́те，词形 *ходите* 可能是动词 ходить 的复数第二人称变位 ходи́те 或者命令式复数 ходи́те。

第二，同根词间的形态潜在歧义。例如词形 *вырезать* 既可能是未完成体 выреза́ть 也可能是完成体 вы́резать，词形 *высыпать* 既可能是未完成体 высыпа́ть 也可能是完成体 вы́сыпать。再如词形 *жаркое* 既可能是形容词 жаркий 的单数中性形式 жа́ркое，也可能是名词 жарко́е（煎、炸的肉菜）。

第三，不同词间的形态潜在歧义。这些不同的词有时是同一种词性，例如词形 *кружки* 可能是阳性名词 кружок（小组）的复数一格形式 кружки́，或者可能是阴性名词 кружка（（带把的）杯子）的复数一格形式 кру́жки。类似地，词形 *белок* 可能是阳性名词 бело́к（蛋白质、蛋白），也可能是阴性名词 белка（松鼠）的复数二格形式 бе́лок；词形 *трусов* 可能是阳性名词 трус（懦夫、胆小鬼）的复数二格 тру́сов，又可能是复数名词 трусы（短裤）的二格 трусо́в；词形 *пили* 可能是动词 пить（喝、喝水）的过去时复数 пи́ли，也可能是动词 пилить（锯、唠叨埋怨）的命令式 пили́。有时构成形态潜在歧义这些不同的词之间词性也不相同，例如词形 *вести* 可能是动词原形 вести́（带领），也可能是名词 весть（消息）的复数形式 ве́сти。类似地，词形 *село* 可能是名词 село́（农村），也可能是动词 сесть（坐下）的过去时中性 се́ло；词形 *крыло* 可能是动词 крыть（盖上、蒙上）的过去时中性 кры́ло，也可能是名词 крыло́（翅膀）；词形 *дорога* 既可能是名词 доро́га（道路），也可能是形容词 дорогой（珍贵的、贵重的）的阴性短尾形式 дорога́；词形 *сорок* 既可能是数词 со́рок（四十），也可能是名词 сорока（喜鹊）的复数二格形式 соро́к。

通过上面的举例分析不难发现，俄语词汇的形态潜在歧义与词性潜在歧义是紧密联系的，对词形多种可能的对比中，也同时显示了词性的多种可能，这是俄语作为屈折语区别于汉语和英语的一大特点。因此，在俄语词汇的形态信息处理过程中，机器可能遇到的歧义情形更为复杂。

第四节　词汇学层面的俄语潜在歧义

对于具有词形变化的印欧语系语种来说，词性标注可以分为形态信息标注和词类信息标注两个方面。词类潜在歧义属于语言学中词汇学层面所发生的潜在歧义现象，是指同一个词形在词类标注过程中可能被标为多种词类。词类潜在歧义在英语和汉语中的反映比较明显，尤其是作为孤立语的汉语，在汉语自动处理研究中有不少关于词类自动标注的讨论，因此我们把词类潜在歧义也纳入语言学层面划分体系中来。

英语、汉语中经常出现一个词形可能是多种词类的情况，如cause既可能是名词"原因、缘故"，也可能是动词"造成、引起"；汉语词汇"试点"可能是动词或者名词，"黑"可能是形容词或者名词或者是动词，这涉及使动用法、被动用法等汉语和英语中常用的构词方法。

但对于俄语来说，词类潜在歧义却常常是和形态潜在歧义结合在一起的，因为俄语有着严格的变形规则，这些规则已经可以较为充分地描述词形的诸多语法属性，包括词类也较好地体现在词尾的屈折变化中，这是以俄语为代表的屈折语的特性。事实上，俄语的形态潜在歧义与词类潜在歧义共同构成了计算机自动标注中的"词性潜在歧义"，俄语词形的词类潜在歧义常常需要结合形态潜在歧义进行判别。

另一方面，俄语中也存在少许一个词形可能对应多个词类的潜在歧义现象。例如下面的句子就存在词类潜在歧义：

Почему «*водяные*» не хотят сознаваться в прямом шантаже, понятно.[①]（《Вечерняя Казань》，2003.01.09） （3.9）

该例句的意思为"为什么'水怪们'不愿承认自己的敲诈，这是可以理解的。"对于人处理语言的情况而言，句中斜体的*водяные*应当是名词作主语，与敲诈等恶性具有语义相关的主语应当是"水怪"，例句不存在现实歧义。由此，斜体的*водяные*应当是Ⅱ型词类潜在歧义，然而多个机器翻译系统都出现了翻译错误。

WorldLingo[②]翻译为"为什么'水'不想要交代平直的敲诈，它是可理解的。"其中*водяные*的词类潜在歧义未能得到正确的识别和消解，最终选择了错误的可能性，因为*водяные*语义为"水"的时候是形容词，它不能独立作主语。PROMT的翻译为"Why «water» do not wish to confess direct blackmail, clearly."，与WorldLingo一样，也未能正确消解*водяные*的词类潜在歧义，而是将形容词"水的"这种可能性活用为名词作主语。Google翻译为"Why «watermarks» did not want to confess in direct blackmail, it is understandable."，其中*водяные*被翻译为watermarks（水印），这是机器翻译系统根据语法规则对*водяные*的一种转义译法，可惜还是没能用词类潜在歧义消

---

① 采集自俄语国家语料库，上下文为：Полтора миллиона — это долг образовательных учреждений района. Письменных требований, в которых бы говорилось, что "Золотую рыбку" продержат на мели, пока эти деньги не поступят на счет Водоканала, ни детсад, ни Приволжский роо, естественно, не получали. Почему "водяные" не хотят сознаваться в прямом шантаже, понятно. Понятно также, что заработанные деньги им хочется получить. Непонятно, отчего они не идут в выбивании долгов законным путем, например, через суд и арбитраж? ——Инна СЕРОВА

② WorldLingo是知名机器翻译系统，网页http : //www.worldlingo.com/zh/microsoft/ computer_translation.html

解的方法来正确选择其对应词。

根据俄语语法，句子的主语应当是名词，*водяные* 作为名词时，有独立的词项 водяной(N."水怪")与它对应，因此应当优先选择该独立词项。只有ЭТАП翻译系统(Лингвистический процессор ЭТАП-3)[①]翻译为 "Why 'the water-sprites' don't want to confess direct blackmail, understandably."，成功地消解了 водяные 的词类潜在歧义，将其正确翻译为water-sprites(水怪)。

俄语自动处理中的词类兼类潜在歧义是在俄语构词的过程中由于词类的演变而形成的。常见的有以下几种情况：

1）形容词构成名词导致词类潜在歧义，如 *рабочий* 一词是由形容词派生出名词的，这样一来 *рабочий* 一词的词类就有了潜在歧义，既可能是形容词рабочий(工作的)，也可能是名词рабочий(工人)，意思也不一样了，再例如 *водяной* 一词的意思可能是"水的"，或者"水怪、水妖"，两种可能的词类是不同的，前者是形容词，后者是阳性名词；

2）副动词构成前置词造成词类潜在歧义，例如 *благодаря* 一词的词类既可能是前置词也可能是副动词；

3）数词构成代词造成词类潜在歧义，例如 *один* 的词类既可能是数词也可能是代词，它们都可以用来修饰名词性成分；

4）名词构成前置词导致词类潜在歧义，例如 *с помощью* 的词类既可能是前置词也可能是名词(第五格)；

5）副词构成前置词导致词类潜在歧义，例如 *впереди* 一词的词类既可能是前置词也可能是副词；

6）名词构成副词造成词类潜在歧义，例如词形 *утром* 的词类

---

① 由俄罗斯科学院信息传输问题研究所(Институт проблем передачи информации)计算语言学实验室研发的机器翻译系统，网页为http://proling.iitp.ru/etap-bin/translat.exe/etap/results.html

既可能是副词也可能是名词（第五格）。

以上的词类演变就会造成词类兼类潜在歧义。再如下面一个 I 型词类兼类潜在歧义的例子：

...гарантом ликвидности займа будет выступать не *один* банк, ...①（《Коммерсантъ-Daily》, 1996.01.24） （3.10）

上例中斜体的 *один* 一词词类是不确定的，它既可能是数词 один（一个），意思是"……一家银行"；又可能是代词один（仅仅、惟独），意思是"……只有银行，……"。

第五节　句法学层面的俄语潜在歧义

句法结构潜在歧义是抽象歧义的一种。在自然语言处理的过程中，词性标注的下一步骤就是对已标注过的词性序列进行自动句法剖析，这些已经标注过的词性序列组成的抽象格式如果可以有多种句法切分的可能，那么我们说这样的抽象格式产生句法结构潜在歧义。句法结构潜在歧义主要存在于词组和句子两个语言单位层次。

一、词组（短语）的句法结构潜在歧义

（一）并列结构潜在歧义

在并列结构中，连接词所连接的成分与修饰限定成分在分配上可能产生多样性，从而造成句法结构潜在歧义。例如：

Положи в портфель *новые книги и тетради*.② （3.11）

在这个句子的词组 новые книги и тетради 中，定语 "новые" 修饰的中心语就存在潜在歧义，可以有两种理解，一种可能是仅仅

---

① 采集自俄语国家语料库。
② 采集自俄语网页http：//www.krugosvet.ru/articles/90/1009006/1009006a11.htm #1009006-L-119

"книги новые",另一种可能是"книги и тетради"二者都"новые",这是个Ⅰ型句法潜在歧义的短语。这个词组的剖析树也可以形成两种情况,如图所示:

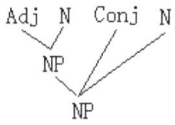

图3.1(a) 词组новые книги и тетради的句法剖析树(a)

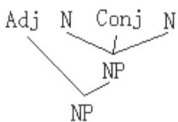

图3.1(b) 词组новые книги и тетради的句法剖析树(b)

类似地情况还有词组трудные задачи и упражнения中形容词трудные可能只修饰задачи,也可能同时修饰задачи和упражнения。词组упражнения и задачи по математике中限定语по математике可能只修饰задачи,也可能同时修饰упражнения и задачи等。再例如:

Приходите к нам в *субботу или воскресенье* вечером.[①] （3.12）

句中的并列词组субботу или воскресенье作为时间状语的一部分造成句法结构潜在歧义,该句可理解为:"请在星期六(一天中任何时候)或星期天晚上来我们这儿",或者"请在星期六晚上或星期天晚上来我们这儿"。

(二)前置词短语附着潜在歧义

Руководство уволило его *по ошибке*.[②] （3.13）

句(3.13)中的前置词短语по ошибке究竟应当是附着在单个谓语动词уволило上,还是应当附着在作为述谓结构的整个动宾短语

---

① 取自论文《漫谈俄语中的歧义现象》,杨仕章,1996(4):8。
② 取自论文《歧义句浅析》,王洪庆,2000(1):58。

第三章 俄语潜在歧义的多层分布

уволило его 上，显然属于 I 型句法结构潜在歧义。前置词短语的附着潜在歧义也造成了整句话的潜在歧义，前一种可能情况下，句子意思是"（上司）错误地把他辞退了"；后一种情形下句子意思是"他因为出错被辞退了"。这两种情况下句子的句法结构剖析树是不同的，首先该句子的词性标注结果应当是［N V Pron PP］，其中 N 代表名词，V 代表动词，Pron 代表代词，PP 代表前置词短语。根据我们上面分析出前置词短语 по ошибке 两种附着的可能性，句法剖析树会形成两种不同的结构，这就是典型的句法结构潜在歧义。如图所示：

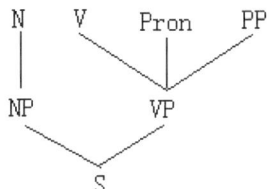

图 3.2（a） 例（3.13）的句法剖析树（a）

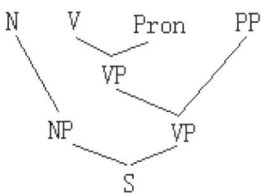

图 3.2（b） 例（3.13）的句法剖析树（b）

Петя *смотрит* фильм *с угрозой*.①   （3.14）

例句中的前置词短语 *с угрозой* 属于 II 型附着潜在歧义，一种可能是修饰谓语动词 смотрит，另一种可能是修饰名词 фильм。这样一来，句子的句法结构有所不同，词性序列［N V N PP］可能形

---
① 取自论文，Архипов А.В., Брыкина М.М. http : //www.dialog-21.ru/archive/ 2004/arkhipov_brykina.htm

成的剖析树有两种可能，分别是图3.3(a)和图3.3(b)。但是，句子的意思只能是"Петя害怕地看电影"，而不能是"Петя看害怕的电影"（所谓"恐怖电影"有另外的说法：ужасный фильм或фильм ужасов）。所以例句(3.14)的句法剖析树只能是图3.3(a)：

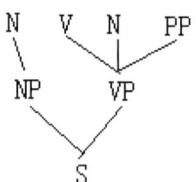

图3.3(a)　例(3.14)的句法剖析树(a)

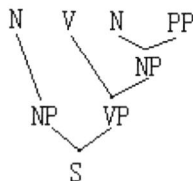

图3.3(b)　例(3.14)的句法剖析树(b)

在自然语言处理的句法自动剖析过程中，类似上面的词性序列可能根据我们为计算机提供的句法规则而自动生成多种可能的句法剖析树，例如句子"Учитель приветствует школьников с родителями."与上一例句的词性标注序列是相同的，都是[N V N PP]，那么计算机可能自动生成以上两种剖析树，这就是潜在的句法结构潜在歧义。事实上，句子"Учитель приветствует школьников с родителями."的情况与例句正好相反，前置词短语с родителями只能修饰名词школьников，计算机生成的句法潜在歧义应当选择图3.3(b)的剖析树。

再来看一个稍微复杂一些的例句。

Они договорились устроить вечернику в аудитории.① （3.15）

例句(3.15)中表示处所的前置词短语 в аудитории 也易产生句法附着潜在歧义，既可能修饰谓语动词 договорились，又可能修饰动词原形 устроить，因而整个句子的句法结构也产生 I 型潜在歧义，意思分别是"他们在教室里商订举办晚会的事情"，或者"他们商订在教室里举办个晚会"。词性标注序列 [Pron V V N PP] 可能形成两种剖析树，分别如图所示：

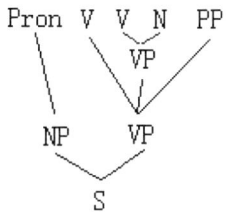

图3.4(a)　例(3.15)的句法剖析树(a)

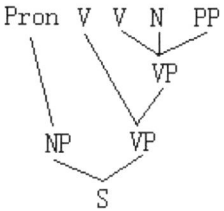

图3.4(b)　例(3.15)的句法剖析树(b)

（三）否定式范围不清

俄语中的否定式由语气词 не+ 被否定的成分构成，但这种否定式既可以否定一个词，也可以否定其中某个特定成分，这就造成了否定范围不清的句法结构潜在歧义。例如：

...гарантом ликвидности займа будет выступать *не* один банк，

---

① 取自论文《漫谈俄语中的歧义现象》，杨仕章，1996(4): 8.

...①(《Коммерсантъ-Daily》, 1996.01.24) (3.16)

上例中否定词не的否定范围是不确定的，它既可能只否定数词один，意思是"……将作为流动信贷资金担保人的银行不只是一家,……(而是十几家)"；又可能整体否定名词性短语один банк，意思是"……将作为流动信贷资金担保人的不只是银行,……(还有保险公司、大型国有企业等等)"，从而造成 I 型句法潜在歧义。针对这两种可能的否定范围，我们可以用不同的提问来确定究竟是哪一种情况，Сколько банков будут выступать гарантом ликвидности займа？或者Кто (ещё) будет выступать гарантом ликвидности займа (кроме банка)？

再如例句：

Вдоль забора она посадила *не* чёрную розу.② (3.17)

该句话也有两种可能性，"她沿着围墙种的不是黑玫瑰花 (而是别的花草植物)"，或者"她沿着围墙种的玫瑰不是黑颜色的"。这也是由于否定范围不清造成的 I 型句法结构潜在歧义，歧义点主要在于否定语气词не既可能只限定形容词чёрную，也可能限定名词性短语чёрную розу。因为роза (玫瑰) 的次类有很多，例如黑玫瑰、红玫瑰、白玫瑰等，颜色也是多种多样的，例如黑颜色、红颜色、白颜色等，所以这里的否定语气词не完全可能只修饰形容词чёрная一词。两种情况的句法剖析树也是不同的，词组не чёрную розу标注后的词性序列 [neg Adj N] (neg表示否定词) 有两种可能的剖析树，如图所示：

---

① 采集自俄语国家语料库。
② 采集自俄语网页http://www.krugosvet.ru/articles/90/1009006/1009006a11.htm #1009006-L-119

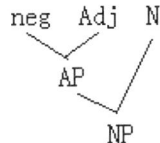

图3.5（a） 否定结构*не чёрную розу*的句法剖析树（a）

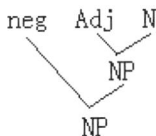

图3.5（b） 否定结构*не чёрную розу*的句法剖析树（b）

二、句子的句法结构潜在歧义

（一）简单句的句法结构潜在歧义

1. 由形态潜在歧义引起的句法潜在歧义

我们曾指出，形态潜在歧义是俄语中比较有特点的一种歧义，相同的词形可能是同一词的不同形式或者是不同词的不同形式，有时这样的形态潜在歧义会引起句法潜在歧义。例如：

Простой солдат.[①] （3.18）

例句中的простой是存在形态潜在歧义的，它既可能是形容词阳性单数第一格形式，意思是"普通的"；也可能是阳性名词（与动词простаивать相对应），表示"停工、窝工"之意。这样一来句子的句法结构和意思也会有所不同，产生了Ⅰ型句法潜在歧义。第一种情况意思是"（这是个）普通的战士"；第二种情况意思是"士兵们的停工"（相应的词形солдат复数第二格形式同单数第一格）。两种可能的句法结构如图所示：

---

① 采集自俄语网页http：//www.krugosvet.ru/articles/90/1009006/1009006a11.htm #1009006-L-119

图3.6（a） 例（3.18）的句法剖析树（a）

图3.6（b） 例（3.18）的句法剖析树（b）

再例如，句子"*Мой* стакан."中мой既可能是物主代词也可能是动词мыть的命令式形式，所对应的стакан有第一格和第四格两种可能性，造成句法潜在歧义。两种情况的意思分别是"（这是）我的杯子。"或者"请把杯子洗一下！"。还例如"*Весь* автомобиль."中的весь有两种可能：动词的весить的命令式表示"称、称量"；或者代词весь表示"整个"。

2. 由形动词修饰语引起的句法潜在歧义

Мы встретили сына художника, *приехавшего из Парижа.*[①]

（3.19）

这个句子的歧义点就在于形动词定语"приехавшего из Парижа"究竟是修饰限定сына还是художника，因为形动词приехавшего是单数二格的形式，而前面相连的两个名词都是第二格形式，所

---

① 采集自俄语网页http：//www.krugosvet.ru/articles/90/1009006/1009006a11.htm #1009006-L-119

以计算机自动分析时难以区分形动词定语究竟是限定哪一个名词。事实上，该例句对于人来说也是有潜在歧义的，也就是说潜在歧义与现实歧义相符合，是Ⅰ型句法潜在歧义。形动词定语 приехавшего из Парижа 如果是修饰 художника，则指"画家是从巴黎来的"；如果修饰 сына 则表示"画家的儿子是从巴黎来的"。名词性成分 сына художника, *приехавшего из Парижа* 的句法剖析树不同，如图所示：

图3.7（a） 名词性成分 сына художника, *приехавшего из Парижа* 的句法剖析树（a）

图3.7（b） 名词性成分 сына художника, *приехавшего из Парижа* 的句法剖析树（b）

下面再来看一个复杂一些的Ⅱ型潜在歧义例句：

Думается, что весьма перспективным в подобных случаях является рассмотрение *соотносимых* в индивидуальном лексиконе с омонимичными словами или с разными лексико-семантическими вариантами полисемантичных слов схем знаний.① （3.20）

该句话的意思是明确的，"（我们）认为，在类似情况下研究与个体心理词库中同音同形异义词和多义词的多种词汇-语义变体相关联的知识图式是非常有前景的。"что从句的主干应当是перспективным ... является рассмотрение ... схем знаний。我们主要看本句中由同格不同词引起的句法潜在歧义，句子末尾的三个词слов、схем、знаний都是复数第二格，这使得复数第二格修饰语 *соотносимых* 和полисемантичных 与中心语的关系产生Ⅱ型句法潜在歧义。其中полисемантичных слов的搭配较容易识别，而对于斜体的 *соотносимых* 所引导的修饰短语，其中心词究竟是слов、схем、знаний三个名词中哪一个复数第二格名词较为难以判别。

在科技文献、报刊政论公文等俄语书面文本中，类似具有Ⅱ型潜在歧义的长句较多，正确理解它们需要自然语言处理系统具有高超的消歧能力，这也正是当前计算语言学工作者努力的方向。

3. 动词支配潜在歧义

Он умеет заставить *себя* слушать.② （3.21）

该句两种可能的意思分别是"他能够强迫自己听讲"，或者"他能够强迫（别人）听自己讲"。句子的歧义点在于себя究竟由哪个动词支配，既可能是动词"заставить"，也可能是动词"слушать"，两种可能都讲得通，这就转化为Ⅰ型句法结构潜在歧义。词性序列 [Pron Aux V *Pron* V]（其中Aux表示情态助动词）中，由于第二个斜体的 *Pron* 可能受到旁边两个动词的支配，从而整句话可能形成两种句法剖析树，如图3.8所示：

---
① 取自俄语书籍，А.А. Залевская，2005：321.
② 采集自俄语网页http：//www.krugosvet.ru/articles/90/1009006/1009006a11.htm#1009006-L-119

第三章 俄语潜在歧义的多层分布

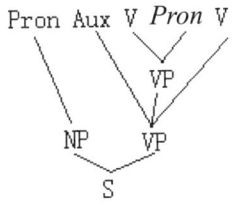

图3.8（a） 例（3.21）的句法剖析树（a）

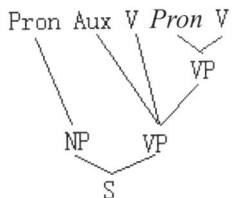

图3.8（b） 例（3.21）的句法剖析树（b）

Сергей *вернулся из командировки в Москву*.[①]　　（3.22）

该句具有以下两种可能性："Сергей 从莫斯科出差回来了"，或者"Сергей 出差后回到了莫斯科"，形成动词支配的 Ⅰ 型潜在歧义。动词 вернулся 是否直接支配 в Москву 不明确，有两种可能的解释：一种情况 вернулся 不直接支配 в Москву，意思是"他去莫斯科出差，现在回来了"（Он вернулся из Москвы, куда он ехал в командировку.），Сергей 的家不在莫斯科；另一种情况下 вернулся 直接支配 в Москву，意思是"他去外地出差后，回到了莫斯科"（Он вернулся в Москву после того, как он ехал в командировку.），Сергей 的家在莫斯科。显然，两种可能性的句法剖析树也不同，如下图所示：

---

① 采集自俄语网页 http://www.krugosvet.ru/articles/90/1009006/1009006a11.htm#1009 006-L-119

图3.9(a) 例(3.22)的句法剖析树(a)

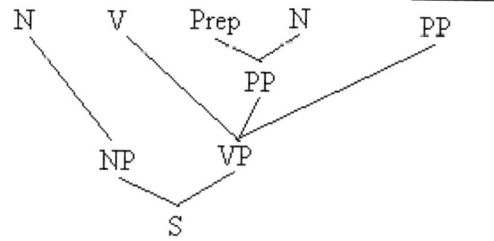

图3.9(b) 例(3.22)的句法剖析树(b)

再来看两个有类似结构的句子：

Уральские инспекторы *вернулись из командировки в Санкт-Петербург.*[①]　　　　　　　　　　　　　　　　　　　　(3.23)

Услышав о пожаре, он срочно *вернулся из командировки в Москву* и почти сутки провел в Останкино.[②]　　(3.24)

虽然(3.22)、(3.23)、(3.24)三个句子中都有"вернулся(或 вернулись)из командировки в Москву(或 Санкт-Петербург)"的结构，但是与句子(3.22)不同，后两个句子属于Ⅱ型句法结构潜在歧义，其中的前置词短语 в Москву(或 Санкт-Петербург)可

---
① 采集自俄语网页http：//www.upmonitor.ru/monitoring/publication/2006-07-19/ 87100/162746/
② 采集自俄语网页http：//www.vokrugsveta.ru/vs/?article_id=1102

以根据语境中的上下文语义相关来判断是否由动词вернулся（或вернулись）直接支配。句子（3.23）中，主语是"乌拉尔人"，去圣彼得堡不能算是"回来"，所以前置词短语в Санкт-Петербург不是由动词вернулись直接支配，而是修饰名词командировки，意思是"乌拉尔监察员们从圣彼得堡出差回来。"；而句子（3.24）的情况则正好相反，句子主语"他"连续执行两个动作，第一个是"（从莫斯科）回来"或"回（到莫斯科）"，第二个是"在奥斯坦基诺度过近一昼夜"，而在奥斯坦基诺就等于是在莫斯科市，所以第一个动作应当是"回（到莫斯科）"的意思。

（二）复句的句法结构潜在歧义

1. 定语从句可能修饰相同性数的不同词汇引起潜在歧义

Преступник застрелил служанку актрисы, которая отказалась пустить его в квартиру.①   （3.25）

该例句的潜在歧义在于定语从句"которая отказалась пустить его в квартиру"修饰限定的中心词不能确定，可能是служанка或者актриса。因为定语从句的连接词которая只需要与中心词保持性数的一致而格不必相同，所以前两个单词如果性数相同就可能形成潜在歧义。例句中定语从句前面的служанку和актрисы虽然格不相同，但两个名词都是阴性单数，所以计算机自动分析时难以区分定语从句究竟是限定哪一个名词。事实上，该例句对于人来说也是有潜在歧义的，潜在歧义是与现实相符合的Ⅰ型句法潜在歧义。定语从句которая отказалась пустить его в квартиру如果是修饰служанка，意思是"女佣人阻止歹徒进入房间"；如果修饰актриса则表示"女演员阻止歹徒进入房间"。但不管怎样，主句的意思没

---

① 采集自俄语网页http://www.dialog-21.ru/dialog2006/materials/html/yudina.htm

有变,都是"歹徒枪击了女演员的女佣"之意。

2. 比较从句的省略形式造成潜在歧义

Он любит мать больше, чем дочь.[①]　　　　（3.26）

该例句有两种可能:"他爱母亲甚过爱女儿"或者"他比女儿更爱母亲",原因在于省略的比较从句 "больше, чем дочь" 是与整个谓语 любит мать 相比较,或是只与补语 мать 相比较,存在句法潜在歧义结构。由于省略的比较从句中 дочь 第一格与第四格同形,所以难以判断从句的比较对象。这样一来,句子的句法结构也就产生了 I 型潜在歧义,如图所示(其中 CompP 表示比较从句的省略形式):

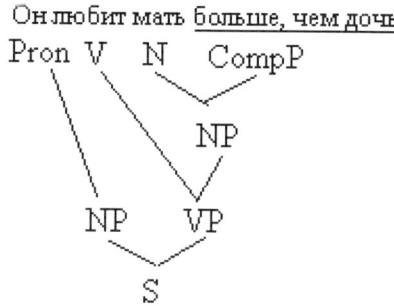

图3.10(a)　例(3.26)的句法剖析树(a)

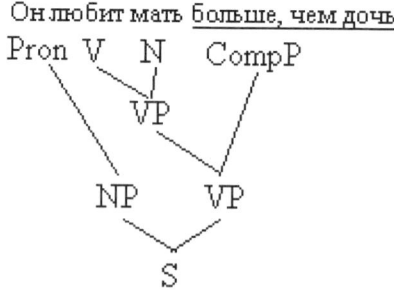

图3.10(b)　例(3.26)的句法剖析树(b)

---

① 取自论文《歧义句浅析》,王洪庆,2000(1):58。

第六节 语义学层面的俄语潜在歧义

语义学是研究语言意义的语言学分支学科，主要研究语言意义的实质和规律、语义与语言学其他层面的相互关系，以及对语言意义进行科学描述的原则和方法。语义潜在歧义是指语言单位本身存在多种意义的可能性，或者语言单位内部的成分之间的语义关系存在多种可能性。计算语言学视野下的语义潜在歧义不仅与语义学中研究的多义现象有紧密的联系，而且与计算语言学中的格语法和概念依存理论有紧密的联系。词素和词的语义潜在歧义主要体现在这两级语言单位具有多种可能的意义，词组和句子的语义潜在歧义在于其内部语义结构有多种可能性。

语义潜在歧义存在于自然语言处理的诸多语言单位层次。词素单位就已经开始具有多义现象，这造成了词素单位的语义潜在歧义；词单位的多义现象更是普遍，词汇的语义潜在歧义是自然语言处理中潜在歧义问题研究的重要内容；词组和句子的语义潜在歧义体现在成分之间的语义关系（语义格）有多种可能性。从现阶段计算语言学中歧义问题研究的总体情况来看，我们发现词、词组、句子的语义潜在歧义占据相当大的比重，这些歧义类型是自然语言处理学界应当重点关注的方面。

一、词素的语义潜在歧义

同一个构词词素可能会有不同的意思，也就是说，许多词素具有多义的属性，这就造成词素单位的语义潜在歧义。例如俄语前缀 пере- 就有：1）跨过、越过；2）重新、再次；3）过度、过多；4）全部、许多、遍及；5）分开、断开；6）互相、彼此；7）超过、胜过；8）改变、转交、转致；9）度过；10）稍许、略微等十个意思，在俄语的前缀中属于能产型词缀，这样的词缀与其他词素搭配起来就可能会产生更大单位的语义潜在歧义的情况。例如пересечь一词有"穿过、贯穿"和"切断、截断"两个意思，这正是由构词前缀пере-的语义潜在歧义造成的。

再如前缀раз-有：1）分开、分配、分散；2）痛加、大加、大肆；3）加紧、正起劲；4）朝四处、往各处；5）终止；6）除去、解开、卸下等六个意思，带有该前缀的派生词中许多是多义词，这也体现了该构词词素的语义潜在歧义。

二、词的语义潜在歧义

词汇是相当重要的一级语言单位，它是最基本、最常用的音形义相结合的语言单位，词汇有相对稳定的语音，在具体的言语运用中表现为各种词形，包含着丰富的语义。词汇单位的潜在歧义情况比较复杂，这一语言单位涉及多个语言学层面，与语音学相结合会产生词汇的语音潜在歧义；与形态学结合会产生词形的形态潜在歧义；与词汇学结合又会产生词形的词类潜在歧义；与语义学结合产生词义的潜在歧义。本小节我们讨论词义的潜在歧义问题。

词义潜在歧义的情况类似于词素单位，是由多义现象引起的。

（一）多义引起词义潜在歧义

同一词语可能有不同的意义，这样一来使用在句子中就可能导致两种以上的意思，这样的歧义我们称为词义的潜在歧义。词义潜在歧义往往是由于词汇的多义性引起的，这类词被称为多义词，词义潜在歧义与语义学中关于多义词的研究紧密联系。人们在使用多义词的时候往往可以轻而易举地选取正确的义项，但多义词在自然语言处理的过程中不容易被筛选出确定义项，这就是计算语言学中的词义潜在歧义问题。

第三章　俄语潜在歧义的多层分布

多义词普遍存在于各个自然语言中，俄语也不例外。在语言处理过程中如果无法通过语境的限制为多义词筛选出唯一适合的意义，而是存在多个可能的意义，表达就属于Ⅰ型潜在歧义。例如：

К *вечеру* всё будет готово.① 　　　　　　　　　（3.27）

例句中的斜体词*вечер*是一个多义词，既有"晚上"的意思，也有"晚会"的意思，而且例句中的语境并不能排除这两个义项中的任何一个，两种义项都说得通：一种可能是"将近晚上的时候，一切都将准备就绪"；另一种可能是"对晚会的所有准备都将做好"。这样的Ⅰ型潜在歧义也会直接造成人理解过程中的现实歧义。

词汇的语义潜在歧义有时也会用作一语双关从而形成积极的Ⅰ型潜在歧义，它们是不需要消除的。例如：

— У тебя *пятачок* есть?

— Да.

— А чего не хрюкаешь?② 　　　　　　　　　　　（3.28）

例句中的*пятачок*一词是多义词，有"5戈比"和"猪鼻子"两种意思，答话者一开始以为朋友向他要5戈比，所以回答说自己"有"；而听到хрюкать（猪发出哼哼声）一词，才明白朋友在跟他开玩笑。

在自然语言处理过程中，计算机对多义词各个义项的自动判断不能与人类比拟，多义词的各个义项都将成为自然语言处理中的词义潜在歧义。人类选择多义词的正确义项是通过直觉和经验，而计算机则需要根据人们教给它的语言规则来机械地选择义项，对于计算语言学家来说，为计算机设定消除词义潜在歧义的各种规则是一项复杂而艰巨的工作。下面看一个Ⅱ型潜在歧义的例句：

---

① 取自论文《漫谈俄语中的歧义现象》，杨仕章，1996（4）：8.
② 取自论文《俄语中的种种歧义现象》，许传华，2004（5）：80.

В декабре 1990 г. *он уже стал главой международной компании.*① （3.29）

例句中斜体词 глава 和 компания 都是多义词，глава 有"首领、头领"或者"（书中的）章"两个意义，компания 有"一伙人、团队"和"公司"两个义项。如果让计算机将例句自动翻译为汉语，则 глава 和 компания 两个多义词就会造成潜在歧义。我们在自动翻译网站 Worldlingo② 上将该例句自动翻译，结果得出的译文是："在1990年12月它已经成为了国际公司本章。"可见，词义潜在歧义是自然语言处理的主要障碍之一，为了消除此类歧义，我们就要为计算机设定消歧规则。

对于 глава 来说，义项"（书中的）章"常与序数词连用，与"书"、"节"等上位和下位概念处于同一个语义场内，较少以第五格形式出现，是非动物名词（неодушевленный существительный），在人作主语的句子中不能成为表语等等。而义项"首领、头领"常常后面用一个表示"集体、团体"意义的二格名词来修饰，表示某团体的首领、领导，较少与序数词连用，常会以第五格形式出现，是动物名词（одушевленный существительный），常用来指人物，作表语时对应的主语应当是人或者动物等等。通过类似以上的种种消歧策略的限制，计算机才能选出适合语境的正确义项"首领、领导"。可见，在自然语言的计算机自动处理中，需要通过各种语言学规律和统计数据的限制才能将多义词不适合的义项剔除，从而达到自然语言处理的潜在词义歧义的消解。

例句中多义词 компания 的情况有所不同，它的"一伙人、团队"和"公司"两个义项在例句中有的可以被自动消解。我们要为计算

---

① 采集自俄语网页 http：//econbook.kemsu.ru/UMK_Aparina/case.html
② 网址为 http：//www1.worldlingo.com/zh/microsoft/computer_translation.html

机设定两个义项的适用范围,例如义项"一伙人、团队"与"朋友";"游玩、娱乐";"快乐、高兴"等意义在同一个语义场内,有一些固定的用法,如в компании с кем-н., за компанию, весёлая компания, поддержать компанию, гулять компанией等等,不用于商业贸易等语言环境中;而"公司"的义项则常常使用于与商业贸易有关的语境中,与предприятие, торговый, экспортный, международный等意义属于一个语义场,常用экспортная компания, импортная компания, международная компания等固定搭配。在该例句的语境中,这些设定的消歧信息恰好可以消解多义词компания的Ⅱ型潜在歧义,义项"一伙人、团队"不符合语境。例句中компания一词的自动消歧情况是理想状态,还有很多难以消解的Ⅱ型潜在歧义是计算语言学工作者目前消歧研究的目标,我们希望消解自然语言处理中一切与现实歧义不相符的潜在歧义。

(二)指代不明引起词义潜在歧义

此外,代词的指代不明也会造成词义潜在歧义,在自然语言处理中计算机难以判断代词指代的对象。在俄语的计算机处理中,目前经常采用的方法就是将代词直接对译为目标语言,这样虽然未必符合对象语言的表达习惯,但现阶段可以作为一个差强人意的解决办法。自动翻译网站 Worldlingo 将上引例句中的主语он翻译为"它",这大概是出于表语被翻译为非动物性名词(неодушевленный существительный)的缘故,为了保持一致才将主语он翻译为"它",我们认为这是欠妥的。我们在俄罗斯国家语料库网站[①]上搜索он一词的统计数据,搜索结果是:含有он的文章32671篇,出现次数总共为15万次左右,我们人工浏览了其中前30篇文章中的近280个出

---

① 网址为http://ruscorpora.ru/

现он一词的上下文,99%的概率是指代人,其余3个上下文不能确定是否指代人。可见,代词он绝大多数情况下是用来指代人,俄语代词он应当翻译为"他"。

再如两个 II 型潜在歧义的句子:

Иван взял хлеб со стола и уронил *его*.

Иван взял хлеб со стола и протер *его*.[①]　　　　(3.30)

两个相似的句子中,斜体的*его*所指代的对象完全不同,计算机消解这样的代词潜在歧义就需要计算动词与多种指代可能性之间的语义距离。

(三)隐喻引起词义潜在歧义

多义词的转义用法常常是由隐喻引起的,但发生隐喻的情况不都是多义词。隐喻的产生以人们在某种条件下所产生的相似联想为基础,这使得词语隐喻化后的意义与基本义存在某种相似性,在具体言语运用中两种意义可能都说得通,这就又造成了潜在歧义。这种潜在歧义是一种相似性的歧义,语言形式的多种意义间存在相似的联系。

由隐喻引起的词义潜在歧义可以分为两种情况,一种情况是该隐喻已经普遍使用从而确定为该词的转义或引伸义,这种隐喻化后的意思被正式载入词典,因此也可以说是多义词;另一种情况下说话人使用隐喻是临时现象,这种隐喻化后的意思并未被正式载入词典,只是在语言交际当时发挥临时作用,因此这种隐喻不属于多义词。可见,隐喻是形成多义的重要原因,但是隐喻并不完全等同于多义。

第一种情况是固定的隐喻形成多义词,例如下面一则广告语:

---

① 采集自俄语网页,А. Ф. Гельбух и др. http : //www.dialog-21.ru/archive/2004/gelbukh.htm

—Где возникает атмосфера *близости* и *тепла*?

—Конечно, на диване.① （3.31）

这是一个关于沙发的广告。第一句的设问中，斜体的 *близости* 和 *тепла* 显然是有潜在歧义的，这是由两词的多义性引起的，同时这两个多义词的义项之间分别存在隐喻的关系。*близость* 原意是物理距离上的"近、距离短"，又可以隐喻为人与人之间的关系"亲近、亲密"，*тепло* 原意是物理温度上的"温暖、暖和"，又可以隐喻为人与人之间感情的"温存、融洽"，这些隐喻用法都已被正式载入词典从而被固化，这些词汇也就成为多义词，句子中形成一语双关的、积极的 I 型词义潜在歧义。

第二种情况是临时的隐喻，词本身并不是多义词。王松亭（1999）在分别论述事物外部特征的联想和转移与事物内部特征的联想和转移时，列举了不少临时隐喻的实例。我们从中选取一例：

Вот если бы ты всегда и везде, всю свою жизнь оставлял для людей только хорошее — *цветы*, мысли, славный воспоминания о себе — легка и приятна была бы твоя жизнь...② （3.32）

上面例子中斜体的 *цветы* 本义是"花朵"，但是也可以被隐喻为"美好的东西"，但是这一隐喻出来的意义并没有被载入词典，所以说是一种临时的隐喻。这句话的潜在歧义也由该词的隐喻而起，如果语境是说话人在描写景物，那么 *цветы* 的意思应该是"花朵"；如果在评论一个人或是与人相关的事情，则 *цветы* 的意思可以被隐喻为"美好的东西"。不管怎样 *цветы* 一词的隐喻引起了该例句的 I 型词义潜在歧义，同时，类似这样的潜在歧义又存在着相似性的联系。

---

① 采集自俄语网页，А.А. Зализняк http：//virtualcoglab.cs.msu.su/pdf/zaliznyak1.pdf
② 取自专著《隐喻的机制和社会文化模式》，王松亭，1999：56。

三、词组(短语)的语义潜在歧义

当 Ch.Fillmore 提出格语法之时,美国语言学界的主流是 Chomsky 的转换生成语法。与 Chomsky 类似,Fillmore 也致力于探寻纷繁复杂的语言现象背后带有普遍性的基础要素。但后者不同于前者,Fillmore 另辟蹊径,赋予传统语法的"形式格"以新意,强调对"语义格"的研究,力图以对动名间语义格关系的分析为语法基础理论,从而推演出一整套描写和解释句法语义现象的机制。格语法由早期转换生成语法的深层结构不够"深"而来,从注重句法形式转向专注语义格关系,对动名搭配的分析偏重所谓深层概念意义,强调各语言共同的语义格系统。[①]例如在句子 Я читаю книгу. 中,代词 Я 的语义格是施事(Agentive),谓语动词 читаю 是动作(Action),而 книгу 的语义格是受事(Objective)。

概念依存理论(CD 理论)也译作概念从属理论、概念依从理论,是美国学者杉克(R. Schank)于 1973 年以相当完整的形式提出的描述句义和言语意义的方法,这个方法在抽象化、规范化方面有代表性,后来发展成框架-平面描述法,CD 理论将句子中的语义内容表面化,是自然语言的语义处理技术的形式化方法。与格语法相类似,CD 理论区分出概念角色(conceptual role),包括:行为(ACT)、行为的执行者(ACTOR)、ACT 作用的客体(Object)、ACT 的接受者(Recipient)、行为 ACT 所指的方位(Direction)、目的物所处的状态(STATE)、完成 ACT 的工具(Instrument)等。[②]

格语法和概念依存理论是自然语言的语义处理中经常讨论的理论和方法,有的学者将其归入计算语义学的研究范畴。上述两种理

---

① 参考 Ch.J. Fillmore(1968)《The case for case》以及 B.J. Blake(2005)《格范畴》。
② 参考姚天顺(1995)《自然语言理解——一种让机器懂得人类语言的研究》。

论的相同点在于，它们都致力于形式化表达句子的语义结构，用公式来表现成分之间的语义关系。在自然语言处理的语义学层面，计算机自动分析句子的语义结构时会大量产生潜在歧义，这是句子语义结构的潜在歧义，类似地，词组的成分之间也会产生类似的语义结构潜在歧义。应当指出，句子和词组的语义结构潜在歧义与句法潜在歧义都属于抽象歧义。

语义学家非常关注语义结构与句法结构的关系，应当说，语义结构与句法结构之间并不是简单的一一对应关系，不同的语义结构关系有时可能投射为相同的句法结构形式。由不同的深层语义结构投射到相同的句法结构，就形成了词组与句子的语义结构潜在歧义。

冯志伟（1996：183-189）指出，在自然语言自动处理的过程中，应当区分三种不同的结构，即词组类型结构（Phrase Type Structure，PT-结构）、句法功能结构（Syntactic Functional Structure，SF-结构）、逻辑语义结构（Logic Semantic Structure，LS-结构），其中SF-结构和LS-结构是隐形的结构。汉语术语的这三个结构之间在大多数情况下不存在一一对应关系，同样的PT-结构可以解释为不同的若干个SF-结构，同样的SF-结构又可以解释为不同的若干个LS-结构。（同上：190）在俄语自动处理中也存在类似情况，当同一个SF-结构代表只能有一种句法剖析的可能性，但却同时对应多个可能的LS-结构时，便产生潜在语义结构潜在歧义。例如短语приглашение композитора，按照冯先生七种SF-结构的分类方法[①]，该短语应当确定属于述宾式，可是LS-结构就存在"谓词+施事者"和"谓词+受事者"两种可能性。

（一）自由词组（短语）的语义结构潜在歧义

所谓"自由词组"是相对于固定词组和成语而言的。自由词组

[①] 关于SF-结构的七种分类，参考冯志伟（1996）《自然语言的计算机处理》。

中存在的语义结构潜在歧义主要有以下两种情况:

1. 动名词短语的施事与受事不明引起语义结构潜在歧义

Преследование тигра закончилось неудачей.① （3.33）

这句话可以有两种解释，有可能是"老虎追捕（猎物）没有成功"，还有可能是"（猎人）追捕老虎没有成功"。显然，例句中Ⅰ型潜在歧义的形成是由动名词短语преследование тигра引起的，虽然从句法剖析上来讲，二格名词тигра肯定是作为修饰语来限定动名词中心语преследование的，两者共同构成一个动名词短语，句法关系是明确的和单一的；但是其语义关系却并不确定，修饰语"тигра"既有可能是动名词中心语"преследование"的施事格（Agentive），也有可能是其受事格（Objective）：一种可能是"老虎追捕"（тигр преследует кого-чего-то），另一种可能是"追捕老虎"（кто-то преследует тигра）。这就是典型的动名词短语的施事与受事不明引起语义结构潜在歧义，这种情况下，动名词短语的句法结构是确定的，但语义结构不确定。按照Ch. Fillmore的语义格（case）划分，我们分析一下动名词短语преследование тигра语义结构的两种可能性，如表3.3所示:

表3.3(a)　短语преследование тигра的语义结构(a)

преследование	тигра
Action	Agentive

表3.3(b)　短语преследование тигра的语义结构(b)

преследование	тигра
Action	Objective

---

① 采集自俄语网页http：//www.Krugosvet.ru/articles/90/1009006/1009006a11.htm #1009006-L-119

类似的情形在俄语中还可以举出一些，例如：

Посещение родственников может быть утомительным.① （3.34）

该例句也有两种可能性"去拜访亲戚是很累的"，或者"亲戚的来访是很累的"，Ⅰ型语义结构潜在歧义同样由短语посещение родственников引起。该动名词短语虽然句法关系明确，二格名词родственников肯定是作为修饰语来限定动名词中心语посещение的，但是其语义关系却存在潜在歧义，二格修饰语"родственников"可能是动名词"посещение"的施事或者受事，一种可能是"去走访亲戚累"（утомиться, посещая роственников），另一种可能是"招待亲戚来访累"（утомиться, принимая родственников）。

类似地，动名词短语перевод Пушкина中，Пушкина既可能是动名词перевод的施事也可能是其受事，潜在歧义的两种可能性中一种指"翻译普希金作品"，另一种是指"普希金翻译别人的作品"。критика учёного中учёного可能是动名词критика的施事或者受事，"学者批评别人"或者"别人对学者的批评"。短语приглашение композитора可能是"作曲家邀请别人"或者"作曲家受到邀请"等等。

2. 由形态潜在歧义引起的语义结构潜在歧义

例如短语звонок *любимой*，在这个短语中звонок是中心语，любимой是修饰或支配成分，句法结构是固定的，两个词形共同构成了一个NP。但是，любимой既可能是любимая的第二格，意为"любимая打来的电话"；又可能是любимая的第三格，意为"打给любимая的电话"。由于俄语的形态格本身就具有语义格的角色鉴别功能，词汇的变格形式体现了相互之间的语义关系，于是形态的潜在歧义也就自然造成了短语语义结构的潜在歧义。短语звонок *любимой*是一个具有代表性的由形态潜在歧义引起的语义结构潜在

---

① 取自论文《俄语中的种种歧义现象》，许传华，2004(5): 79.

歧义，其语义结构的两种可能性如下表所示：

表3.4（a） 短语 звонок *любимой* 的语义结构（a）

звонок	*любимой*
Action	Agentive

表3.4（b） 短语 звонок *любимой* 的语义结构（b）

звонок	*любимой*
Action	Dative（承受格）

再来看短语 письма *знакомой*，其中 *знакомой* 肯定是修饰中心语 письма（或受其支配）的，两者的句法结构确定，共同构成一个名词性短语NP。但是 *знакомой* 与中心语 письма 的关系就更加不确定，它可能是第二格或者第三格，其中第三格的语义关系是确定的，应当是承受格"寄给熟人的信"；但是第二格的语义关系就又有两种可能，语义格可能是施事格"熟人来的信"或者所有格（Possessive）"熟人所拥有的信件"。对于 *знакомой* 为所有格（Possessive）的情况，相应的中心语 письма 应当是称名格（Nominative），因为这时 письма 已经没有动作的意思。三种情况如表3.5所示，这样的Ⅰ型语义结构潜在歧义情况对于计算机来说是个难题，需要用标注语义格的语料库进行统计分析。

表3.5（a） письма *знакомой* 的语义结构（a）

письма	*знакомой*
Action	Agentive

表3.5（b） письма *знакомой* 的语义结构（b）

письма	*знакомой*
Action	Dative

表3.5(c)　письма *знакомой* 的语义结构(c)

письма	знакомой
Nominative	Possessive

类似的情况还例如短语 отзыв *Марии* 中的 *Марии*，既可能是施事格也可能是承受格，短语的语义结构也是有潜在歧义的。

(二)成语的语义潜在歧义

成语是一类特殊的短语，是词与词固定的组合。成语的语义潜在歧义具有一定的特殊性，常常体现为词与词间或分或合两种可能性。看下面例句：

Юра, запомни, *не выноси из избы сору*.① 　　　(3.35)

该例句有两个可能的意思，或者是"尤拉，记住，别把家里的垃圾倒掉"，抑或是"尤拉，记住，家丑不可外扬"。因为俄罗斯有一种习俗：自己家里的尘土、垃圾不能扫到屋外去，而要放在炉子里烧掉。作为成语，它获得了更广泛的意义，相当于"家丑不可外扬"，所以这里的"не выноси из избы сору"就具有两种解释，没有具体的语境就无法判定，造成Ⅰ型潜在歧义。

成语是非自由的短语(несвободные словосочетания)，但是究其成因，成语往往是最初的一些自由组合的短语(свободные словосочетания)经过社会广泛的使用和认同从而固化下来形成的，因此成语与相对应的自由短语(свободные словосочетания)之间在意义上常常存在一定的联系。这样一来，成语在使用过程中也会产生潜在歧义，这种潜在歧义体现在成语固定意思与自由组合短语意思的区别，相当于词的本义与隐喻义、转义的区别。

类似的成语在俄语中有很多，再如"заварить кашу"作为固定

---

① 取自论文《俄语中的种种歧义现象》，许传华，2004(5)：81.

成语是"闹出乱子、惹出麻烦"的意思,而作为自由组合词组的意思就体现在字面"熬粥";"засучив рукава"作为成语的意义是"提起精神、鼓足干劲",而自由组合词组的意思是一个副动词结构"卷起袖子";"махнуть рукой"的字面意思是"向……挥手(示意)",不一定是表示拒绝的意思,而成语意义就是"不再从事、不再关心、告别";"плыть по течению"作为成语讲是"随波逐流、随大流"的意思,而字面意义又可以表示一种体育运动"漂流";"выйти из игры"作为固定成语是"出局、淘汰"的意思,而作为自由组合词组的意思就在字面"退出游戏"等等。遇到类似的短语时,我们需要充分利用语境和上下文,看究竟取其成语固定意义还是自由组合词组的本义。

有时,固定词组分开用还能达到一语双关的作用,形成积极歧义。例如:

Мальчик поступил в школу. Сосед спрашивает его:

—Тебе нравится ходить в школу?

—Мне нравится *ходить в школу*, но не нравится там сидеть. —ответил мальчик.[①]　　　　　　　　　　　　　　(3.36)

上面的例子,小男孩的回答中 *ходить в школу* 是有潜在歧义的,因为动词 ходить 本来的意思是"走、去",那么 *ходить* в школу 就有"去学校"的意思;此外 *ходить в школу* 这个短语又是一个固定搭配,表示"上学"的意思。因而在小男孩的回答中, *ходить в школу* 既可以表达"上学"的意思,又可以表达"去学校"的意思,达到一语双关的表达效果。表达"上学"的意思是为了给问话人一个回复;而"去学校"是小孩自己的愿望,这样的潜在歧义使小男孩的语言

[①] 取自论文《多义词和同形异义词产生的幽默》,安利. 2005(6): 74.

非常幽默，这就属于积极的Ⅰ型潜在歧义，不需要消解。

此外，有一些成语本身有多个义项，这种多义的成语同多义词一样，也会引起潜在歧义。例如成语"поставить на ноги"有两个意思：1)вылечить（医治好），2)вырастить, воспитать, довести до самостоятельности（养大、抚养成人）。这样一来，下面的句子就可能产生现实的歧义。

  Дедушка *поставил* Веру *на ноги*.[①]   （3.37）

例句由于成语поставить на ноги的多义性产生了Ⅰ型潜在歧义，既可能是"爷爷把薇拉抚养成人"，又可能是"爷爷治好了薇拉的病"。类似地，再例如成语"переливать из пустого в порожнее"也是多义的：1)вести пустые разговоры（空谈），2)заниматься бесполезным делом（徒劳无功）；多义成语"пускать петуха"也可能造成潜在歧义：1)издавать писклявые звуки, сорвавшись на высокой ноте во время пения, речи（跑调），2)поджигать（纵火、挑起事端）。还有，成语"показывать нос"有两个意思：1)появляться на очень короткое время（（短时间的）露面），2)дразнить（挑衅）；成语"за спиной"是多义的：1)тайно（秘密地、悄悄地），2)в прошлом（过去、以前）等等。

四、句子的语义结构潜在歧义

短语是介于词汇和句子中间的一级重要的过渡性单位，其语义结构潜在歧义常常会体现在句子中从而造成句子的语义结构潜在歧义。此外，句子还有其特殊的语义结构潜在歧义，分为简单句和复句两种情况。

---

① 采集自俄语网页http：//www.krugosvet.ru/articles/90/1009006/1009006a10.htm#1009 006-L-118

(一)简单句的语义结构潜在歧义

简单句的语义结构潜在歧义主要体现在同格的不同意义,例如:

Ему некому помочь.[①] (3.38)

这句话中,ему 和 некому 同为第三格形式,与动词不定式 помочь 组合在一起,在句法剖析上只可能形成一种句法剖析树,句法结构剖析上是没有潜在歧义的,如图3.11所示。但是句法成分间的句法功能是有潜在歧义的,一种可能ему不是补语而是谓语动词的主体,некому在句子中充当补语,意思是"他想帮助别人,但是没有人需要他的帮助";另一种可能некому不是补语而是谓语动词的主体,而ему是谓语动词的补语,意思是"没有人帮助他"。应当指出,该例句是在句法功能潜在歧义的基础上彰显出语义结构上的Ⅰ型潜在歧义。ему 和 некому 中的任何一个都可以是行为的施事者 (Agentive)(第三格表示),作为动作的主体;也可以是行为的受益者 (Beneficientive)(也用第三格表示),作句子中谓语动词的补语。这样一来,句子的逻辑语义结构就产生了两种可能性,即例句存在语义结构潜在歧义,如图3.11、表3.6所示:

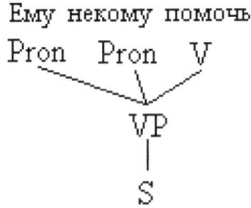

图3.11 例(3.38)的句法剖析树

---

① 取自论文《歧义句浅析》,王洪庆,2000(1): 57.

表3.6(a)　例(3.38)的语义结构(a)

Ему	некому	помочь.
Agentive	Beneficientive	Act

表3.6(b)　例(3.38)的语义结构(b)

Ему	некому	помочь.
Beneficientive	Agentive	Act

Вскоре после случившегося я был назначен в Крым *командиром 5-го гвардейского Краснознаменного Берлинского авиаполка.*[①] （3.39）

例句中斜体的"*Крым командиром 5-го гвардейского Краснознаменного Берлинского авиаполка*"用作第五格有两种可能性：一种是作为谓语（被动形动词短尾）的主体，是"назначить"这个动作的发出者，表示 Командир 5-го гвардейского Краснознаменного Берлинского авиаполка назначил меня в Крым."第五近卫红旗柏林航空团指挥官派我去克里木工作"；另一种可能性是动词 назначить 的支配接格形式，动词 назначить 的常用接格形式为 назначить кого-н. куда кем-н.，这时的第五格是谓语动词的支配接格，意义是"担任……职务、作为……的身份"，全句表示（Штаб）назначил меня в Крым в качестве командира 5-го гвардейского Краснознаменного Берлинского авиаполка."（司令部）任命我去克里木担任第五近卫红旗柏林航空团指挥官职务"。第五格形式 *командиром 5-го гвардейского Краснознаменного Берлинского авиаполка* 在句中的句法关系确定且单一，都是与谓语动词（被动形动词短尾）相关联，如图 3.12 所示：

---

① 采集自俄语网页http://www.donbass.dn.ua/2005/10/21059/21059-04.php?fotka=21059-04

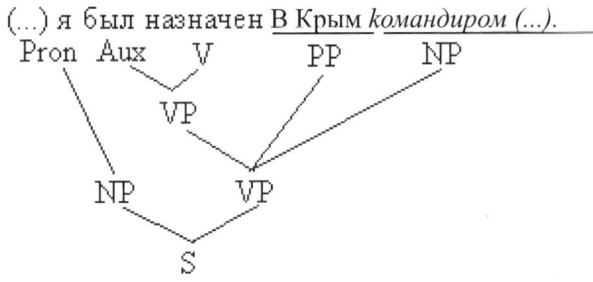

图3.12　例（3.39）的简要句法剖析树

但是与谓语动词 назначен 的深层语义关系却存在Ⅰ型潜在歧义。按照 Ch. Fillmore 的语义格的划分，我们分析一下例句的语义结构潜在歧义，两种可能性分别列在表格中如下：

表3.7（a）　例（3.39）的简要语义结构（a）

(...)я	(был)назначен	(в)Крым	командиром(...).
Objective	Act	Locative	Agentive

表3.7（b）　例（3.39）的简要语义结构（b）

(...)я	(был)назначен	(в)Крым	командиром(...).
Objective	Act	Locative	Factitive(使成格)

俄语中不少动词可以支配第五格，其中一部分动词的被动形动词短尾形式作谓语的情况下，会形成同格的不同意义导致语义结构潜在歧义，此时的第五格名词修饰谓语动词的句法结构是明确的，但语义结构是有潜在歧义的。再如：

Он прислан к нам *инспектором*.[①]　　　　　（3.40）

该句有两种意思，"检察员派他到我们这里来"，或者"他是以检察员的身份被派到我们这里来的"。第五格 инспектором 在句子

[①] 采集自俄语网页http：//www.Krugosvet.ru/articles/90/1009006/1009006a11.htm#1009 006-L-119

中是有Ⅰ型潜在歧义的，可能是 прислать 这个动作的主体，表示 инспектор прислал его к нам "检察员派他到我们这里来"；或者是 прислать 这个动词的接格，表示 "作为检察员的身份"（в качестве инспектора），意思是 кто-то прислал его к нам "别人派他来我们这里"。在该例句中，第五格 инспектором 与谓语动词 прислан 的句法结构（修饰关系）是明确的，但是存在语义结构潜在歧义，一种可能是被动语态的动作主体，另一种可能是动词的接格形式。

（二）复合句的语义结构潜在歧义

上文我们讨论了除复句以外的语义结构潜在歧义的各种情况，在本小节中我们主要讨论复句的语义结构潜在歧义问题。复合句的语义结构潜在歧义主要体现在分句之间的逻辑语义关系有多种可能性，复句的语义结构潜在歧义分为带有连接词复句的语义结构潜在歧义和无连接词复句的语义结构潜在歧义两种情况。带有连接词复句的分句之间关系相对来说比较明晰，歧义的情况较容易把握；而无连接词复句的分句之间关系更为不确定，可能性更多，因而潜在歧义的情况更加复杂。

1. 带有连接词复句的语义结构潜在歧义

Саше очень нравится стакан на столике, который купил он только вчера.[①]　　　　　　　　　　　　　　　　　　（3.41）

上面的例句是个带有限定从句的主从复合句，由 который 引导的限定从句应当与被修饰的中心语在性和数上保持一致，而变格形式却不要求一致。这样一来，例句中的限定从句就存在Ⅰ型附着潜在歧义，既可能是修饰 стакан，又可能是修饰 столик，因为两个词的性和数是一样的，都有可能成为由 который 引导的限定从句的中

---

① 取自论文《漫谈俄语中的歧义现象》，杨仕章，1996(4)：9。

心语。由此，该句会产生两种不同的意思："萨沙很喜欢小桌子上他昨天刚买回来的那个杯子"，或者"萨沙很喜欢放在他昨天刚买回来的小桌子上的杯子"。又如：

  Он спросил Павла Николаевича, кто будет читать нам лекцию по теме международных отношений.①   （3.42）

上面的复合句中连接词是кто，我们知道，кто既可以作为疑问词来引导补语从句；当被修饰的中心语是表示人的名词时，кто又可以作为关系连接词代替который来引导限定从句。在该例句中，由кто引导的从句可能是作спросил的补语，也可能是作Павел Николаевич的定语，两种可能性导致该复合句产生Ⅰ型潜在歧义："他去问了巴维尔·尼古拉耶维奇，谁将给我们上国际关系课"，或者"（关于某事）他去问了将要给我们上国际关系课的巴维尔·尼古拉耶维奇"。

2. 无连接词复句的语义结构潜在歧义

  Сдадим экзамены, поедем отдыхать.②   （3.43）

该例句是一个无连接词的复合句，无连词复合句也可以被看作是省略掉连词的复合句。由于缺乏连词，分句之间的关系就存在很多种可能性，形成Ⅰ型语义结构潜在歧义。我们上面举出的例句至少可以有三种可能的情况：1）"После того, когда сдадим экзамены, поедем отдыхать.（考完试以后，我们将去度假。）"，这时复句省略掉了时间状语从句的连词когда（当……时候）；2）"Как только сдадим экзамены, и поедем отдыхать.（一考完试我们就去度假。）"，这种情况下例句省略掉了时间状语从句连词как только...и...（一……就……"）；3）"Если сможем сдать экзамены, то поедем

---

① 取自论文《漫谈俄语中的歧义现象》，杨仕章，1996(4)：9.
② 取自论文《漫谈俄语中的歧义现象》，杨仕章，1996(4)：9.

отдыхать.(要是考试都能通过，我们就去度假。)"，这是例句省略掉了条件状语从句连接词если...то...(如果……就……")。

第七节　语用学层面的俄语潜在歧义[①]

语用学(прагматика)研究在特定情境中的特定话语，以及在不同语言交际的环境下如何理解语言和运用语言。美国哲学家C.Morris曾提出著名的符号学三分法，即符号学包括句法学、语义学、语用学三个部分，其中语用学研究符号与符号解释者的关系。语用潜在歧义讨论的是语用含义的潜在歧义，它主要由于交际语境的不确定性引起，存在于句子单位中。

何自然(1988：74-75)指出，语用含义给语言事实提供一些重要的、功能方面的解释，这就是说它不是从语言系统内部(语音、语法、语义等)去研究语言本身表达的意义，而是去解释话语的言外之意、弦外之音，语用含义不是指人们说了些什么，而是揭示这些话意味着什么。

凌德祥(1997：64)认为，语境对一个语言片段的意义具有变异作用，其中一种变异作用是产生语用增义，从而导致语用歧义，语用歧义指的就是字面意义与语用增义，或同一表达片段的若干个语用增义在特定语境中都作为"用义"而起到表达和交际作用。项成东(2002：36)认为，语用歧义是在语用学范围内研究的歧义，指的是说话人在特定环境或上下文中使用不确定的、模糊的或间接

[①] 语用学知识的计算机处理相当复杂，与人的交际意图相关，因此本节内容并不是我们研究的重点。相关内容可以参阅：凌德祥.语境与语用歧义.解放军外国语学院学报，1997(4)；项成东.歧义的语用研究.外语教学，2002(4).；周红.语用歧义的产生及其功能.外语与外语教学，2002(3)；孙建华.语境与语用歧义.河南大学学报(社会科学版)，2004(4)；项成东.语用歧义再探.绍兴文理学院学报，2001(5)。

的话语向听话人同时表达数种言外行为或言外之力这类现象。

周红(2002:9-11)总结出语用歧义的六种产生条件:1)由指示语引起的语用歧义;2)由会话含义引起的语用歧义;3)由间接言语行为引起的语用歧义;4)由语境制约缺失引起的语用歧义;5)由多语境叠加引起的语用歧义;6)由语义补充过量或补充偏离而引起的语用歧义。

项成东(2001:87-88)根据言语交际参与者的多少将语用歧义分为两种类型:1)横聚型(syntagmatic type)指一话语对同一听者所表达的数种言外之力,2)纵聚型(paradigmatic type)指一话语对不同的听者所传达的或产生的不同的言外之力;根据模糊程度将语用歧义分为两种类型:1)显性型(overt type)指的是话语所传达的数种言外之力听话者相对容易识别,2)隐性型(covert type)指的是有些话语的言外之力在语篇中比较模糊,不易识别;根据言语者和听读者对歧义的认知程度将语用歧义分为两种类型:1)客观型(objective type)即话语由于语境制约不够,或由于听读者对语境缺乏了解而产生歧义,言语者或听读者对歧义没有意识到,2)主观型(subjective type)指言语者或听读者故意利用特殊语境的作用使话语产生歧义。

项成东(2001:88-90)归纳出语用歧义的六大特征:或然性(uncertainty)、模糊性(vagueness)、排他性(exclusiveness)、暗含性(hinting)、依赖性(dependency)和可分性(explicability),并从心理学角度指出影响语用歧义理解的诸多因素:1)上下文;2)话语的明晰度;3)个人的认知图式;4)交际双方共有知识;5)副语言;6)话题制约。

应当指出,语用含义的自动处理对计算机来说相当困难,目前它不是自然语言处理消歧研究所关注的重点,因此我们在本书中将不对语用潜在歧义问题进行深入讨论，本小节只是举例说明语用潜在歧义的存在。

语用潜在歧义是指计算机需要自动处理的言语表达可能具有多个意向含义，这样的言语表达也是一种间接言语行为。在不同的语境条件下，用来表示不同的语用含义，反映出说话人不同的交际意图和交际策略。例如：

— В комнате немножко душно. （3.44）

该句话的交际语境是不确定的，这就造成语用含义也是不明确的，计算机自然无法确认例句的语用含义，从而形成Ⅰ型语用潜在歧义。说"房间里有些闷"可以有多种意味，这与说话的具体环境紧密相关：如果是在班级里面正在学习的学生间发生这样的语言交际，则例句的语用含义可能是 Давайте откроем окна.（我们打开窗户透透气吧）；若是两个人在屋子里面待得久了，同时又没有什么具体的事情可做，则例句的语用含义可能是 Давайте погуляем на улице.（我们出去转转吧）；抑或在炎炎烈日的夏天，根据说话人的生活习惯，例句的语用含义还可能是 Давайте включим кондиционер.（我们打开空调凉快一下吧）。

— Он рисует на автобусе. （3.45）

"他在公交车上画画"这句话的语用含义也不明确，涉及"он"的身份，可以有多种情况，这与说话的具体情景相联系。如果"他"是个美术系的学生，坐在汽车上的时间还在用来练习画画，则例句语用含义可能是"他画画很用功，抓紧一切时间"；如果"他"是个小男孩，在坐车的时候往车内的墙壁上乱写乱画，则例句的语用含义可能是"这个孩子真调皮，居然在公车上乱画"；如果"他"是个粉刷匠，粉刷的手艺非常精湛，可以在粉刷公交车时绘出精美的图案，则例句的语用含义可能是"这个粉刷匠在粉刷公交车时，就像在车上画画一样"。

当然，目前我们还不可能要求计算机对上述语句的语用潜在歧义做出判别，只要它能够正确理解这些语句的字面意义并将其转译成另一种语言即可。

第八节 本章小结

人遇到的歧义大体上限于句法和语义两个语言学层面，而计算机遇到的潜在歧义则可能存在于自然语言处理的各个语言学层面，包括语音学、形态学、词汇学、句法学、语义学、语用学等。人遇到的歧义大体上限于词和句子两个语言单位，而计算机遇到的潜在歧义则可能存在于自然语言处理的各个语言单位，包括词素、词形、短语、句子等。可见，自然语言处理所面临的潜在歧义存在于多级语言单位以及语言学的多个层面，语言学层面和语言单位层次可以作为俄语潜在歧义分布情况的两个观察点。

语言学层面和语言单位层次两个观察点在以往的歧义研究中常常是被混合在一起的，并没有得到清晰的区分界定，事实上两个观察点对应形成了俄语潜在歧义的两种不同分布体系，应当区别对待。同时，两个观察点又有相似之处，它们都是依据语言处理的从局部到整体、由小到大的顺序，所以这两个观察点又可以相互配合，为立体观测俄语潜在歧义的具体类型提供多个视角。本章以语言学层面作为一级观察点、以语言单位层次作为二级观察点来呈现俄语潜在歧义的多层分布情况。

俄语潜在歧义的具体类型与英语和汉语中的具体类型存在交集，如句子的逻辑语义重音潜在歧义、词类潜在歧义、前置词（介词）短语的句法附着潜在歧义、词汇语义（词义）的潜在歧义、句子的语用潜在歧义等，这些类型的潜在歧义体现了语言间的共性。构词词素以及词形的形态潜在歧义是俄语歧义中值得注意的类型，虽然英语中也存在类似的形态潜在歧义，但其数量和复杂程度远无法与俄语相比。以往的歧义研究较少提及短语和句子的语义结构潜在歧义以及词素和短语单位层次的潜在歧义，本章将其纳入俄语潜在歧义的多层分布体系。

第四章　俄语潜在歧义的消解

语境（不论是语言的还是非语言的）一经具体化，信息在交际中的可能性便缩小了，而不像抽象于语境之外的信息那样具有较大的可能性。

——利奇

На данный момент ни одна система автоматического анализа или перевода текста не является совершенной или хотя бы близкой к таковой. Одной из основных причин неуспеха является высокий уровень неоднозначности естественного языка.

——А.В. Лазурский и др.[①]

潜在歧义的消解或者说消除、排除简称消歧或排歧（разрешение, снятие, устранение неоднозначности），是计算语言学应用研究最重要的任务之一。尽量消解自然语言处理中的各种潜在歧义，包括与现实相符的Ⅰ型潜在歧义和与现实不相符的Ⅱ型潜在歧义，对于提高自然语言处理系统的正确率和智能化水平具有重要的现实意义。在本章中，我们就将着重讨论俄语潜在歧义消解的方法论原则和各种具体的处理策略和方法。

[①] http：//company.yandex.ru/grant/2005/01_Lazursky_102921.pdf，作者А.В.Лазурский，А.С.Бердичевский，Л.Г.Крейдлин，Л.Г.Митюшин，В.Г.Сизов 为俄罗斯科学院通信研究所（Институт проблем передачи информации РАН）下属计算语言学实验室（Лаборатория компьютерной лингвистики）的成员。该段话的译文如下："现阶段没有任何一个文本自动分析（或翻译）系统是完善的，或者哪怕是接近于完善的，自然语言的高度歧义是其根本原因之一。"

第四章　俄语潜在歧义的消解

第一节　俄语潜在歧义消解的两个原则

一、依据语境进行消歧的原则

在第三章俄语潜在歧义的分布中，我们曾提到，底层单位的同音近形现象可能导致它上一层单位的同音近形现象，小单位的潜在歧义有可能导致大单位的潜在歧义的产生，这就是潜在歧义产生的由小及大效应。在潜在歧义的消解过程中，小单位的潜在歧义的消解总是要依据大一级单位的具体情况，这就是潜在歧义消解的以大定小效应。

我们认为，消歧的方法虽然各有不同，但是总体的思路都是试图在更大的语境范围内找出限定的因素，从而消除自然语言处理各个层面的潜在歧义以及现实存在的各种歧义，这就是歧义消解的以大定小效应。潜在歧义单位大多数情况下都可以根据更大范围的语境进行消歧，因此以大定小效应必然与语境分不开。

任何言语的发生都离不开具体的上下文、时间、地点以及表达和接受双方，也就是说任何言语都是在特定的语境中存在的。词典里的单词，除专门名词外，很多都是多义的；单词的组合也往往可以进行不止一种分析，然而放在一定的上下文或者一定的生活环境中，这些单词或短语就只能有一种意义。语境的作用表现在它对言语的理解起补足作用，具体到潜在歧义消解上就是语境在潜在歧义的多种意义中起限制和选择的作用。

著名心理语言学家А.А. Залевская（2005：319-321）在论述歧义词的义项辨认方法（опознавание неоднозначных слов）时，从心理语言学角度提到五种理论：1）语境影响理论（теория доступа под влиянием контекста），语境提供的信息直接激活需要的义项

（нужное значение слова）；2）排序理论（теория последовательного доступа），按照词汇多个义项出现概率的顺序来选择；3）多项选择理论（теория множественного доступа），歧义词的多个义项同时被激活（актуальзуются одновременно），在语境的帮助下进行挑选；4）修正的多项选择理论（пересмотренная теория множественного доступа），在多项选择理论的基础上强调，在歧义词出现的整个语段被全部理解时再根据语境进行多个义项的挑选；5）心理词汇中的知识图式理论（теория схем знаний в ментальном лексиконе），通过心理词汇中多义词和同形异义词的各种变体（варианты）的知识图式的区别来进行歧义词的义项挑选。不难看出，五种理论中的1）、3）、4）三种都与语境有直接的联系，可见从心理语言学的理论来讲，语境对于歧义词的辨认也是发挥着至关重要的作用[①]。

目前学术界对"语境"的解释和使用相当灵活，有较细的划分也有较粗的划分，总体来讲，语境是指语言运用的环境。我们认为，从自然语言处理过程中潜在歧义消解的角度来看，语境泛指潜在歧义单位存在的环境，它比潜在歧义单位的范围大，常常可以提供排除歧义的限制性因素，达到以大定小的效应。我们认为，语境大体可以分为以下四个层次：

表4.1　语境的四个层次

语境	语言内语境（上下文）	语法语境
		语义语境
	语言外语境（语用语境）	交际情景
		百科知识

这四个层次的语境都可能对自然语言处理过程中的潜在歧义起

[①] 第2和第5种理论与我们下节将讨论的概率消歧策略和语义消歧策略也有着紧密的联系。

第四章 俄语潜在歧义的消解

到限定作用，从而排除不合乎语境的可能性，或者优选出最合乎语境的可能性。利奇在《语义学》中指出："我们可以说语境（不论是语言的还是非语言的）一经具体化，信息在交际中的可能性便缩小了，而不像抽象于语境之外的信息那样具有较大的可能性。"（利奇，1987：95）

自然语言中大量的词是一词多义的，任何一本词典里的单词，除专有名词外，大部分词都有多个义项，单词的组合也往往可以做不止一种分析，这就造成自然语言处理过程中的潜在词义歧义。但在语言的具体使用中，语境往往可以帮助选择正确的义项，起到了确定词语意义的作用。"放在一定的上下文或者一定的生活环境里，这些单词或单词的组合就只能有一种意义。"（吕叔湘，1984：326）也就是说，语境常常能够消解词义潜在歧义。

例如，在奥热戈夫（С. Ожегов）词典里，кино 的释义为 КИНО：1）Театр, в котором показывают на экране фильм.；2）То же, что кинематография.；3）То же, что фильм.；4）*перен.* О чем-н. смешном, занятном（*прост. шутл.*）词典中"кино"共有四个义项，除去它的概念意义外，还有转义。但在一定的语境中，也就是当一个词进入言语这个层面，交际者通常可以确定 кино 表示哪一个意义，从而排除其他不合乎语境的潜在歧义义项。例如：

Вчера в *кино* мы смотрели интересный фильм.

Я хотел бы побольше узнать о советском *кино*, и взял материал об этом.

Они смотрели интересное *кино*.

С этим лодырем у нас в цехе целое *кино* получилось.[①]   （4.1）

---

① 取自论文《语境与俄语语篇的理解》，李玲君，2003：90.

上面四个例句，因为有了使用кино这个词的上下文语境（语言内语境），它的意义也就明朗了。第一个例句中，"в кино"做地点状语，"кино"为"电影院"之意；在第二个句子中，"кино"意义同"кинематография"，意思是"电影艺术"；第三个例句中"кино"做直接补语，是"电影"的意思，同"фильм"；第四个例句中的"кино"是引申意义，表示"滑稽可笑的事情"。但是，四个句子中кино这个词的Ⅱ型潜在歧义有时却会给计算机造成很大麻烦，较多情况下计算机都不能做出正确判断。例如：

机译系统Worldlingo翻译结果分别为"昨天在戏院我们看起来有趣的影片"；"我会要一少许更多得知苏联戏院，并且采取了材料对此"；"他们看起来有趣的戏院"；"整个戏院用这个闲人在我们的商店出来了"，错误地将所有情况下的кино都译为"戏院"（"戏院"本身也错误，应当是"电影院"）。

机译系统Promt翻译结果分别为"Yesterday at *cinema* we looked interesting film."；"I would like to learn more about the Soviet *cinema*, and have taken a material about it."；"They looked interesting *cinema*."；"With this idler at us in shop the whole *cinema* has turned out."，将所有情况下的кино都译为"cinema"，由于cinema本身也是多义词，具备кино的前三个意思，因此前三句кино的翻译基本过关，但第四句中的кино翻译错误。

机译系统ЭТАП-3翻译结果分别为"Yesterday in a *movie* we watched an interesting film."；"I would want more to find out Soviet *movie*, and material on it has taken."；"They watched an interesting *movie*."；"With this idler in a shop the entire *movie* has turned us out."，将所有情况下的кино都译为"movie"，其中第二、三句的кино翻译是正确的，第一、四句的кино翻译错误。

由此可见，自然语言处理系统在对某个多义词产生的词义潜在歧义进行筛选、确认时，就更是需要充分利用上下文语境。这里的上下文语境并不仅指口语对话中的前言后语和书面语中的上下文，还包括一个语句中音素与音素之间、形素与形素之间、义素与义素之间、词与词之间搭配组合的使用环境。选择词义潜在歧义的多种可能性时，多数情况下词与词搭配组合的语义语境可以发挥重要作用，在此过程中语义一致律表现出强限定性。"所谓语义一致律，指的是词汇单位的组合必须符合语义成素互相协调一致的原则。任何句子或语段都有自己的语义中心，其基本意思的形成是同多次重复出现的相同义子有联系。"(倪波、顾柏林，1995：177) 也就是说，两个进行搭配组合的词，它们的词义中必须有某种逻辑联系，必须具有相同的义子，在语义上具有相容性。例如上面的例子中，в кино的前置词"в"本身具有"在……里、往……里"等意义，它需要和表示地点的名词连在一起使用；而кино的四个义项中只有"电影院"之意符合与前置词в相搭配的条件，因此，词组"в кино"肯定是表示"在电影院里"，不可能是其他意义。

语义语境对于消除词义潜在歧义以外的其他类潜在歧义也有助益。事实上，在潜在歧义消解的整个过程中，语义因素的作用都是举足轻重的。下面是一个Ⅱ型潜在歧义的例子：

Петя пошел в кино с чемоданом.① (4.2)

在自然语言的句法处理过程中，例句的词性标注序列是 [N V Prep N PP]，计算机在自动剖析该词性序列时，句中的PP前置词短语с чемоданом是有潜在句法附着歧义的，一种可能是修饰谓语动词пошел，另一种可能是修饰名词кино，这样一来，句子的剖析结

---

① 采集自俄语网页，Архипов А.В.，Брыкина М.М. http：//www.dialog-21.ru/ archive/2004/arkhipov_brykina.htm

果就会产生潜在句法结构歧义,词性序列[N V Prep N PP]可能形成两种剖析树,如图4.1所示。但是,将前置词短语 с чемоданом 放入该句的语义语境中,那么句法结构潜在歧义便不难消解,因为前置词短语修饰名词 кино 从语义上说不通,电影院是处所,它不可能携带着皮箱;而前置词短语 с чемоданом 与谓语动词 пошел 的语义距离则较近,是动作的伴随词项,在这样的语义语境的限制和优选下,潜在句法歧义便可以得到消解。

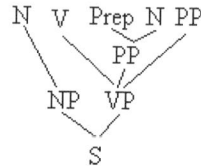

图4.1(a) 例(4.2)的句法剖析树(a)

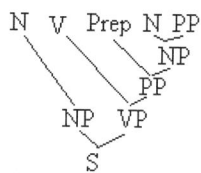

图4.1(b) 例(4.2)的句法剖析树(b)

以上是语义语境包含在本句中的例子,此外语义语境也常常存在于相邻的句子中。例如:

У Олега есть лук. Он любит кушать лук.[①]　　(4.3)

单看前一句话是有潜在歧义的,奥列克有"洋葱"或者是有"弓"。这时,必须参照语境中的其他句子,如果是书面语篇,要参考上下文;如果是口语对话,则要看前言后语或情景语境。例如参照例子中的第二句话,则第一句话的歧义就消除了,因为从语义逻

---

① 取自论文《语境与俄语语篇的理解》,李玲君,2003:91.

辑上来讲,"弓"是不能用来吃的。

　　语法语境在形式上对潜在歧义起到明显的限定作用。例如词形 другом 存在潜在形态歧义,它既可能是名词 друг 的第五格形式,也可能是形容词 другой 第六格,如果不放在具体的语法语境中则难以排除该潜在形态歧义。在句子 "Женя на самом деле живёт в другом городе — Москве." 中, 词形 другом 处于短语 в другом городе 中,这应当是一个表示地点的第六格短语,因此词形 другом 是形容词 другой(其他的)第六格;而在句子 "Я выполнил задачу с моим другом." 中,词形 другом 是短语 с моим другом 的一部份,它的前面是一个物主代词的第五格变位形式,因此词形 другом 也应当是第五格形式,是名词 друг(朋友)的第五格。

　　再例如词形 том 可能是名词 том 的第一格或者代词 тот 的第六格,脱离语法语境则潜在形态歧义无法消解。在句子 "Это второй том." 中,词形 том 与形容词第一格连用,因此是名词 том(卷,册)的第一格;在句子 "Ничего не знаю о том человеке." 中词形 том 与名词 человек 的第六格连用,它应当是代词 тот(那个)的第六格。词形 больной 存在潜在词类歧义,脱离语法语境计算机无从判断它到底是形容词还是名词,但是在具体的上下文中,潜在词类歧义便可以消解。句子 "Больной заяц ничего не кушает." 中,主语是 Больной заяц,词形 больной 只能是作为形容词修饰名词中心语 заяц;句子 "Больной ничего не кушает." 中主语是 Больной,词形 больной 不可能再修饰其他词,它只能作为名词在句中充当主语,如此,在具体的语法语境中词形 больной 的潜在词类歧义得到了消解。

　　语用语境可以用来排除语用潜在歧义。任何一个话语表述均可能出现在不同的场合,若不考虑特定的语用语境条件,一个话语表述或话语行为也许产生与各种可能的话语条件相关的多种语用含义，即产生语用潜在歧义。只有当语用语境被确定下来时，语用潜在歧义才能得到了消解。例如下面一句：

Зайдите на сайт, вечерком обсудим.①（Коллекция женских смс （2004）） (4.4)

上句的意思可能存在两种情形：1）一个热情的邀请，2）一种建议推迟的倡议，这两种可能将使句子产生了语用潜在歧义。如果例句出现在广告语之类的宣传中，则是情形1）的语用语境，语用含义是"请登陆我们的网址，晚上我们就将要展开讨论"；假如例句出现在两个人的对话中，而其中一个人将要暂时离开，语用语境则属于情形2），语用含义是"（现在先谈到这儿，）这件事情我们晚上再上线继续讨论"。再如，感叹句：

Горько! (4.5)

在不确定语用语境的情况下是存在语用含义潜在歧义的，它可能表示感官上的苦味；也可能表示心理感受上的苦难和苦涩；依据俄罗斯人婚礼上的习俗，还可能是婚礼上要求新郎新娘接吻的喊声。

二、潜在歧义的分类消解原则

在前两章，我们曾涉及俄语潜在歧义的一些次类的分化，如第二章区分了Ⅰ型潜在歧义与Ⅱ型潜在歧义，在Ⅰ型潜在歧义中又分化出积极歧义和消极歧义；第三章进而区分了各个语言学层面上多个语言单位层次出现的潜在歧义现象。

在俄语潜在歧义消解的具体实践中，需要本着分类消解的原则，对于俄语潜在歧义的次类采用不尽相同的对策。我们认为，在

---

① 采集自俄语国家语料库。

第四章　俄语潜在歧义的消解

分类消歧的过程中，以下三点特别值得注意：

1）一般地，消歧依据语言学层面由低到高、语言单位层次由小到大的顺序。例如下句：

В настоящее время самой насущной проблемой для мастеров производственного обучения остается крайне низкая заработная плата.①(《Профессионал》, 2004)　　　　　　　　　　（4.6）

如果将该例句输入机器翻译系统来自动处理，其中就会存在多个Ⅱ型潜在歧义，系统需要按照一定顺序逐个消解它们。我们选取一些比较有代表性的Ⅱ型潜在歧义，例如：

单词настоящий具有词义潜在歧义，可能是"现在的、目前的"，"这、此、本"，"真的、真实的"，"真正的"，"实在的、十足的"等五个意思；

词形обучения具有形态潜在歧义，可能是名词обучение的复数一格形式或者单数二格形式；

构形词素-ой具有形态潜在歧义，可能是以-ый结尾形容词的阴性单数二三五六格词尾，或者以-ой结尾形容词（代词）的阳性单数一四格词尾，或者阴性名词的单数五格词尾等；

前置词词组для мастеров производственного обучения具有句法附着歧义，可能是附着在名词проблема上，或者附着在谓语动词остается上。

一般情况下，计算机系统依据语言学层面由低到高、语言单位层次由小到大的顺序对这些Ⅱ型潜在歧义进行消解。对于该例句的形态消歧，先消解词素单位的形态潜在歧义，例如对于проблемой的词尾-ой来说，应当将词形проблемой作为词尾-ой的语法语

---

① 采集自俄语国家语料库。

境①，这样一来构形词素-ой只能是阴性名词的单数五格词尾；而对于самой和насущной的词尾-ой来说，将词形самой和насущной作为词尾-ой的"语法语境"，那么构形词素-ой只能是以-ый结尾形容词的阴性单数二三五六格词尾，再加上词组самой насущной проблемой三个词所构成词组的语法语境，самой和насущной应当是修饰中心词проблемой的，所以самой和насущной的词尾-ой只能是阴性单数五格词尾。

可以看到，词素单位的形态潜在歧义消解后，词形单位的形态潜在歧义也得到了消解，因为这样的词形形态潜在歧义是属于同一个词的情况②。词形обучения的形态潜在歧义同理可以得到消解。

接下来应当进行句法潜在歧义的消解。前置词词组для мастеров производственного обучения具有句法附着歧义，可能是附着在名词проблема上，或者附着在谓语动词остается上。在自动消歧的过程中，可以在训练语料库中先计算для引导的前置词短语与动词остаться形成支配关系的概率P(остаться|для)，以及для前置词短语修饰名词проблема的概率P(проблема|для)；再用N元语法（我们以二元语法为例）计算两个中心词和для前置词短语的词义相关概率P(мастер|остаться)和P(мастер|проблема)；最后取乘积P(остаться | для)*P(мастер | остаться)和P(проблема | для)*P(мастер | проблема)进行优选。

然后是语义潜在歧义的消解。例如单词настоящий具有词义潜在歧义，可能是"现在的、目前的"，"这、此、本"，"真的、真实的"，"真正的"，"实在的、十足的"等五个意思。在电子词典中有固定词

---

① 其中的"语法"此时主要是指词的形态。
② 同音同形词形的形态潜在歧义除了同一个词的情况，还有同根词和不同词之间两种情况。此外，词单位的形态潜在歧义还涉及到近音同形词形，见第三章第三节中词形的形态潜在歧义。

组 в настоящее время，而例句中单词 настоящий 的左右语境恰好与固定词组匹配，这样一来 настоящий 的意思可以被首先优选为"现在的、目前的"。

整个自然语言处理的过程依照的就是语言学层面由低到高、语言单位层次由小到大的顺序进行的，这样可以先解决相对分散、容易的小问题，然后再解决比较复杂、涉及面比较广的大问题。潜在歧义的消解符合自然语言处理的一般规律，与外语学习者理解语言材料时先分析再综合的方式方法也是相吻合的。

2）先消解Ⅱ型潜在歧义，再消解Ⅰ型潜在歧义。

消解Ⅱ型潜在歧义依照的语境以本句为限，本句提供的语境往往足以消解Ⅱ型潜在歧义。消解Ⅰ型潜在歧义依照的语境常需要包含更多相邻的句子，本句提供的语境不足以消解Ⅰ型潜在歧义。

A. Caplan（1955）专门探讨了词义消歧的最小语境（minimal context）问题，在随机选取的140个多义英语词的消歧过程中，所需要的最小语境被分为以下七种：前面一个词P1（preceding）；后面一个词F1（following）；前后各一个词B1（both）；前面两个词P2；后面两个词F2；前后各两个词B2；整个句子S（sentence）。实验证明前后各一个词的B1语境比P2、F2、S三种语境的消歧效率更高。对于自然语言处理中的Ⅱ型潜在歧义消解来说，需要让计算机自动划出的语境范围常常采用类似于Caplan的方法，自动选取左右k个单词[1]作为"语境视窗"，并且该语境视窗的范围不超过整个句子。

而对于Ⅰ型潜在歧义的消解来说，其依赖的语境范围就更大，在本句中往往难以找到消歧的足够信息，必须借助于更大范围的语

---

[1] 其中k的值往往视具体情况而定，但一般情况下不大于7，即k≤7。

境以及相邻的句子。郑杰等（2000：2-3）专门讨论了篇章的语境表示方法，采用动态链表来动态管理语境词，链表中每一个节点的语境词都有一定的生存时间，在生存期内节点的语境词可以用来对歧义词进行排歧，而在生存期外的语境词就不再影响歧义词的语义选择，它对应的节点也会从链表中删除。节点的权值表示这个语境词对当前歧义词的影响程度，它反映的是语境词与歧义词在文中的距离联系，距离越短，权值就越大，对当前语义歧义词的影响也越大。权值以句子和段落为单位进行调整。

这种语境的表示方法可以使歧义的处理不再局限于以句子为单位，而可能以更大的范围例如以相邻的句子或者段落、篇章为单位进行分析，为Ⅰ型潜在歧义的消解提供了参照信息。但同时我们也注意到，语境范围越大包含的信息越多，计算机自动处理起来也会增大计算开支降低效率，并且相对难以从大量信息中规范有效地选取关键性语境词。此外，Ⅰ型潜在歧义的消解还常常需要依靠人类的百科知识和推理能力，这更是计算机难以较好掌握的内容。不难看出，消解Ⅰ型潜在歧义比Ⅱ型潜在歧义更难，此种情形下，较为明智的做法是先消解相对简单和确定的Ⅱ型潜在歧义。我们再来看上小节曾提到的一个例子：

У Олега есть *лук*.

Он любит кушать *лук*.[①]　　　　　　　　　　　　　　（4.3）

单独前一句话*лук*是有Ⅰ型潜在歧义的，奥列克有"洋葱"或者是有"弓"两种意思都讲得通，依靠本句话的信息无法消解该Ⅰ型潜在歧义。单独第二句话中的*лук*则是Ⅱ型潜在歧义，在本句话内部就可以进行消歧，从语义搭配上进行限制，"弓"是不能吃的，所

---

① 取自论文《语境与俄语语篇的理解》，李玲君，2003：91。

以只能是"洋葱"。在此种情形下，第一句中的Ⅰ型潜在歧义还需要第二句话作为更大的语境进行消歧，并且建立在Ⅱ型潜在歧义已经消解完的前提基础上。可见，应当先消解Ⅱ型潜在歧义再消解Ⅰ型潜在歧义。

综上所述，消解Ⅱ型潜在歧义依照本句提供的语境往往就足够了，这样的语境相对完整和固定，所依据的信息确定性更强，消歧更为容易。而消解Ⅰ型潜在歧义依照的语境常需要包含相邻的句子，究竟多少个相邻的句子存在影响以及句子间的相关度计算机难以准确把握，因此Ⅰ型潜在歧义的消歧语境不确定性较大，消歧过程也更为困难。基于这样的原因，我们认为应当首先消解语境相对确定的Ⅱ型潜在歧义，然后再探讨情况更为复杂的Ⅰ型潜在歧义的消解。

3) Ⅰ型潜在歧义中，消极歧义需要消解，积极歧义不需要消解。

在第一条原则中我们讨论了语境对于潜在歧义消解的重要作用，与此同时还要看到问题的另一方面，语境对潜在歧义的消解作用并非是万能的，有的时候根据语境也不能够消解潜在歧义。这种情况下，一个语法正确、合乎语义逻辑的句子，在特定的语用场景下，经过各种语境条件的限定以后，所表达的意思仍然有两种或多种可能性。如果潜在歧义影响到表达和沟通，造成交际失误，则属于消极潜在歧义，对话人必须通过进一步的交流来澄清事实；如果歧义是说话人故意制造的，并不会影响到沟通交流，也不会造成交际失误，反而会起到一语双关的表达效果，从而使语言变得风趣幽默或者寓意深远，这样的潜在歧义就属于积极潜在歧义，它们是不需要消解的。

先来看消极Ⅰ型潜在歧义的情况，例如甲乙两人在讨论一篇文章的作者时发生的交际失误：

—Эта статья, если не ошибаюсь, написана известным доктором Петровым.
　　—Подожди, я не понимаю, какой же доктор? Лечебный доктор или учёный?① 　　　　　　　　　　　　　　　　　（4.7）

　　第一句有两种可能，"这篇文章是著名医生彼得罗夫写的"；或者"这篇文章是著名的彼得罗夫博士写的"，两种理解都合乎语义逻辑。"доктор"这个词的潜在歧义转化为现实歧义，在语境条件的限制下，该词的潜在歧义仍然无法消解，由此便影响到交际，在这种情况下，只能通过进一步的沟通来确认实际的状况，例如例子中的第二句话。再举一个代词引起Ⅰ型潜在歧义的例子：

　　Мать велит дочери принести её книгу. Так дочь может читать, когда мать работает.② 　　　　　　　　　　　　　（4.8）

　　例句中潜在歧义出现在物主代词上，"她的书"可以是指母亲的书，也可能是指女儿的书。这时我们参考上下文语境，根据第二句话提供的语义信息，似乎女儿应当是读女儿自己的书，但是，女儿读母亲的书也是完全有可能的，并且也是合乎语义逻辑的，这实际上也是一个交际失误的例子，要想确定女儿究竟读的是谁的书还需要进一步的沟通。

　　同属于语境无法消解的潜在歧义，与消极Ⅰ型潜在歧义不同，积极Ⅰ型潜在歧义不仅不会使交际者发生错解或失误，反而是有利于交际的，能起到说话人故意创造的表达效果，例如，

　　Валя.—Мы моего мужика оставили внизу, а то его потом не выставишь.

---

① 取自论文《语境与俄语语篇的理解》，李玲君，2003：90。
② 取自论文《语境与俄语语篇的理解》，李玲君，2003：91。

第四章　俄语潜在歧义的消解

Наташа. —Да, мужиков выставлять трудно.① （4.9）

前一句话中Валя是说让自己的丈夫在楼下等候，否则他进了屋就不走了，其中мужик是指说话人的丈夫，没有歧义。而后一句话中Наташа说的мужик则产生了潜在歧义，因为没有特指，所以这个мужик既可指"丈夫"，又可泛指"男人"，理解为"丈夫不容易支走"或者"男人不容易支走"都是可以的，形成了现实歧义。在歧义消解的过程中，对于歧义的每一种可能性来说，如果语境对它的限制可以显现出来，可以消解该可能性，那么该可能性就是假；若是结合语境进行了歧义消解也无法消除的可能性，那么它就是真。如果几种可能性同时无法消解，则达到一语双关的效果（积极歧义的情况），或者是交际失误（消极歧义的情况）。上面的例子中，Наташа的答话产生了潜在歧义，通过语境消歧这样的潜在歧义也依然无法消解，两种可能性都是真的；进一步来看，这样的潜在歧义并不会影响交际，反而使Наташа的答话显得具有讽刺性的幽默，这就形成了一语双关的效果，是个典型的积极Ⅰ型潜在歧义。再来看一则笑话：

В книжном магазине покупатель говорит продавцу:

— Я хочу купить книгу, чтобы читать по дороге в командировку.

— Что-нибудь лёгкое? — спрашивает продавец.

— Это не важно, — отвечает покупатель. — Я на машине.②

（4.10）

这则笑话就是基于语言歧义的巧妙运用而产生的，在售货员的问话中，лёгкое指的是"轻松、娱乐"的意思；而在顾客的回答中，

---

① 采集自电影《Ирония судьбы》。
② 取自论文《多义词和同形异义词产生的幽默》，安利，2005(6): 74。

则指重量的"轻"。显然,幽默效果的产生是利用了лёгкое一词的词义潜在歧义,在同一个上下文里,лёгкое的两个意思都说得通,并且经过语境的选择限制以后,潜在歧义仍然无法得到消解。若是顾客在旅途看书,那么常常是看轻松、愉快的读物,从这点上来讲лёгкое可以指"轻松、娱乐"的意思;同时把лёгкое一词理解为重量的"轻"也是可以的,因为轻巧的读物在旅途便于携带。这样的Ⅰ型潜在歧义虽然无法通过语境来消解,但这是说笑话的人故意造成的效果,这样的一语双关恰恰是幽默之所在。

第二节 俄语潜在歧义消解的四个策略

自然语言的潜在歧义分布在不同的语言学层面上,并且从词素、词形变化到短语、句子结构等语言单位上都存在潜在歧义,计算语言学界几十年的发展历史也是与潜在歧义斗争的历史。潜在歧义消解涉及多种语言因素,还涉及日常生活中的常识,而这些因素的处理恰恰是计算机最难以应对的问题。计算机要处理语言材料则必须首先懂得语言的结构及相关特性,这就要求人们能把自然语言精确地形式化表示为计算机可理解的程序和数据结构。

40多年来,语言学家和计算机工作者在探索自然语言处理的潜在歧义问题上做了大量工作,取得不少成绩,但现有的研究成果在将人所具备的语言知识、百科常识、联想能力和逻辑推理能力等有效地改写成计算机完全能理解和运用的程序和数据结构方面还存在着相当大的差距。目前,对俄语自动处理过程中的潜在歧义消解研究主要集中在语法词典、基础性的词汇语义词典以及语料统计数据等方面,对上下文语法语境、语义语境等方面都有所涉及。结合目前消歧研究的整体情况,俄语潜在歧义消解可以使用以下四个策略。

一、基于规则的策略

目前普遍采用的消歧方法归纳起来主要有两种思路：一种是基于"制约"(constraint)的消解方法，是从潜在歧义的备选项中减掉不合适的项，是一种排除法；另一种是基于"优选"(preference)的消解方法，是从诸多备选项中根据指标挑出最优的选项。基于规则的策略主要是通过语言运用的各种规则——尤其是语法规则——对自然语言处理进行制约，排除掉不符合规则的可能性，是典型的基于"制约"的方法。优选的消解方法中最具有代表性的是基于概率统计的消歧，这种策略从潜在歧义单位的备选项中遴选出概率最高、最符合语境的方案。

(一)使用规则对潜在歧义进行制约

上下文语境是排除语言潜在歧义的重要依据，我们通过对在规则库中设置语境条件，进行上下文语法相关处理，可以使自然语言处理系统具有较强的消解潜在歧义的功能。上下文语法相关是指潜在歧义单位正确值的选择与其左部或右部单位的语法特征的具体值相关联，就是说，在消解潜在歧义时，往往需要以该成分前面或后面的某些成分的特征为判断条件。

词形 *супруге* 存在潜在形态歧义，它既可能是阳性名词 супруг 的单数六格，也可能是阴性名词 супруга 的单数六格，这是两个同根词间的潜在形态歧义，在自然语言处理的过程中就需要依据上下文语法相关的方法来进行消歧。在上下文语境为"о моём супруге"的词形 супруге 就可以被认定是阳性名词 супруг 的第六格，因为它需要与短语中左面的单位(物主代词 моём)保持一致关系；而在上下文"о моей супруге"中的词形 супруге 则应当是阴性名词 супруга

的第六格，因为它必须与词组中左边的词形 моей 保持一致。

рабочий 一词具有词性潜在歧义，它既可能是形容词 рабочий（工作的），也可能是名词 рабочий（工人），我们需要进行上下文语法相关从而排歧。在句子 Сегодня есть рабочий день. 中，它应当是形容词"工作的"，因为需要与后面的单位"день"保持一致关系；在句子 В Америке рабочий зарабатывает мало. 中，它只能是名词"工人"，因为它若是形容词则后面没有被修饰的成分，而且只有它可以做主语，上下文语法语境限制它只能是名词。

再来看一下单词识别的过程，这在一定程度上体现了计算机自动工作的原理，单词识别中的搜索与匹配是一个类似于潜在歧义的多种可能性被自动消解的过程。我们上文曾提到，计算机自动识别字母串或字符串过程的原理其实就是对磁盘上的符号串进行搜索，识别器就是计算机的搜索程序，识别器搜索带子有两种策略：一种是深度优先搜索（LIFO）或者后进先出策略，这种搜索的数据库进程表可以用栈来实现，它可以从后向前地识别单词；另一种是广度优先搜索（FIFO）或者先进先出策略，此搜索的数据库进程表用队列来实现，它可以从前向后地识别单词。字母的多种可能性也可以通过上下文语法相关的原理来自动消解，这样的上下文语法相关需要的是词汇学和构词学方面的规则。

在 LIFO 策略的计算机自动搜索过程中，例如最后的字母是 т，那么它可能是很多词形的结尾字母：或者是阳性名词 мост、或者是以 -та 结尾的阴性名词 невеста 的复数第二格 невест、或者是副词 наоборот、抑或是动词第三人称现在时变位形式如 читает、делают 等等。在上下文语境中需要再看左边的倒数第二个字母，例如是 e，那么这两个字母可能是动词第三人称现在时变位的词尾 -ет，最后一个字母 т 的多种可能性初步得以消解。再往左边搜索倒数第三个字母，例如是 a，那么可以确定这三个字母应当是动词第三人称现在时变位的词尾 а-ет。

在 FIFO 策略的自动搜索过程中，例如最前的字母是 т，那么它可能是以 т 为首写字母的所有单词词形的第一个字母：如代词 тот、或者名词 тетрадь、或者动词词形 течёт、或者形容词 типичный、或者副词 теперь 等。依据上下文语法相关，我们需要向右搜索第二个字母，例如是 е，那么这两个字母就可以合在一起初步限制首写字母 т 可能性的范围，其中多种可能性（例如代词 тот、或者形容词 типичный）初步得以消解。再往右搜索第三个字母，例如是 п，那么字母的范围就更小了，它可能是 теперь、тепло、теплоход、теплица 等等。继续向右搜索，第四个字母例如是 л，那么又排除掉一些可能（例如 теперь）。再向右搜索第五个字母，例如是 o，范围进一步缩小。直到最后搜索到空格符或者标点符号时，该词的搜索结束，单词最终得到确认，字母的多种可能性得以消解。

单词识别对我们人类处理语言来说也许根本算不上什么问题，我们根本就不会注意单个字母；但是，在计算机自动处理书面语言的时候，识别字母串却是基础性的、不可缺少的工作，它也体现了计算机自动工作的原理。

词素的潜在歧义例如构词词素 *вод*- 也可以通过上下文语法相关来自动消解。词素 *вод*- 可能源自名词 вода 与 "水" 有关，也可能源自动词 водить 与 "驾驶、驾驭" 有关。当与词素 *-ян-ой* 相结合时构成单词 водяной，词义 "水的（形容词）" 或者 "水怪、水妖（阳性名词）"，词素 *вод*- 是与 вода（水）有关的意思，另一个可能（即与 "驾驶、驾驭" 有关的意思）得到消解。当与词素 *-и-тель* 相结合时构成单词 водитель，意思是 "司机"，其中的词素 *вод*- 与 водить（驾驶、驾驭）有关，另一个可能（即与 "水" 有关的意思）得到限制。如此，通过上下文语法相关的限制，*вод*-的词素潜在歧义得以消解。

（二）设置语法特征函数①

一致关系和支配关系是俄语句法组合关系中最为重要的两种。俄语一致关系要求修饰成分和被修饰成分名词类组合时必须性、数、格一致，人称动词与一格主体组合时必须人称、性、数一致；俄语支配关系要求动词（或动名词）同（前置词+）名词组合成动补结构时，名词应当符合动词要求的接格，前置词必须同其支配关系要求的前置词一致。一致关系和支配关系反映在词汇形态上的趋同特点，为应用系统消解潜在歧义提供了辨别标志。根据李向东、周清波（2000：54）归纳出的五条准则，我们精简为以下四条准则：

1）只有"性"、"数"、"格"一致方可归约为合法的句法一致结构；

2）只有动词变位的"人称"、"性"、"数"一致方可归约为合法的句法一致结构；

3）只有"动词"+"格"一致方可归约为合法的句法支配结构；

4）只有"动词"+"前置词"+"格"一致方可归约为合法的句法支配结构。

其中前两条是一致性准则，第1）条适用于普遍的NP或者AP短语的一致性修饰，第2）条适用于句子S的根结构中NP与VP的一致关系；后两条准则是支配关系准则，适用于动宾、动补关系的VP短语中。

我们使用特征函数P(род)Ч(число)П(падеж)Л(лицо)Пр(предлог)表示性、数、格、人称、前置词五个语法特征。P可能是阳性、阴性、中性，我们相应地将其值设置为м、ж、с；Ч可能是单数或者复数，我们将其值表示为ед和мн；П可能是第一至第六

---

① 参考李向东、周清波《基于多知识交叉分析的俄汉机器翻译系统的多义区分与消解》，外语学刊，2000(4)。

格,我们将其值设为1、2、3、4、5、6;Л的值按照第一、第二、第三人称设置为1、2、3;Пр的值为具体的前置词,例如в、на、через等等。

"[ ]"里面表示短语中,中心词要求的搭配接格关系,例如名词短语NP中:N[Adj、φ, N(П=2)、φ],再例如具体的VP动词短语дать кому-н. что-н.中:дать=V[N(П=3)、φ, N(П=4)、φ],其中",""表示"并且","、"表示"或者","φ"表示"空集、不存在"。"( )"里面表示词性单位的特征函数值,例如N(Р, Ч, П)表示名词的性数格,Adj(Р=*, Ч=ед, П=*)表示性、格随意的形容词单数形式,再例如具体的名词письмо的N(Р, Ч, П)=N(с, ед, 1、4),其中"*"表示"任意值都可以"。

将特征函数写入句法规则库中有一致和支配要求的句法结构里,只有当被归约成分中若干项函数一一对应找到交集时,我们才认为匹配成功,并在归约结果中得到继承;否则认为失败,进入潜在歧义的其他可能性。(李向东、周清波,2000:54)例如:

Композитор написал знакомому письмо.[①]   (4.11)

以上例句意思是:"作曲家给熟人写信。"знакомый一词是兼类词,既可做Adj(形容词)表示"熟悉的、熟识的",又可做N(名词)表示"熟人、朋友",这就产生了Ⅱ型词性潜在歧义。下面我们使用特征函数进行自动消歧分析。首先看可能性为Adj的情况,那么Adj(Р, Ч, П)的值经过词法分析应当是Adj(м、с, ед, 3),这时它右边的单词письмо的词法分析应当是N(Р, Ч, П)=N(с, ед, 1、4),两者的特征函数Adj(Р, Ч, П)N(Р, Ч, П)虽然在Р和Ч存在交集с、ед,但是П并不存在交集,这样的话就不能达到特征函数的完全匹

---

① 取自论文《基于多知识交叉分析的俄汉机器翻译系统的多义区分与消解》,李向东、周清波,2000:54,具体词进行了调换。

配，两者不能构成一个NP；与此同时谓语动词написал的接格要求应当是V[N(*,*,3)、φ、N(*,*,4)、φ]，也就是说谓语动词的接格不能直接搭配Adj(м、с、ед、3)，最终匹配失败。再看знакомому做名词N的情况，这时它的特征函数值为N(Р,Ч,П)=N(м,ед,3)，这样的话它与右面的单词письмо=N(с,ед,1、4)以及左面的谓语动词написал=V[N(*,*,3)、φ、N(*,*,4)、φ]能够形成完整的交集 написал=V[знакомому=N(м,ед,3), письмо=N(с,ед,4)]，三个词能够形成一个以动词написал为中心语的VP，最终匹配成功。由此знакомому的词性潜在歧义得到消解，正确选择是名词。

在上例中，由于Р,Ч,П函数的设置，避免了不合理的重复性分析，只需一个步骤就排除了знакомому作为Adj(м、с、ед、3)同письмо=N(с,ед,1、4)相归约的可能性。在句法规则库中设置特征函数，可节省句法规则库的存储空间，增强句法规则的概括能力，缩短句法分析的时间，从而提高句法分析的效率和准确率。

（三）小结

总的说来，基于规则的方法首先要针对不同层次的潜在歧义建立不同的歧义消解规则库，如形态潜在歧义消除规则、词性标注规则、词义消歧规则、结构潜在歧义消解规则。在词法分析、词性标注、句法分析、语义分析等不同阶段，遇到可能存在的潜在歧义时，计算机即可自动搜索查找相应的歧义消解规则库。专家制定的规则快速使系统具有大量的基础知识，大大降低了消歧算法执行的时空开销，在句法规则库中设置特征函数，可以进一步节省句法规则库的空间，增强句法规则的概括能力，提高句法分析的效率和准确率。

但正是由于规则通常由专家组织制定，因此有很大主观性。此外，自然语言中存在很多例外的情况，加之语言的使用是无限的，规则难以百分之百地适用于所有语言运用的实际情况。因此，规则库的一致性难以维持，较差的可扩充性和知识的不完备性等问题成为该方法的主要缺陷。

二、基于概率统计的策略

近年来，计算机在速度、容量方面都有大幅度提高，计算机程序和软件的不断开发应用加快了语料库的建设，使随机语料可以大量得到。计算机软件和硬件的发展使得统计方法在词性标注、语音识别等领域获得了较大的成功。

基于统计的消歧策略，利用字与字间、词与词间、词性与词性之间的同现频率和词与词之间、词义与词义的搭配和相应的语言概率模型来消除潜在歧义。基于统计的方法可以避免基于规则方法的一些缺陷，它利用的知识主要是统计数据，可通过机器学习的方法得到，从而避免了人工获取规则的繁琐过程；同时，获取的知识具有客观性好、一致性强等特点。但是，基于统计的方法需要大规模的训练文本，用以训练模型参数，需要较大的计算量；此外，训练文本的选择范围也将影响基于统计方法潜在歧义消除的准确率；最后，概率数学的计算虽然准确严密，但语言是一种多变、不完全确定的社会现象，基于统计的消歧方法很可能会对小概率事件[①]做出错误的判断。

（一）N元语法和隐马尔可夫模型[②]

统计概率的消歧策略常常使用N元语法和隐马尔可夫模型。我们先来看怎样计算一个单词序列$w_1, w_2, \ldots, w_n$的概率。如果把每个单词在它本身位置的出现作为一个独立事件，则单词序列的概率可

---

① 小概率事件，统计学术语，指集合中发生概率比较小的事件。
② 关于N元语法和隐马尔可夫模型参考自D.Jurafsky & J.H.Martin著. 冯志伟、孙乐译,《自然语言处理综论》2005: 121-131, 150-152。

以表示为$P(w_1, w_2, \ldots, w_n)$，若使用概率的链式规则来分解这个概率，则可以得到：

$$P(w_1, w_2, \ldots, w_n) = P(w_1)P(w_2|w_1)P(w_3|w_1, w_2)\ldots P(w_n|w_1, w_2, \ldots, w_{n-1})$$

我们将$w_1, w_2, \ldots, w_n$记作，则

$$P(w_1^n) = \prod_{i=1}^{n} P(w_i|w_1^{i-1})$$

但是，我们怎样才能计算出概率$P(w_n|w_1^{n-1})$呢？当前面给定的单词序列很长时，我们不知道用什么简单的方法来计算这最后一个单词的概率的值，这时需要非常大的语料库和计算量。因此，我们通过一个简化的方法来解决这个问题：只需要用前一个单词作为条件来估算该单词出现的概率，即二元语法，二元语法模型通过前面一个单词的条件概率$P(w_n|w_{n-1})$来逼近前面给定的所有单词的条件概率$P(w_n|w_1^{n-1})$。

例如说，在给定的句子（同时也是单词序列）Мне нравится красная роза.中，我们要计算单词роза的条件概率，那么，

$$P(w_n|w_1^{n-1}) = P(\text{роза}|\text{Мне нравится красная})$$

现在，我们只需要使用二元语法模型将其简化为$P(w_n|w_{n-1})$，

$$P(w_n|w_{n-1}) = P(\text{роза}|\text{красная}),\text{ 即}$$

$$P(w_n|w_1^{n-1}) \approx P(w_n|w_{n-1}) = P(\text{роза}|\text{красная})$$

一个单词的概率只依赖于它前面单词的概率这种假设称为马尔可夫假设，马尔可夫假设是一种条件概率模型，不必查看很远的过去就可以预见到某个单位将来的概率。我们可以把二元语法模型（只看前一个单词）推广到三元语法模型（看前两个单词），再推广到N元语法模型（看前面的N-1个单词）。二元语法模型又称为一阶马尔可夫模型，因为它只看前一个单词的概率；同理，三元语法模

型称为二阶马尔可夫模型；N元语法模型称为N-1阶马尔可夫模型。在一个序列中，N元语法对于下一个单词的条件概率的逼近估算等式为：

$$P(w_n \mid w_1^{n-1}) \approx P(w_n \mid w_{n-N+1}^{n-1})$$

在上面的约等式中，N≤n，当N的值趋向于n时，则$P(w_n \mid w_{n-N+1}^{n-1})$的值趋向于$P(w_n \mid w_1^{n-1})$的值。该约等式说明，单词$w_n$的概率可以只通过前面的N-1个单词的条件概率来逼近。根据这个约等式还可以估算出整个符号序列的概率，即：

$$P(w_1^n) = \prod_{i=1}^{n} P(w_i \mid w_1^{i-1}) \approx \prod_{i=1}^{n} P(w_i \mid w_{i-N+1}^{i-1})$$

N元语法模型可以使用训练语料库和归一化的方法得到。对于统计概率模型来说，所谓归一化就是用总数来除，使得最后得到的概率数值处于0和1之间，以保持概率的合法性。我们确定某个训练语料库，从这个训练语料库中取某个特定的二元语法计数，计数C即出现次数，然后用前一个单词相同的二元语法的总数作为除数来归一化这个二元语法的计数：

$$P(w_n \mid w_{n-1}) = \frac{C(w_{n-1}w_n)}{\sum_w C(w_{n-1}w)}$$

我们可以把这个等式加以简化，因为以给定单词w_{n-1}开头的所有二元语法的总计数必定等于单词w_{n-1}的一元语法的计数，即$\sum_w C(w_{n-1}w) = C(w_{n-1})$。所以有：

$$P(w_n \mid w_{n-1}) = \frac{C(w_{n-1}w_n)}{C(w_{n-1})}$$

同理，对于一般的N元语法，在固定的训练语料库中归一化参数的估算方法为：

$$P(w_n \mid w_{n-N+1}^{n-1}) = \frac{C(w_{n-N+1}^{n-1}w_n)}{\sum_w C(w_{n-N+1}^{n-1}w)} = \frac{C(w_{n-N+1}^{n-1}w_n)}{C(w_{n-N+1}^{n-1})}$$

下面我们以俄语国家语料库作为训练语料库,以特定的二元语法"красная роза"为例来演示 N 元语法的归一化估算方法。在语料库中,C(красная роза)(即 C($w_{n-1}w_n$))的数值为 21 次,C(красная)(即 C(w_{n-1}))的数值为 2000 次左右(语料库未提供准确数字),那么:

P($w_n|w_{n-1}$)= C($w_{n-1}w_n$)/C(w_{n-1})= 21/2000 = 0.0105 = 1.05%

二元语法"красная роза"在俄语国家语料库中的条件概率为 1.05%。

隐马尔可夫模型与 N 元语法(或者说是马尔可夫模型)的不同之处在于,隐马尔可夫模型需要增加两个更多的要求。第一,隐马尔可夫模型的计算对象是观察符号的集合 O,这个集合中的符号不是从固定的状态集合 Q 的字母和单词中抽取的,观察符号集合 O 中的单位比固定状态集合 Q 中的单位更加复杂。第二,隐马尔可夫模型中观察似然度的值不止限于 0 或 1 两种可能,而是可以取 [0,1] 之内的任何实数值,这样一来,隐马尔可夫模型在观察集合映射到状态集合的过程中又产生了一次观察似然度函数 B 的概率,形成双层的概率模型。

(二)词性标注的统计概率消歧

接下来,我们以词性标注潜在歧义的消解原理为例来说明基于统计概率的消歧策略。在词性标注的过程中,我们可以使用概率模型来完成词性潜在歧义的消解。从概率统计的策略来讲,词性标注的目的是为句子中的词语选择一个最可能的词性序列,提高词性标注可靠性的一般方法是使用词语在句子中出现的一些局部上下文信息。设 $w_1, w_2, …, w_k$ 是一个词语序列,我们要找到的词类序列为 $C_1, C_2, …, C_k$,词性标注就是使得 P($C_1, C_2, …, C_k|w_1, w_2, …, w_k$) 取得最大值(argmax)。

根据条件概率的定义，A、B两个事件的条件概率P(A|B)可以换算为：

P(A|B) = P(AB)/P(B)

同理，条件概率P(B|A)可以换算为：

P(B|A) = P(AB)/P(A)

也就是说：

P(AB) = P(A)P(B|A) = P(B)P(A|B)

由此可以得到：

P(A|B) = P(A)P(B|A)/P(B)

根据这样的条件概率换算公式，那么：

$P(C_1, C_2...C_k | w_1, w_2...w_k) = P(C_1, C_2...C_k)P(w_1, w_2...w_k | C_1, C_2...C_k) / P(w_1, w_2...w_k)$

在词性标注的过程中，事先给定的词汇序列$w_1, w_2, ..., w_k$是不变的，因此$P(w_1, w_2...w_k)$是个常量，不会影响不同词性消歧的概率计算结果，则有：

$\text{argmax} P(C_1, C_2...C_k | w_1, w_2...w_k) = \text{argmax} P(C_1, C_2...C_k) P(w_1, w_2...w_k | C_1, C_2...C_k)$

在句子开头0位置增加一个伪词类Φ作为C_0的值，则根据二元语法模型，可做如下估计：

$$P(C_1, C_2, ..., C_k) = \prod_{i=1}^{k} P(C_i | C_{i-1})$$

$$P(w_1, w_2, ..., w_k | C_1, C_2, ..., C_k) = \prod_{i=1}^{k} P(w_i | C_i)$$

于是，词性标注消歧问题就转换为寻找序列$C_1, C_2, ..., C_k$，使得$\prod_{i=1}^{k} P(C_i | C_{i-1}) P(w_i | C_i)$最大，即：

$$\text{argmax } P(C_1, C_2, ..., C_k | w_1, w_2, ..., w_k) = \text{arg max} \prod_{i=1}^{k} P(C_i | C_{i-1}) P(w_i | C_i)$$

上述式子中的相关概率可以从标注了词性的文本语料库中计算出来，根据词类统计每个词语出现的次数，可以相应地估算出词语的生成概率$P(w_i|C_i)$。由于存在数据稀疏的问题，对每个没有确定给出的词对，可假定它的概率为一个固定值，如果允许每个节点都有一个输出概率，即在每个节点相关的输出上增加一个相应的输出概率（词语的生成概率），则可以将数据稀疏的地方进行平滑。此外，对于任意的词对C_{i-1}，C_i，我们并不必确定它们在观察序列o_1，$o_2\ldots o_k$中的位置。必须确定词对C_{i-1}，C_i在观察序列中位置的模型称为隐马尔可夫模型，所谓"隐"指的是对于某个特定的词语序列，并不清楚马尔可夫模型中对应的状态，这样就增加了一个观察似然度的问题，使问题更加复杂同时也更加贴近现实。例如，二元序列"читает книгу"既可从状态A（Утром Женя не читает книгу.）中生成，也可从状态B（Когда он читает книгу, одна ласточка влетела в аудиторию.）中生成，这样还需要计算比较状态A、状态B分别与观察序列O的似然度。

由于一阶马尔可夫链假设下一词类仅仅依赖于序列中的前一个词类，如果将同一类词类结尾的序列合并在一起，则对于每一个可能的终结词类，只需要给出前面一个最可能的序列，而对其他小概率序列则可以忽略。利用马尔可夫假设，我们可对词类序列集合先分解再合并，每次读入一个词语，并找出到每个结尾词类最可能的序列，依此类推，直到历遍序列中的所有词为止。（谈文蓉，2006：192-193）

（三）规则与统计相结合的办法

规则方法和统计方法在自然语言处理中各有优缺点。规则方法的优点是：对自然语言的表达比较深入，规则方法中的规则一般是根据语言学家多年的研究成果而描述的，具有较强的概括性，也容易理解，在受限领域应用效果较好。规则方法的缺点是：一致性不好，人们在设计规则的过程中不可避免会带有主观随意性，随着规则的增加，规则的维护和一致性的保证越来越困难；健壮性较差，基于规则的系统对于规则描述以外的语句无法处理，因而遇到规则描述以外的语句必然会产生错误的结果；基于规则的系统处理潜在歧义的能力差，规则所表示的知识是普遍的、理性的和大颗粒度的。例如在分析自然语言的语句时，用规则方法常常会产生许多分析树。

因此人们开始尝试改进传统的机器翻译，对大规模真实语料进行调查，用统计方法统计出真实的而不是人类推测的规律性。在实际应用中统计方法在许多方面可以补充规则方法的不足。统计方法有下列优点：1）提供了坚实的数学理论基础，并提供了消歧的方式；2）能自动训练参数，容易移植到新的领域和应用；3）使运用大规模的语料库更容易，因为大的语料库能提供足够的实例来把知识模型化；4）提供了一种方式估计不完全的知识，可以使用参数平滑方法处理数据稀疏问题；5）如果训练的语料足够多，它统计出的数据更客观，也能反映语言学中的规律；6）嵌入统计数据库中的知识在统计的意义上是一致的，与传统的知识库相反，传统的知识库经常包含某种不一致性。（刘颖，2001：58）

统计方法处理自然语言的健壮性好，能够覆盖的范围较大。对于规则中没有处理的语言现象，如果存在足够的联机语料，可以用统计方法统计出来，但统计方法也存在不足。统计方法的缺点：1）使用统计方法处理自然语言，对自然语言的处理和表示比较肤浅；2）统计方法需要大规模的标注语料库，如果语料库较小，覆盖的范围窄，则统计的数据不客观，使用这样的数据消歧效果并不十分理想。因此对统计方法而言，如何标注大规模的语料库尤其是带有句法标注和语义标注的语料库就成为关键的问题；3）统计方法统计

的知识比规则方法的规则难理解，因为统计方法统计出的是一些抽象的符号及其数据。(同上：58-59)

鉴于二者的优缺点具有一定的互补性，目前两种方法正在被越来越多地相互结合，以便发挥各自的优势，从而达到更好的消歧效果。

三、基于语义的策略

(一)语义知识系统

计算机自动排歧时，需要借助大量反映自然语言的语法、语义信息的知识。传统语言学的研究为语法知识的运用奠定了较好的基础，但传统的词典在提供的语义信息方面还相当有限。在消解词性兼类潜在歧义、一词多义潜在歧义、句法结构潜在歧义和语义结构潜在歧义等的过程中，均需要大量运用语义知识，这需要通过建立完善的语义知识库来完成。

人类的自然语言是通过语词的有机组合而形成的，通常我们将语词分为实词和虚词。实词是具有概念意义的语词，它包括名词、动词、形容词、副词、代词、数词和量词等，实词之间的语义搭配关系对句法结构起着重要的影响作用。而虚词在句子中只具有语法意义，包括前置词、连词、助词、叹词、象声词等，大多数虚词的作用仅仅用于表示关联和语气。语义知识系统就是使用一定的形式化手段，以实词及其之间的关系为基础建立起来的词汇语义网络。

从计算语言学初始直到现在，产生过多种语义知识的形式化表示手段，具有代表性的包括格语法、语义框架网络、谓词逻辑、概念从属、元语言、wordnet、知网等，随着研究的推进与认识的深化，许多新技术还在不断的开发和深入。不同的语义知识表示方式都有其针对性和局限性，而且同一领域知识可采用不同的语义知识表示方式。所以在选取语义知识表示方式时，应依据自然语言处理模式的具体情况来定。在自然语言处理的潜在歧义自动消解过程中，需要将多种语义知识表示方式有机结合，以消除各自存在的缺陷，使之能充分并且互补地提供语义限制信息，从而消解各种潜在歧义。

  总体来讲，语义知识系统包括两种类型的语义知识：一是范畴型知识，可表述为"属性：值"，即复杂特征集；另一种是规则型知识，可表述为"条件→动作"，即产生式规则。范畴型语义知识又包括两种情况，一种称为简单范畴型语义知识，刻画一个对象的基本语义属性，例如 суп = [语义类：食物，特征：液体]；另一种称为复杂范畴型语义知识，刻画的是两个以上对象之间的基本语义关系，例如 кушать = {施事：[语义类：动物]，受事：[语义类：食物，特征：固体]}。范畴型语义知识加上规则型语义知识在自然语言的不同领域都可以发挥作用，特别在自然语言处理过程中可以结合上下文语义相关，从而对各种潜在歧义进行消解。（谈文蓉等，2005：974）

  （二）上下文语义相关

  语义在世界中并不是孤立存在的，而是存在着各种各样的关联与约束。词汇语义间的相互关联体现了客观世界中事物间普遍存在的联系，也使得自然语言变幻无穷，语义知识系统中的语义知识单元之间也是存在广泛关联的。我们把语义之间存在的各种各样的复杂联系与约束称为语义相关。在自然语言处理的自动消歧问题上，可以通过上下文语境的语义相关来对潜在歧义单位进行限制或者优选，从而达到排除潜在歧义的目的。

  语义相关度差容易导致语义异常，它一般是指短语或句子中上下文语义相关上的不协调，例如"Зелёная идея шумно спит."这句话在语法上没有任何错误，一致关系和接格搭配都非常准确，上下文语法相关是没有问题的；但是，从语义相关的角度来讲，句子就说不通了，идея＝［语义类：主观世界/思想，特征：不可见］，既然идея是不可见的主观范畴，那么它就谈不上是зелёная(绿色的)，同理它也无法спит(睡觉)。通过语义异常现象的分析，可以排除潜在歧义中一些错误的可能性。

例如书面语中замок一词是存在语音潜在歧义的，如果重音在第二音节замо́к则意思是"锁"，如果重音在第一音节за́мок则意思是"城堡"。在上下文为запереть дверь на замке的情况下，重音应当在第二音节замо́к＝［语义类：工具，特征：可以开、关，功能：固定其他某物］，意思是"锁"，因为它与前面的дверь＝［语义类：房屋的一部分，特征：可以开、关、锁］的语义关系较近，且与动词запереть＝{施事：［语义类：动物/人类］，受事：［语义类：处所、物体，特征：可以开、关、锁］，工具：［语义类：工具，特征：可以开、关］}的语义关系也较近；而重音若是在第一音节上за́мок＝［语义类：地点，特征：与战争有关］，意思是"城堡"，则与дверь和запереть的语义相关性小，会产生语义异常。如果是在句子Под замком погибли много солдат.中，那么重音应当在第一音节上за́мок＝［语义类：地点，特征：与战争有关］，意思是"城堡"，因为它与后面的солдат＝［语义类：人/军人，特征：与战争有关］语义相关性强，且与谓语动词погибнуть＝{施事：［语义类：人］，受事：［φ］，特征：与战争有关}语义相关性强。若是重音在第二音节上замо́к＝［语义类：工具，特征：可以开、关，功能：固定其他某物］，意思是"锁"，则与前面的солдат、погибнуть语义相关性小，会发生语义异常。这样一来，我们便使用上下文语义相关的方法完成了潜在歧义消解的任务。

第四章　俄语潜在歧义的消解

Старые женщины и дети так же участвовали в бое.[①]　　（4.12）

例句中短语 старые женщины и дети 是存在潜在句法歧义的，修饰语 старые 既可能只是限定 женщины 一个词，也可能同时限定 женщины 和 дети 两个部分，这样的潜在句法歧义可以通过上下文语义相关来消解。形容词 старые 的语义范畴知识为 старые=[语义类：性质/年龄，特征：年龄大、老]，而名词 дети 的语义范畴知识为 дети=[语义类：人，特征：年龄小]，如果 старые 和 дети 两个词搭配在一起语义会产生冲突，发生语义异常现象，因此修饰语 старые 不可能同时限定 женщины 和 дети 两个词，只能限定 женщины 一个词。

Петя *смотрит* фильм *с угрозой*.[②]　　（4.13）

该句中的前置词短语 с угрозой 也是有 II 型句法附着潜在歧义的，一种可能是修饰谓语动词 смотрит，另一种可能是修饰名词 фильм，这样一来，句子的句法结构和意思都有所不同，词性序列[N V N PP]可能形成的剖析树有两种可能如图4.2所示。在该例句的潜在句法歧义中，我们可以借助上下文语义相关来进行语义优选，从潜在歧义的两种可能性中选取语义相关性更大的可能性。谓语动词 смотрит 的简单语义范畴知识为 смотрит=[语义类：动作/看]，复杂语义范畴知识为 смотрит={施事：[语义类：动物/人]，受事：[语义类：事物、动物，特征：可见]}。名词 фильм 的语义范畴知识为 фильм=[语义类：事物]；前置词短语 с угрозой 的语义知识为 угроза=[语义类：情感、感受，功能：伴随]。угроза 的语义范畴知识显然与谓语动词 смотрит 的语义范畴知识更接近，两

[①] 采集自俄语网页 http://www.krugosvet.ru/articles/90/1009006/1009006a11.htm #1009006-L-119

[②] 采集自俄语网页，Архипов А.В., Брыкина М.М. http://www.dialog-21.ru/archive/ 2004/arkhipov_brykina.htm

个词的语义知识搭配在一起的可能性更加大；而угроза的语义范畴与фильм相矛盾，因为事物没有情感或感受。因此前置词短语с угрозой修饰谓语动词смотрит的可能性较大，修饰名词фильм的可能性相对较小，从优选的方法论角度出发，剖析树（a）应当是例句的正确句法结构，句子意思是"Петя害怕地看电影"。

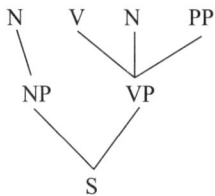

图4.2（a） 例（4.13）的句法剖析树（a）

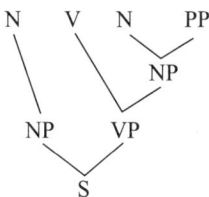

图4.2（b） 例（4.13）的句法剖析树（b）

В конце 1821 Кюхельбекер был назначен на Кавказ *чиновником особых поручений*. Оставался он в этой должности лишь до мая 1822.[①] （4.14）

例句中斜体的"*чиновником*"与谓语动词назначен的深层语义关系存在语义结构潜在歧义，用作第五格的"чиновник"有两种可能性：一种是作为谓语（被动形动词短尾）的主体，是"назначить"这个动作的发出者；另一种可能性是动词назначить的支配接格形式，意义是"担任……职务、作为……的身份"，语义结构潜在歧

[①] 采集自俄语网页http://decemb.hobby.ru/index.shtml?alphavit/alf_k

义如下表的(a)、(b)两种情况。

表4.2(a) 例(4.14)的简要语义结构(a)

Кюхельбекер	(был) назначен	(на) Кавказ	чиновником(особых поручений).
Objective	Action	Locative	Agentive(施事格)

表4.2(b) 例(4.14)的简要语义结构(b)

Кюхельбекер	(был) назначен	(на) Кавказ	чиновником(особых поручений).
Objective	Action	Locative	Factitive(使成格)

而在接下来一句话Оставался он в этой должности лишь до мая 1822.中，名词должность的语义范畴知识должности=[语义类：位置/职务，特征：政务]。根据上下文语义相关，那么上一句话中，斜体的"чиновником особых поручений"与谓语动词назначен的深层语义关系只能是(表4.2(b)，因为чиновник的语义范畴知识чиновником=[语义类：职务，特征：政务]，与должность的语义范畴知识相接近，它们都是指Кюхельбекер的状态。假如深层语义关系是(表4.2(a)的话，则施事与受事成为同一个人，与动词назначить的复杂语义范畴知识назначен={施事：[语义类：动物/人]，受事：[语义类：动物/人]，特征：施事与受事不等同}相违背，因为назначить的施事与受事不能是同一个人。

В декабре 1990 г. *он* уже стал *главой* международной компании.①   (4.15)

这是一个Ⅱ型词义潜在歧义的例子。我们主要看斜体的*глава*，

---

① 采集自俄语网页http://econbook.kemsu.ru/UMK_Aparina/case.html

глава有"首领、头领"或者"(书中的)章"两个意义,两个意义的语义知识描述分别是,глава(首领、头领)=[语义类:动物,特征:群体中的首领];глава(章)=[语义类:书,特征:书内容的一部分]。谓语动词的复杂语义范畴知识为стал(成为)={施事:[语义类:人],使成格:[语义类:人,特征:与施事是同一主体]},由于谓语动词стал要求的使成格与施事是同一个主体,这个主体应当同时是施事人(主语он),而作为使成格的глава(章)=[语义类:书,特征:书内容的一部分]语义格不属于动物类,这就会与主语он谓语стал发生语义异常,(另外还与后面的компании在搭配上存在语义异常,这一点不再细说)因此这个可能性需要排除,斜体的*славой*只能是"首领、头领"的意思,词义潜在歧义得以消解。

(三)语义策略与概率策略相结合

语义规则的描述细致程度及其覆盖率是互相矛盾的因素,因此潜在歧义的产生是不可避免的,语义规则与统计方法相结合是一种比较有效的解决方案。我们可以依靠语义相关,采用基于优选机制的语义消歧方法,建立用语义加强的概率上下文无关文法(Probabilistic Context-Free Grammar,简称PCFG)模型,然后计算处于竞争关系的分析路径的概率值,并将其作为语义概率消歧的依据。我们把词汇转换为其代表的语义,在此基础上按照语义之间的相关性定义语义分析PCFG规则,这样避免了以词性为基础进行句法分析时造成的信息描述粗糙的缺点。

传统的PCFG方法主要用于句法分析,其思想是对CFG模型进行概率扩展,为每一条产生式都附加一个概率值,且必须满足左部符号相同的所有规则概率之和等于1,一棵句法树的分值是由每棵子树的概率连续乘积得到,得分最高者就是由PCFG确定的最优解。应用于语义概率消歧的语义PCFG模型相对于句法分析PCFG模型,存在着一些不同：句法分析是以词性为基础，因此左部相同的规则数量较多，而语义分析是以语义概念为基础，规则描述的是语义概念之间的相互关系。（刘蓓、杜利民，2005：77）

我们设定潜在歧义的单位为w_q，其上下文语境为$w_1, w_2, \ldots, w_n$（其中不包括w_q），$w_1, w_2, \ldots, w_n$的语义为$s_1, s_2, \ldots, s_n$，因为w_q为潜在歧义单位，我们设s_q的多种可能性分别为$q_1、q_2、\ldots、q_m$，接下来，我们需要分别计算$q_1、q_2、\ldots、q_m$与$s_1, s_2, \ldots, s_n$上下文语义相关度的值$P(q_1|s_1, s_2, \ldots, s_n)$、$\ldots$、$P(q_m|s_1, s_2, \ldots, s_n)$，其中语义相关度最大$\mathop{\mathrm{argmax}}\limits_{j=1}^{m} P(q_j|s_1,s_2,\ldots,s_n)$的$q_j$应当是潜在歧义单位$w_q$的语义优选项。

$P(q_j|s_1, s_2, \ldots, s_n)$的计算方法应当是分别计算$q_j$与集合$\{s_1, s_2, \ldots, s_n\}$中每个元素$s_i(i=1, \ldots, n)$的语义相关度，然后将其综合。$q_j$与$s_i(i=1, \ldots, n)$的语义相关度为$P(q_j|s_i)$，则：

$$P(q_j|s_1,s_2,\ldots,s_n)=\prod_{i=1}^{n}P(q_j|s_i)$$

因此，

$$\mathop{\mathrm{argmax}}\limits_{j=1}^{m} P(q_j|s_1,s_2,\ldots,s_n) = \mathop{\mathrm{argmax}}\limits_{j=1}^{m} \prod_{i=1}^{n}P(q_j|s_i)$$

通过条件概率的连续相乘，可以计算出q_j与上下文语义相关$P(q_j|s_1, s_2, \ldots, s_n)$的概率值，从中选取最大值的$q_j$为正确的可能性。公式中的基本计算单位$P(q_j|s_i)$的值可以在训练语料库中进行计算，即计算语料库中两个语义的相关值。顺便提及，类似知网和Wordnet这样的语义网络系统可以为语义计算提供实用平台。

（四）讨论

近年来，在自然语言理解中运用语义策略排歧的技术不断取得进展，研究者利用语义知识在词义潜在歧义、语义结构潜在歧义、句法结构潜在歧义等消歧领域取得了一定的成绩。但由于语义关系的复杂性和难以形式化，语义排歧策略的可操作性还受到一些限制。为了实现计算机自动消歧的目标，我们还需要进一步加强语义资源建设。一个好的语义知识系统的设计应遵循两个原则：1）语义范畴应尽量做到高度形式化，一个语义范畴的设置要以形式上可观察、操作上可计算的准则为依据；2）语义范畴不宜贪大求全，够用即可，因为太大的语义知识系统将导致语义相关度的计算量急剧增大，最终使得计算资源耗尽。

四、人机交互的消歧策略

目前任何自然语言处理系统都无法做到全自动地精确处理自然语言，虽然语言学和计算机科学专家试图尽量提高自然语言处理系统的自动消歧水平，但是自动处理的结果往往仍然是可读性较差，需要专业人员的进一步人工编辑处理。人工编辑处理可分为两种情况：一种是在计算机自动处理后，人工对输出文本进行更正，是一种后期制作；另一种是在计算机自动处理的过程中，人机间进行实时交流，计算机系统在遇到潜在歧义时按照规程向操作人员弹出对话框，由人工选择潜在歧义中正确的可能性选项。人机交互的消歧策略就属于第二种情况。

人机交互的消歧策略相对于完全的计算机自动消歧具有很多优势：1）简化自然语言处理的后期人工编辑处理工作；2）提高自然语言处理的准确率，使处理结果的输出文本具有更强的可读性；3）提高自然语言处理系统的工作效率，每次遇到自然语言处理中的潜在歧义岔口，都通过人机交互由人类来智能化地选择正确的可能性，系统不需要再计算那些本来是错误的可能性，从而减少计算机不必要的冗余计算，提高系统的工作效率。

由俄罗斯科学院信息传输问题研究所计算语言学实验室开发

的ЭТАП机器翻译系统使用人机交互的消歧策略来应对自然语言处理中的潜在歧义问题，大大提高翻译的准确率。(http://company.yandex.ru/grant/2005/01_Lazursky_102921.pdf)下面我们来看ЭТАП系统使用人机交互的策略进行消歧的几个例子。

　　Если увлажнить *потом* кожу, то эффект усиливается.[①]　(4.16)

　　这是一个形态潜在歧义的例子，斜体的 *потом* 既可能是名词 пот 的第五格形式потом，又可能是副词потом。首先系统自动分析该词形的形态，可以得出形态潜在歧义的两种可能性，接下来系统弹出一个对话框，由人工来选择潜在歧义多种可能性中正确的选项，上下文语境也一并显示出来，如下图所示：

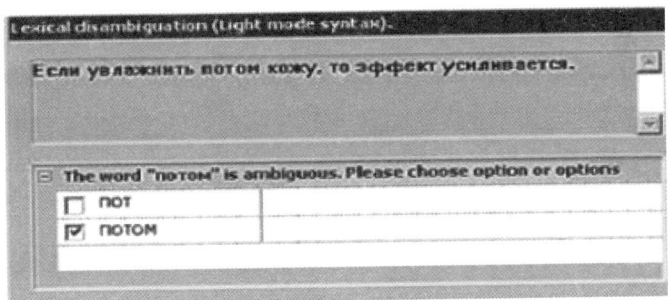

图4.3　ЭТАП-3的人机交互词义消歧对话框

　　人工选择之后，系统继续运行。最终翻译为英语的句子可读性较强，翻译基本正确：If one humidifies afterwards the skin, then the effect intensifies. 此外，该例句中的形态潜在歧义还可以通过增加词重音的方法进行选择，*потом* 的两种可能的重音不同，也属于形同音近的语音潜在歧义，名词 пот 的第五格重音为 по́том，副词的重音为 пото́м，因此可以在系统的电子词典中加入重音标注以示区别，

[①] 取自论文，А.В. Лазурский и др. http://company.yandex.ru/grant/2005/01_Lazursky_102921.pdf

从而进行词重音的人工选择。

За *один* день Аня разучила песню из фильма «Большая перемена».①   （4.17）

在该例句中斜体的*один*和*перемена*两个词都是存在潜在歧义的：*один*的词性存在潜在歧义，可能是数词或者形容词，两种可能性的意思也不尽相同，数词的意思是"一个、一"，而形容词还有"独自"的意思；*перемена*的词义有潜在歧义，可能是"变化"或者"间歇、休息"两个意思。ЭТАП-3系统自动分析出这两个词的潜在歧义后，弹出一个人机交互对话框，由人工来选择潜在歧义多种可能性中正确的选项，如下图所示：

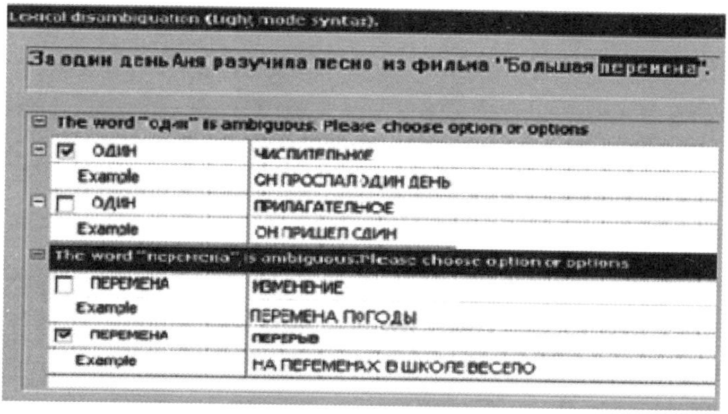

图4.4　ЭТАП-3的人机交互词义消歧对话框

经过人工选择潜在歧义得到了较好的消解，翻译为英文的结果基本正确：In one day Ania learned a song from film «Large break»。由于采用人机交互的消歧策略，ЭТАП-3机器翻译系统可以共享人所拥有的广泛知识，它相对于完全自动消歧有两个明显的优点：1）通

---

① 取自论文, А.В. Лазурский и др. http : //company.yandex.ru/grant/2005/01_Lazursky _102921. pdf

过对话框与人进行交互，可以共享到人所拥有的语言学以外的百科知识；2）对于难以形式化的语言学知识，自然语言处理系统也无法进行有效的利用，这时可以通过与人的交互方式，由人工进行消歧。

以上是词汇单位的潜在歧义消解，结构潜在歧义的人机交互消解要相对复杂一些，因为参与人机交互的人必须懂得足够的形式语言学方面的知识。ЭТАП-3系统的操作实践显示，一般人可以轻松地对词汇潜在歧义做出正确的判断，但是对结构潜在歧义的判断要困难一些，因此需要对ЭТАП-3的用户针对一些形式语言学基本知识进行培训和说明。再来看一个稍复杂一些的例子：

Дом портит засоренный жильцами мусоропровод.[①]　　（4.18）

这句话存在不少潜在歧义点，即使我们人类也需要认真辨别该句子的正确结构和意思。第一，句子的主语应当是мусоропровод，而不是处于句首的Дом，如果是Дом做主语那么句子说不通。第二，形动词засоренный的动词原形засорить存在词义潜在歧义，可能是"用垃圾把……弄脏、把……弄上垃圾"或者"使阻塞、使发生障碍"，在句中的正确义项应当是第二个意思，形动词засоренный的意思是"被堵塞的"。第三，засоренный和第五格жильцами之间的语义结构存在潜在歧义，第五格жильцами可能是动词засорить要求的接格关系，在语义潜在歧义结构中作为工具格；或者第五格жильцами可能是作为被动形动词засоренный的动作主体，在语义潜在歧义结构中作为施事格。首先ЭТАП-3系统弹出结构潜在歧义消解对话框，如下图所示：

---

① 取自论文，А.В. Лазурский и др. http：//company.yandex.ru/grant/2005/01_Lazursky_102921.pdf

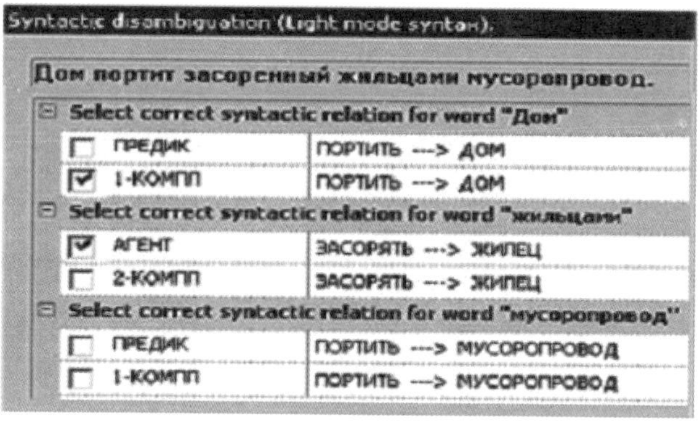

图4.5 ЭТАП-3的人机交互结构潜在歧义消解对话框

对话框中的选项是按照Мельчук提出的《Смысл⇔Текст》模型中的形式化术语进行描述的，因此需要对ЭТАП-3的用户进行这方面的说明。第一和第三个问题是用来确定句子中究竟是Дом还是мусоропровод作主语，第二个问题用来确定歧义语义结构засоренный жильцами中第五格жильцами的语义格究竟是工具格还是施事格。

结构潜在歧义对话框之后是词汇潜在歧义的交互对话框：

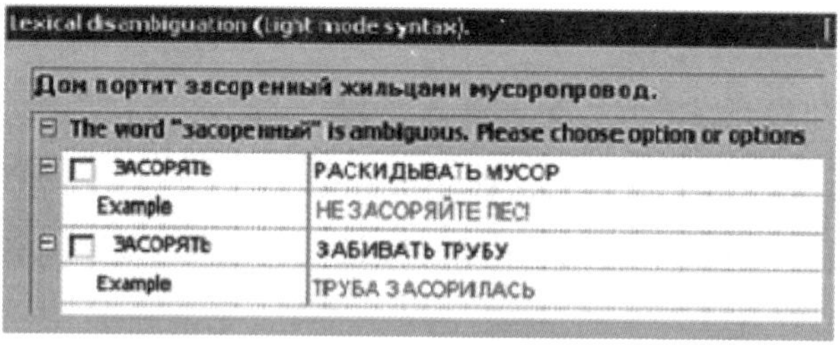

图4.6 ЭТАП-3的人机交互词义消歧对话框

按照例句的意思，形动词засоренный的动词原形засорить应当采用"使阻塞、使发生障碍"的意思，形动词засоренный表示"被堵塞的"。当人类在对话框中做出智能的消歧选择后，ЭТАП-3系统可以正确高效地将例句翻译为英语：It is a refuse chute, choked up by the tenants, that spoils the house.

基于人机交互的策略使得人类能够在潜在歧义消解这一关键环节实时地参与到自然语言处理的过程中来，从而大大提高了自然语言处理系统的正确率和工作效率。当然，人机交互的消歧方法也有赖于自然语言处理系统本身的自动分析处理能力，否则大量的工作又将落在人的肩上。由俄罗斯科学院信息传输问题研究所计算语言学实验室研发的ЭТАП系统在人机交互的潜在歧义消解方面做出了有益的尝试。可以说，人机交互是一种非常有发展前景的消歧策略，它能够在自然语言处理的潜在歧义消解问题上发挥更大的作用。

第三节　俄语词单位潜在歧义消解举例

词单位潜在歧义消解是自然语言计算机处理中一个最为常见的难题。由于多义词是绝大多数语言中都普遍存在的现象，而多义词中诸多义项的分布又不易找到一般规律，在语言运用过程中就会造成词义潜在歧义。俄语词形的形态变化丰富，词形的重合与词性的演变也都会造成词形潜在形态歧义。词单位消歧问题涉及上下文语法相关因素、上下文语义相关因素、语用语境因素，甚至还涉及日常生活中的常识，而这些因素的处理，恰恰是计算机最难以应对的问题。

事实上，词单位排歧问题从机器翻译研究刚刚萌芽时就困扰着计算语言学工作者，自然语言处理从起初直到现在，学者们在探索词单位排歧的研究中做了大量的工作。尽管该问题距离彻底解决还非常遥远，但是相关研究成果已经可以让我们看到希望。本节中我们将结合冯志伟先生（2004：573-595；2004（1））总结提出的八种重要的词义排歧方法，举例讨论俄语词单位消歧的具体办法。

一、基于词类的选择限制

有些词形的潜在歧义与它们所属的词类有关，不同的词义往往取决于在句中可能是怎样的词类。因此，如果我们能够确定这些潜在歧义词在句中的词类，排歧的问题也就迎刃而解了。例如：

Житель крымского поселка Первомайское пропал без *вести* во время ураганного ветра в воскресенье.[①]　　　　　　　(4.19)

词形 *вести* 存在形态潜在歧义，可能是动词原形 вести́（带领）也可能是名词 весть（消息）的变格形式 ве́сти，两种可能性表达的意思自然也不相同。例句中词形 *вести* 处在前置词 без 的后面，而且前置词后面只有它一个词形，因此可以断定词形 *вести* 应当是名词的变格形式；又由于前置词 без 后面要求接第二格，所以例句中的词形 *вести* 只可能是名词 весть（消息）的单数二格形式。

Приволжская железная *дорога* продавала билеты оптом.[②]（《Известия》, 2001.11.01）　　　　　　　(4.20)

词形 *дорога* 既可能是名词 доро́га（道路），也可能是形容词 дорогой（珍贵的、贵重的）的阴性短尾形式 дорога́。例句中的词形 *дорога* 由于受形容词长尾形式 приволжская 和 железная 的修饰，因此不可能是形容词 дорогой（珍贵的、贵重的）的短尾形式 дорога́。而且，若词形 *дорога* 不是名词，则例句中没有一格名词与形容词单数一格 приволжская 和 железная 相匹配，阴性短尾形式 дорога́ 也没有与之相对应的主体，所以词形 *дорога* 只能是名词"道路"。

如果我们有一个高效率的词性标注系统，可以正确地决定兼类

---

① 采集自俄语网页http：//www.vesti.ru/doc.html?id=147240&cid=9
② 采集自俄语国家语料库。

词形的词类，那么，我们就可以利用标注正确的词类来确定歧义词的意义，从而达到词单位排歧的目的。可是，当同一个词类的多义词还存在多个不同的词义的时候，这种"以词类决定词义"的方法就显得无能为力了，因为在判定了词类之后，还需要对不同的词义进行选择。这时，我们还需要根据语法和语义上下文的选择限制来排歧。

二、基于语法和语义的选择限制

词性是自动消歧中最基本的指标，而当词性对词单位消歧无法发挥作用时，语法支配规则和语义关联的知识是选择限制的词单位排歧方法的主要知识源。在自然语言处理的自动分析中，语法支配规则和语义关联的知识也常常被用来删除不恰当的义项从而减少潜在歧义的数量。

例如наговорить是一个具有潜在歧义的多义词，虽然它的多个歧义义项无法通过词性来进行排除，因为наговорить的词性是确定的，只能是动词，但是我们可以通过该词的语法接格规则来判断它的正确意义，如果接格关系是что-н.或чего-н.，则意思是"说很多、讲许多话"；如果接格关系是на кого-н.，则意思是"诬赖、诬陷"。再例如принадлежать也存在词义潜在歧义，虽然该词的多个义项都是动词词性，我们不能依据词性来消歧，但可以通过该词的语法接格规则来选择它的正确意义：如果接格关系是кому-н.则意思是"属于、归……所有"；如果接格规则是к кому-чему-н.则表示"是……的一员"。подготовить如果接格是кого-н.则意思是"培养、训练"；若支配的不是表示人的补语而是что-н.，则意思是"准备、预备"。

对词单位进行语义的限制，例如前置词от，该前置词有多种可能的意思，而且各种情况下的接格都是名词二格，在这种情况下，通过词性和语法支配规则都无法消解潜在歧义，只能通过语义相关知识来消歧。在搭配 от головы до пяток 中，от 应当是该词的基本意义"从……、由……"；而在搭配 пуговица от пальто 中，от 指出事物所属的整体，以及事物的用途，相当于英语的 of，表示"……上的……、……的……"；在搭配 защита от врага 中，от 指出摆脱、避免、防止的对象，意思是"使……免遭……、为避免……"；在上下文 заболеть от переутомления 中，от 表示一种消极的原因，意思是"由于、因为"；在具体搭配 приказ от первого августа 中，от 表示事物发生的日期，意思是"（某日期）的……"。以上的各种情况中，от 的潜在歧义只能通过与其搭配的词进行语义相关限制，从而确定潜在歧义中的正确可能性。

　　由于语义相关的选择限制较语法限制更为有效，所以自然语言处理学界目前出现了"小语法、大词库"的思路，试图通过建立超大规模的词汇语义搭配信息库，以词汇的语义搭配作为操作的中心环节来进行自然语言的分析处理。另一方面，"小语法、大词库"的实现需要耗费大量的人力物力，这样超大词库的建造和完善也需要相当长的时间，需要学界同仁不断努力。

三、基于词典定义的消歧方法

　　上述方法的最大问题是规则库或者词汇搭配库的规模问题，许多词单位排歧试验的规模只涉及不到10个词。我们还可以使用一种更为简单和直接的词义消歧方法，那就是让机器直接阅读电子词典，采用基于词典的词义消歧方法。这时，机器可读词典能够提供给计算机潜在歧义词的定义，相应义项的定义有时会给词义排歧提供有用的信息。

计算机可以把多义词的各个义项的定义进行比较，选择具有最大覆盖上下文的义项为正确的义项。例如，在词组кинематографическая плёнка(电影底片)中，плёнка存在多义词的潜在歧义，我们把С.И. Ожегов词典中плёнка一词的三个可能义项的定义列举如下：

плёнка

1）тонкая кожица, тонкий слой на чём-н. "薄膜，薄层；（液体表面的）凝皮，薄皮"；

2）эластичная лента из специального материала со светочувствительным слоем для фотографических и *кинематографических* снимков. "胶卷，软片，底片"；

3）эластичная лента из специального материала для магнитофонной записи. "录音带"。

计算机将选择义项2）作为词组кинематографическая плёнка中潜在歧义词плёнка的正确义项。因为在义项2）中（…для фотографических и *кинематогра- фических* снимков.）的斜体*кинематографических*与词组*кинематографическая* плёнка中潜在歧义词的前一个词*кинематографическая*相重合，所以机器将义项2）默认为最优选项。

这个方法的主要困难是传统词典中的定义往往太短，信息量十分有限，不足以为词单位排歧提供足够的上下文材料。现在一些电子词典中加入了主题分类代码，可以在一定程度上弥补这方面的缺陷。

四、机器学习的排歧方法

机器学习的词义排歧方法依靠已标注词类的上下文信息来进行机器学习，力求把对于语义信息的要求减低到最低限度，从而做到自立，让机器自己学习而获得关于词义消歧信息。该方法要求对系统进行训练，使得系统能够自动进行词义消歧，需要进行词义排歧的词叫做目标词，目标词所嵌入的文本叫做上下文。输入按下面方式进行初始化的处理：

1）输入文本一般应该是经过词性标注的；2）上下文可以看成是围绕目标词的长短不一的语言片段；3）上下文中的单词，应该是经过词法分析的，应该把变形词还原成原形词；4）文本最好是经过局部句法分析或者依存关系分析，能够反映出题元角色关系或者其他语法关系。

经过这样的初始化处理，输入文本要进一步提炼为包含相关信息的特征集合。主要步骤是：1）选择相关的语言学特征；2）根据学习算法的要求对这些特征进行形式化描述（或者编码），大多数的学习系统使用简单的特征向量，这些特征向量采用数字或者词类标记来编码。（冯志伟，2004(1)：33）

用来训练词单位排歧系统的语言学特征可以粗略地分为搭配特征和共现特征两大类。搭配特征对目标词左右的上下文进行编码，要求指出特定的、能反映这些单词的语法性质的位置特征。典型的搭配特征有邻近单词、词根形式、词类范畴等。这样的特征往往能把目标词特定的含义限定并提取出来以便处理。例如：

На выставке можно будет посмотреть и приобрести живые цветы и горшечные растения всего мира, элитный *посадочный* материал, экологически чистый грунт, разнообразные аксессуары.[①]
(《Биржа плюс свой дом》(Н. Новгород), 2002.08.12)　　(4.21)

在该上下文中斜体的*посадочный*是存在词义潜在歧义的，《大

[①] 采集自俄语国家语料库。

第四章 俄语潜在歧义的消解

俄汉词典》(1992)对посадочный一词的解释有4项：1)着陆的、降陆的；2)〈农、林〉栽植的、栽种用的；3)乘车(船等)的；4)配合的、配装的。

我们取目标词посадочный的左右各两个词以及它们的词类标记为特征向量，那么搭配特征可表示如下，其中s2代表单数第二格s1代表单数第一格：

[мира(N.s2), элитный(Adj.s1)*посадочный*(Adj.s1)материал(N.s1), экологически(Adv)]

以上搭配特征向量至少说明三点：第一，被标点符号隔开的элитный посадочный материал 三个词具有更密切的搭配关系；第二，элитный(Adj.s1)посадочный(Adj.s1)материал(N.s1)三个词形成句法一致关系；第三，элитный与目标词посадочный搭配时出现在其前面，而материал与目标词посадочный搭配时出现在它的后面。

共现特征不考虑相邻词的精确位置信息，单词本身就可以作为特征，特征的值就是共现单词在围绕目标词的语境中出现的次数。目标词的语境一般定义为以目标词为中心的一个固定上下文，要计算出在这个上下文中共现词的出现频度。

例如，对于上面例句中的目标词*посадочный*，我们从《大俄汉词典》(1992)的посадочный词条中选出与目标词组为词组的10个共现词，然后再标出它们在特定上下文(例如搭配特征向量或者整个例句)中的出现频度。

这10个共现词分别是：знаки, площадка, скорость, щиток, материал, цветы, талон, (к)билету, платформы, машина。这些共现词分别属于4个义项，具体情况如下表：

表4.3 目标词 *посадочный* 的共现词与义项的对应关系

1）着陆的、降陆的	знаки, площадка, скорость, щиток,
2）〈农，林〉栽植的、栽种用的	материал, цветы, машина,
3）乘车（船等）的	талон, (к)билету, платформы,
4）配合的、配装的	машина

在上面的例句中，如果我们选取搭配特征向量[мира, элитный посадочный материал, экологически]作为上下文，则10个共现词的出现频率分布为：

{0,0,0,0,1,0,0,0,0,0}

如果我们选取整个例句作为上下文，则10个共现词的出现频率分布为：

{0,0,0,0,1,1,0,0,0,0}

其中"1"表示出现过，"0"表示未曾出现。根据这样的共现特征值，由于第五个共现词 материал 和第六个共现词 цветы 在上下文中的值可以是1，而这两个共现词都属于义项2），因此可以确定例句中存在词义潜在歧义的 *посадочный* 是"〈农，林〉栽植的、栽种用的"之意。

在机器学习的词义排歧系统中，常常将搭配特征与共现特征结合起来使用，如上例所示。计算机依照这样的方法自行学习，从而逐步获得并加强关于词义消歧的信息，使得系统能够自动进行词义消歧。

五、词义的概率消歧[①]

从优选语义角度来说，词义自动消歧的过程相当于根据给定输

---

① 参考《词义自动消歧概率模型》，朱靖波、姚天顺，2000(5)：484-485。

入条件选择最大概率的词义。根据贝叶斯公式,词义s的条件概率P(s|x)计算公式为:

$$P(s|x) = P(s)P(x|s)/P(x)$$

在实际应用中,事先给定的上下文x对于所有词义来说是不变的,因此P(x)可以忽略不计,不会影响不同词义的概率计算结果,则:

$$\text{argmax } P(s|x) = \text{argmax } P(s)P(x|s)$$

词义s的概率P(s),根据训练数据中词义s的分布进行计算的,因此这种方法的性能相当大程度上依赖于概率P(x|s)的计算方法。为使讨论具有普遍性,可以将输入x描述成由用于词义消歧的特征构成的向量表示:

$$x = \langle F_1 = f_1, F_2 = f_2, \ldots, F_n = f_n \rangle$$

其中,F_i表示第i个特征,f_i表示第i个特征的值。

可以根据词义特征的条件概率近似计算条件概率P(x|s),假设对于给定的词义s来说每个特征都相对独立,那么根据贝叶斯(Bayes)方法,条件概率P(x|s)的计算公式为:

$$P(x|s) = \prod_{i=1}^{n} P(F_i = f_i | s)$$

根据以上公式可以得出词义s的条件概率P(s|x)的计算公式为:

$$P(s|x) = P(s) \prod_{i=1}^{n} P(F_i = f_i | s)$$

假设给定上下文x,待消歧词单位w具有两个词义s_1和s_2,如果计算结果为:

$$P(s_1|x) > P(s_2|x)$$

其中 $0 \leq P(s_1|x) \leq 1$;并且 $0 \leq P(s_2|x) \leq 1$,则选择词单位w在当前上下文x条件下的正确词义应当为s_1。

概率的词义排歧方法适用于无法通过规则来进行限制的情况，在上下文不能够提供明显的消歧特征时可以用概率的方法进行优选。

六、讨论

词单位潜在歧义是自然语言处理所面临的诸多潜在歧义中较为普遍的类型，本节我们将计算语言学界目前较为流行的消歧策略和方法尝试性地应用于解决俄语词单位潜在歧义消解的具体问题，以期推进俄语自动处理的研究。除以上论述的五种词单位消歧办法以外，人机交互也是非常有益的消歧方法，本节不再重复。

第四节 本章小结

潜在歧义消解是计算语言学应用研究最重要的任务之一。潜在歧义单位大多数情况下可以根据更大范围的语境进行消解，这是潜在歧义消解的依据语境原则。语境大体可以分为语言内语境（上下文）和语言外语境两大类，以及语法语境、语义语境、交际情景、百科知识四个层次，本书更注重语法语境和语义语境。

潜在歧义消解还需遵循分类原则。消歧依据语言学层面由低到高、语言单位层次由小到大的顺序，这符合自然语言处理的一般规律，可以先解决分散、容易的小问题，再解决复杂、涉及面宽的大问题。先消解语境相对固定、信息确定性强的Ⅱ型潜在歧义，再消解计算机难以准确把握语境信息的Ⅰ型潜在歧义。Ⅰ型潜在歧义中，消极潜在歧义会影响表达和沟通、造成交际失误，计算机需要消解这类歧义；积极潜在歧义是说话人故意制造的双关语，它不仅不会影响沟通交流、造成交际失误，反而会使语言变得风趣幽默或者寓意深远，这样积极潜在歧义是不需要消解的。

　　目前普遍采用的消歧方法归纳起来主要有两种思路：一是基于"制约"的消解方法，从潜在歧义的备选项中排除掉不合适的项；二是基于"优选"的消解方法，从诸多备选项中根据指标挑出最优的选项。本章面向俄语自动处理总结出基于规则、基于概率统计、基于语义、人机交互四种消歧策略。基于规则的策略主要是通过语言运用的各种规则——尤其是语法规则——对自动处理过程进行制约，排除掉不符合规则的可能性，是典型的基于"制约"的方法。"优选"的消解方法中最具有代表性的是基于概率统计的消歧，这种策略利用字与字间、词与词间、词性与词性之间的同现频率和词与词之间、词义与词义的搭配和相应的语言概率模型，从潜在歧义单位的备选项中遴选出概率最高、最符合语境的方案来消除潜在歧义。计算机自动排歧时，经常需要借助大量反映自然语言语义信息的知识，这需要通过建立完善的形式化的语义知识库来完成。人机交互的消歧策略相对于完全的计算机自动消歧具有简化后期人工编辑处理工作、提高自动处理的准确率、提高自然语言处理系统的工作效率三个优势，是一种较有发展前景的消歧策略。

　　词单位潜在歧义消解是自然语言计算机处理中较为常见的难题。本章第三节结合第二节中提出的四个消歧策略和词单位潜在歧义的特点，从基于词性的选择限制、基于语法和语义的选择限制、基于词典定义、机器学习、概率统计等五方面举例讨论了俄语词单位潜在歧义消解的具体问题。

　　语言知识和其他很多知识都可以帮助人对自然语言进行准确判断，如果计算机也具备同样的知识，它就能对一个自然语言的表层线性序列做出正确的分析，从而理解出深层的语义内容。但是，消歧所需要的各种知识和各种因素目前尚且难以高度形式化表达。

在当前的计算语言学研究中，尤为推崇基于概率统计的消歧策略，但如果不使用语言学知识，虽然能够取得一定的正确率，却终究由于其先天不足而难以达到很高的质量，消歧效果并不理想。对自然语言潜在歧义消解的多方面研究表明，应采用混合方法，即基于规则、基于统计、基于实例、基于语义等策略宜相互结合，人也可以适当地参与到潜在歧义消解的过程中。本书引介并采用的一些消歧策略经过进一步整合提炼，将对俄语自动处理中的潜在歧义消解发挥更为积极的作用。

结 论

常言道："树多枝而路多歧"。自然语言中的歧义是一种共性现象，它是语言符号与语言意义或结构之间"一对应多"的关系在言语交际过程中的具体体现。20世纪60年代计算机科学和语言学相结合产生了计算语言学，其研究的核心目标就是使得计算机自动识别和处理人类的自然语言。在自然语言处理探索实践中研究者发现，自然语言处理的绝大多数或者是全部研究都可以看成是在某个语言学层面或者语言单位层次上的消解潜在歧义。

我国著名计算语言学家冯志伟先生在歧义格式概念的基础上提出了潜在歧义论，指出歧义格式中所反映的歧义并不是现实的歧义而是一种潜在的歧义，当用具体的单词去代真歧义格式中的范畴符号时，在所形成的具体的句子或词组中这种潜在歧义不一定现实存在。自然语言处理的过程中，计算机在各个层面可能遇到的歧义情况也具有这种潜在性。在潜在歧义论的基础上，我们综合计算语言学界关于歧义及其自动消解的研究成果，探讨了面向自然语言处理的潜在歧义消解方法和策略，并将其运用到俄语处理的具体实践中。

本书中，我们简要回顾了计算语言学发展历程和自然语言处理中歧义问题的研究渊源，着重讨论了以下三方面内容：

第一，潜在歧义的定义、与相近概念的异同、特性、成因等基本理论问题。广义上讲，歧义指的是一个语言形式对应多个意义或者结构，但计算语言学中研究计算机自动处理潜在歧义与理论语言学中讨论人处理现实歧义有所不同。潜在歧义（потенциальная неоднозначность, potential ambiguity）指的是计算机处理自然语言过程中语言形式的一个输入对应多个意义或者结构输出的情况，它依据与现实歧义的对应关系可分为Ⅰ型潜在歧义和Ⅱ型潜在歧义。潜在歧义与多义、模糊等概念既有联系又有区别。从计算语言学角度来看，自然语言处理过程中的潜在歧义具有多角度性、动态性、两面性、可消解性、多层性、复杂性等特性。潜在歧义的形成在语言符号属性、计算机处理过程、交际表达需要等三方面具有复杂的原因。

第二，对俄语各种类型的潜在歧义进行区分和描写。抽象歧义是指一个抽象的格式可能会被分析为多种可能的结构，而具体歧义是一个具体的语言材料可以被分析为多种可能的结构或意义。现实歧义是指人类在实际的语言表达即语言运用中遇到的歧义，属于语言运用的层面；潜在歧义指计算机在处理自然语言的过程中产生的中间产物，这种歧义对人类来说并不一定现实存在，因此说它是潜在的歧义，潜在歧义存在于语言分析层面，由语言能力层面知识的多种可能性造成。人遇到的现实歧义主要为词汇歧义和句法歧义，而自然语言处理中计算机需要消解的潜在歧义存在于语音、形态、词汇、句法、语义、语用等多个语言学层面以及词素、词汇、短语、句子等各个语言单位层次。特定语言单位上特定语言学层面的潜在歧义成为自然语言处理过程中歧义消解的具体任务，例如词的形态潜在歧义的消解、简单句句法结构潜在歧义的消解。语言学层面和语言单位层次两个潜在歧义观察点相辅相成，依据自然语言处理从局部到整体、由小到大的顺序，两个观察点可以相互配合来应对潜在歧义消解的实际问题。

第三，俄语潜在歧义消解的方法和策略。计算语言学最重要的任务之一就是尽量消解自然语言处理中的各种潜在歧义，包括消极的Ⅰ型潜在歧义和与现实歧义不符的Ⅱ型潜在歧义。大多数潜在歧义都可以依据语境进行消解，语境分为语言内语境和语言外语境。

潜在歧义的消解需要分类进行：一般地，消歧依据语言学层面由低到高、语言单位层次由小到大的顺序；先消解Ⅱ型潜在歧义，再消解Ⅰ型潜在歧义；Ⅰ型潜在歧义中，消极歧义需要消解，而积极潜在歧义是说话人故意制造的一语双关的表达效果，不仅不会造成交际失误，反而可以使语言变得风趣幽默或者寓意深远，因此积极的Ⅰ型潜在歧义是不需要消解的。当前最重要的消歧策略有基于规则的策略、基于概率统计的策略、基于语义的策略和人机交互的消歧策略等四种，我们分别举例演示了四种消歧策略在俄语潜在歧义消解中的运用。词单位潜在歧义是最常见的潜在歧义类型，在本书最后我们讨论了俄语词单位潜在歧义消解的具体情况。

自然语言处理所面临的潜在歧义分布在多个层面上，从词形变化到句子结构都可能存在潜在歧义，歧义消解涉及上下文语境、语法、语义、语用等多种因素，甚至还涉及日常生活中的百科知识，这些因素的形式化处理多年来一直是计算语言学工作者面临的一个难题，自然语言处理几十年的发展史可以说就是与潜在歧义斗争的历史。我们在本书中试图提出面向自然语言处理的潜在歧义消解论工作假设，并在俄语自动处理中对其加以验证。

总体来讲，面向自然语言处理的潜在歧义消解论包括以下五个方面的内容：

1）自然语言处理分为语音、形态、词汇、句法、语义、语用、篇章等多个步骤，其本身正可以看作是在以上多个步骤中的潜在歧义消解，每一层的歧义消解都是在为进行下一步处理做准备。

2）自然语言处理中潜在歧义概念与理论语言学中的歧义并不相同，它们之间既有联系又有区别，理论语言学中所指的现实歧义常常只包括词汇歧义和句法歧义两种，计算语言学讨论的潜在歧义包含范围更广。

3）潜在歧义概念的基本阐释，包括潜在歧义的定义、与相近概念的异同、特性、成因等基本理论问题。

4）潜在歧义的分布体系研究，在计算语言学视野下我们依据不同的观察点可以对歧义进行多种划分。首先应当明确区分抽象歧义与具体歧义、潜在歧义与现实歧义；其次自然语言处理中需消解的潜在歧义存在于语音、形态、词汇、句法、语义、语用等多个语言学层面以及词素、词汇、短语、句子等各个语言单位层次。

5）潜在歧义的消解方法与策略研究，主要内容包括依据语境消歧、分类消歧两个原则以及基于规则、基于概率统计、基于语义和基于人机交互等四个消歧策略。

面向自然语言处理的潜在歧义消解论是对冯志伟先生提出的潜在歧义论的继承和发展，是对计算语言学范围内潜在歧义消解问题研究的系统阐释。

应当承认，语言学家和计算机工作者在探索自然语言处理的潜在歧义消解问题上已取得不少成绩。但现有研究成果在将人类具备的所有语言知识、百科常识、联想能力和逻辑推理能力等有效地改写成计算机可理解、可操作的程序和数据结构方面还存在着相当大的差距，学者们的各种方法似乎都很难达到全自动高质量机器翻译的目标。可见，自然语言处理的潜在歧义消解确实是一个难题。

在研究过程中，我们发现潜在歧义消解有以下三个难点：第一，语音的自动处理相当复杂，语音潜在歧义问题涉及声学物理、韵律学、语音学和音系学等学科知识；第二，现阶段输入计算机的语段以单词、短语和句子最为常见，大规模语篇（текст）和话语（дискурс）的处理难度更大，目前处理技术尚不成熟，因此我们的研究素材以句子单位为最大限度；第三，当前，自然语言处理系统以分析输入语段的语义为主，而语用意义的分析更为复杂，这方面的研究尚缺乏应用成果可资借鉴。由于研究条件的限制，我们认为比较合理的处理方法是：将上述三方面的内容纳入我们构建的关于计算语言学中潜在歧义问题研究的系统理论框架，使之构成一套相对完整的潜在歧义消解论。

在消歧方法和消歧技术研究中，我们认为以下两个方面的问题值得进一步探索：第一，如何利用心理语言学的相关理论和方法，为面向计算机的潜在歧义消解建立在认知上可把握、在技术上可操作的语言模型和计算模型？第二，如何基于经验主义的方法论原则和工程主义的研究取向，建立用于潜在歧义消解的语言知识库？这两个问题涉及更广泛的学科知识，值得我们将来进一步思考与研究。

计算语言学的工作可以分为语言学理论保障和计算机工程技术保障两大部分。我们作为语言文学专业背景的研究者在语言学理论方面积累了较多知识，但是在计算机工程技术和高等数学专业知识方面存在一定欠缺，因此本书主要从语言学理论角度探讨潜在歧义概念本体、俄语潜在歧义分布以及潜在歧义消解的原则策略。对于消歧的形式化操作规则和一些具体算法，我们将在下一阶段与计算机工程技术背景的研究者合力探索。

参考文献

外文资料

［1］Автоматическая Обработка Текста. http：//www.aot.ru

［2］Агеев, В.Н., Узилевский, Г.Я. Человек-компьютерное взаимодействие：концепции, процессы, модели. М., Мир книги, 1995.

［3］Апресян, Ю.Д. Лексическая семантика. М.：Наука, 1974.

［4］Апресян, Ю.Д. Лексическая семантика. Синонимические средства языка(2-ое изд). М., 1995.

［5］Апресян, Ю.Д. Структура словарной статьи словаря. // Новый объяснительный словарь синонимов русского языка. Второй выпуск. М., 2000.

［6］Апресян, Ю.Д., Богуславский, И.М., Иомдин, Л.Л. и др. Лингвистическое обеспечение системы ЭТАП-2. М.：Наука, 1989.

［7］Апресян, Ю.Д., Богуславский, И.М., Иомдин, Л.Л. и др. Лингвистический процессор для сложных информационных систем. М.：Наука, 1992.

［8］Апресян, Ю.Д. О регулярной многозначности. Известия АН СССР. Отделение литературы и языка. Т. XXX. Вып. 6. — М., 1971. Стр. 509-523. http：//www.philology.ru/ linguistics1/apresyan-71.htm

［9］Арутюнова, Н.Д. Предложение и его смысл. Логико-семантические проблемы. М., 1976.

［10］Архипов А.В., Брыкина М.М. Разрешение синтаксической омонимии при анализе комитативных групп в русском языке. http：

//www.dialog-21.ru/archive/2004/ arkhipov_brykina.htm

［11］Ахманова, О.С. Словарь омонимов русского языка, 3-изд. М., 1986.

［12］Баглей С.Г., Антонов А.В., Мешков В.С., Титов А.В. Вероятностный подход к задаче разрешения омонимии слов и словарных пар. http：//www.dialog-21.ru/dialog2007/ materials/html/03.htm

［13］Баранов А.Н. Введение в прикладную лингвистику. М., 2001.

［14］Баранов, А.Н., Добровольский, Д.О. Немецко-русский и русско-немецкий словарь лингвистических терминов с английскими эквивалентами.(том 1, 2)М.： Помовский & Партнёры, 1993.

［15］Бердичевский А.С., Иомдин Б.Л. Роль пунктуации в разрешении неоднозначности. http：//www.dialog-21.ru/dialog2007/ materials/html/07.htm

［16］Богуславский, И.М., Иомдин, Л.Л., Сизов, В., Чардин, И. Использование размеченного корпуса текстов при автоматическом синтаксическом анализе. // Когнитивное моделирование в лингвистике. Сборник докладов. Варна, 1-7 сентября 2003.

［17］Богуславский И.М., Иомдин Л.Л., Лазурский А.В., Митюшин Л.Г., Бердичевский А.С. Интерактивное разрешение неоднозначности различных типов в машинном переводе. http：// www.dialog-21.ru/Archive/2005/Iomdin Boguslavski Lazurski/ Iomdin Boguslavski Lazurski.pdf

［18］Большакова, Е.И., Васильева, Н.Э. К вопросу об

автоматизации литературно-научного редактирования. http://www.dialog-21.ru/ materials/archive.asp?id=6423&y=2000&vol=6078

［19］Власов, В.К., Королев, Л.Н., Сотников, А.Н. Элементы информатики. М.: Наука, 1988.

［20］Вознесенская М.М. Топологический аспект многозначности идиом. http://www.dialog-21.ru/digests/dialog2010/materials/html/12.htm

［21］Воронцова В.Л. Варианты флексии –ов и -Ф в родительном падеже множественного числа существительных мужского рода // Социально- лингвистические исследования / Ред. Л.П. Крысин и Д.Н. Шмелев. М., 1976.

［22］Всеволодова, М.В. Некоторые закономерности сочетаемости слов и словоформ в предложении // Сочетаемость слов и вопросы обучения русскому языку иностранцев. Под ред. В.В. Морковкина. М., 1984.

［23］Гельбух А.Ф. Разрешение синтаксической неоднозначности и извлечение словаря моделей управления из корпуса текстов. http://www.gelbukh.com/REDII/REDII-99/ Publications/KDS99.htm

［24］Гельбух А.Ф., Сидоров Г.О., Эрнандес-Рубио Э. Словари сочетаемости слов: какой метод составления лучше? http://www.dialog-21.ru/archive/2004/gelbukh.htm

［25］Гладкий, А.В. Синтаксические структуры естественного языка в автоматизированных системах общения. М., 1985.

［26］Горбачевич К.С. Словарь трудностей современного русского языка.(СТ)– СПб: Норинт, 2003.

［27］Горбачевич К.С. Трудности словоупотребления и

варианты норм русского литературного языка: Словарь-справочник (ТС). Л.: Наука, 1973.

［28］Грайс, Г.П. Логика и речевое общение. // Новое в зарубежной лингвистике, вып. 16. М., 1985.

［29］Граудина Л.К., Ицкович В.А., Катлинская Л.П. Грамматическая правильность русской речи.(ГПРР)М.: Наука, 1976; 3-е изд. 2004.

［30］Демьянков, В.З. Основы теории интерпретации и ее приложения в вычислительной лингвистике. М., Изд-во МГУ, 1985.

［31］Денисов, П.Н. Принципы моделирования языка. Изд. Московского Университета. 1965.

［32］Диалог. http://www.dialog-21.ru/

［33］Дрейзин, Ф.А. Синтаксическая омонимия. // Машинный перевод и прикладная лингвистика. М., 1988.

［34］Евин, И. Неоднозначность в искусстве и науке. http://text.marsu.ru/osp/school/ 2000/03/041.htm

［35］Епифанов М.Е., Антонова А.Ю., Баталина А.М., Кобзарева Т.Ю., Лахути Д.Г. ИТЕРАТИВНОЕ ПРИМЕНЕНИЕ АЛГОРИТМОВ СНЯТИЯ ЧАСТЕРЕЧНОЙ ОМОНИМИИ В РУССКОМ ТЕКСТЕ. http://www.dialog-21.ru/dialog2010/materials/pdf/19.pdf

［36］Ермакова, О.П. Лексические значения производных слов в русском языке. М., 1984.

［37］Ершов, А.П. Машинный фонд русского языка: идеи и суждения. М.: Наука, 1986.

［38］Залевская, А.А. Психолингвистические исследования.

Слово. Текст. М.: ГНОЗИС. 2005.

[39] Зализняк, А.А. Грамматический словарь русского языка. М., 1977.

[40] Зализняк, А.А. Неоднозначность, каламбур и некаламбурное совмещение значений: к проблеме представления многозначности. http://www.dialog-21.ru/Archive/2003/ Zalizniak.pdf

[41] Зализняк, А.А. Феномен многозначности и способы его описания. http://virtualcoglab.cs.msu.su/pdf/zaliznyak1.pdf

[42] Зализняк А.А. Феномен многозначности и способы его описания. Вопросы языкознания, 2004, (2): 20-45.

[43] Зеленков Ю.Г., Сегалович И.В., Титов В.А. Вероятностная модель снятия морфологической омонимии на основе нормализующих подстановок и позиций соседних слов. www.dialog-21.ru/Archive/ 2005/Zelenkov Segalovich/Zelenkov_Segalovich.htm

[44] Зинькина Ю.В., Пяткин Н.В., Невзорова О.А. Разрешение функциональной омонимии в русском языке на основе контекстных правил. http://www.dialog-21.ru/archive/2005/zinkina pyatkin nevzorova/ zinkina pyatkin nevzorova.htm

[45] Иомдин, Л.Л. Многозначные синтаксические фраземы: между лексикой и синтаксисом. http://www.dialog-21.ru/dialog2006/materials/html/iomdinl.htm

[46] Иомдин, Л.Л. Уроки машинного перевода для детей и взрослых. http://proling.iitp.ru/bibitems/lessons_winter_school.pdf

[47] Иорданская, Л.Н. Синтаксическая омонимия в русском языке(с точки зрения автоматического анализа и синтеза). НТИ, 1967, № 5.

[48] Карпова О.С., Резникова Т.И., Архангельский Т.А., Кюсева М.В., Рахилина Е.В., Рыжова Д.А., Тагабилева М.Г. БАЗА ДАННЫХ ПО МНОГОЗНАЧНЫМ КАЧЕСТВЕННЫМ ПРИЛАГАТЕЛЬНЫМ И НАРЕЧИЯМ РУССКОГО ЯЗЫКА. http: // www.dialog-21.ru/digests/ dialog2010/materials/pdf/26.pdf

[49] Ким, О.М. Транспозиция на уровне частей речи и явление омонимии в современном русском языке. Ташкент, 1978.

[50] Кобзарева Т.Ю., Афанасьев Р.Н. Универсальный модуль предсинтаксического анализа омонимии частей речи в РЯ на основе словаря диагностических ситуаций // Труды междунар. конференции Диалог'2002. М., 2002.

[51] Кобрицов Б.П., Ляшевская О.Н. Автоматическое разрешение семантической неоднозначности в Национальном корпусе русского языка. http: //www.dialog-21.ru/ archive/2004/ kobritsov.htm

[52] Кобрицов Б.П., Ляшевская О.Н., Шеманаева О.Ю. Поверхностные фильтры для разрешения семантической омонимии в текстовом корпусе. http: //www.dialog-21.ru/archive/2005/kobritsov lyashevskaya/ kobritsovbp.htm

[53] Кобрицов Б.П., Ляшевская О.Н., Шеманаева О.Ю. Снятие лексико-семантической омонимии в новостных и газетно-журнальных текстах: поверхностные фильтры и статистическая оценка. http: //company.yandex.ru/grant/2005/01_Kobritsov_103002.pdf

[54] Котелова, Н.З. Значение слова и его сочетаемость(К формализации в языкознании). Ленинград, 1975.

[55] Лазурский, А.В., Бердичевский, А.С., Крейдлин,

Л.Г., Митюшин, Л.Г., Сизов, В.Г. Интерактивное разрешение лексической и синтаксической неоднозначности в системах автоматической обработки естественного языка. http://company.yandex.ru/grant/2005/ 01_Lazursky_102921.pdf

［56］Лукашевич Н.В., Добров Б.В. Разрешение лексической многозначности на основе тезауруса предметной области. http://www.dialog-21.ru/dialog2007/materials/html/61.htm

［57］Ляшевская О.Н., Астафьева И., Бонч-Осмоловская А., Гарейшина А., Гришина Ю., Дьячков В., Ионов М., Королева А., Кудринский М., Литягина А., Лучина Е., Сидорова Е., Толдова С., Савчук С., Коваль С. ОЦЕНКА МЕТОДОВ АВТОМАТИЧЕСКОГО АНАЛИЗА ТЕКСТА: МОРФОЛОГИЧЕСКИЕ ПАРСЕРЫ РУССКОГО ЯЗЫКА. http://www.dialog-21.ru/digests/dialog2010/materials/html/49.htm

［58］Малаховский, Л.В. Теория лексической и грамматической омонимии. Ленинград, 1990.

［59］Марчук, Ю.Н. Основы компьютерной лингвистики. М., 2002.

［60］Марчук, Ю.Н. Проблемы машинного перевода. М., 1983.

［61］Маслов, Ю.С. Омонимы в словаре и омонимия в языке. // Вопросы теории и истории языка. Ленинград, 1963.

［62］Мельчук, И.А. Опыт теории лингвистических моделей "Смысл⇔Текст". М.: Наука, 1974.

［63］Морковкин, В.В. Сочетаемость слов и вопросы обучения русскому языку иностранцев. М., 1984.

［64］Национальный корпус русского языка. http://ruscorpora.

ru/index.html

[65] Невзорова О.А., Зинькина Ю.В., Пяткин Н.В. Метод контекстного разрешения функциональной омонимии: анализ применимости. http://www.dialog-21.ru/dialog2006/ materials/html/nevzorova.htm

[66] Невзорова О.А., Невзоров В.Н., Зинькина Ю.В., Пяткин Н.В. Интегральная технология разрешения омонимии в системе анализа текстовых документов «лота». http://www.dialog-21.ru/dialog2007/ materials/ html/64.htm

[67] Неоднозначность. http://www.krugosvet.ru/articles/90/1009006/ 1009006a1.htm#1009006-A-101

[68] Неоднозначность на уровне морфем. http://www.krugosvet.ru/articles/ 90/1009006/1009006a2.htm#1009006-L-102

[69] Неоднозначность на уровне словосочетания и предложения. http://www.krugosvet.ru/articles/90/1009006/ 1009006a11.htm#1009006-L-119

[70] Неоднозначность на уровне форм слов. http://www.krugosvet.ru/ articles/90/ 1009006/1009006a3.htm

[71] Нелюбин, Л.Л. Перевод и прикладная лингвистика. М.: Наука, 1983.

[72] Никитина С.Е. Тезаурус по теоретической и прикладной лингвистике. М.: Наука, 1978.

[73] Ножов И.М. Морфологическая и синтаксическая обработка текста(модели и программы). диссертационная работа, Москва, 2000.

[74] Ожегов С.И. Словарь русского языка. М., 1975.

[75] Омонимы. http://www.stocona.ru/glossary/search/homonyms.html

[76] Пирогова, Ю.К. Языковая игра в коммерческой рекламе. // Семиотика и лингвистика. М., 2000.

[77] Рахилина Е.В., Кобрицов Б.П., Кустова Г.И., Ляшевская О.Н., Шеманаева О.Ю. Многозначность как прикладная проблема: Лексико- семантическая разметка в Национальном корпусе русского языка. http://www.dialog-21.ru/dialog2006/materials/html/rakhilina.htm

[78] Рубашкин, В.Ш. О методах анализа связного текста // Вопросы информационной теории и практики. Вып. 49. М.: ВИНИТИ. 1983. стр. 58-73.

[79] Рубашкин В. Ш. Представление и анализ смысла в интеллектуальных информационных системах. М.: Наука, 1989.

[80] Рубашкин, В.Ш. Словарная поддержка процедур семантической интерпретации предложных связей. http://www.dialog-21.ru/archive/ 2005/rubashkin%20v/rubashkinv.htm

[81] Русская грамматика. гл. ред. Шведова, Ю.Н. 2 т. М.: Наука, 1980.

[82] Русский язык и советское общество: Морфология и синтаксис современного русского литературного языка. М.: Наука, 1968.

[83] Рябцева, Н.К. Информационные процессы и машинный перевод. М.: Наука, 1986.

[84] Савчук С.О. Опыт корпусного исследования морфологической вариативности: варианты родительного падежа множественного числа существительных мужского рода. http://www.dialog-21.ru/

digests/dialog2010/materials/html/64.htm

［85］Савчук С.О. – Savchuk, S. The Russian National Corpus as a Tool for the Research on Grammatical Variability // Proceedings of the Third International Conference Grammar & Corpora Mannheim, September 22-24, 2009（в печати）.

［86］Соболева, П.А. Словообразовательная полисемия и омонимия. М., 1980.

［87］Сокирко А.В. Быстрословарь: предсказание морфологии русских слов с использованием больших лингвистических ресурсов. http：//www.dialog-21.ru/digests/ dialog2010/materials/html/68.htm

［88］Сокирко А.В., Толдова С.Ю. Сравнение эффективности двух методик снятия лексической и морфологической неоднозначности для русского языка（скрытая модель Маркова и синтаксический анализатор именных групп）. http：//company.yandex.ru/grant/2005/01_Sokirko_92802.pdf

［89］Степанов, Ю.С. Основы общего языкознания. М., 1975.

［90］Сусов, И.П. Глубинные основы семантики предложения // Проблемы семантики. М., 1974.

［91］Тузов, В.А. Компьютерная лингвистика. СПБУ. 1998.

［92］Тузов, В.А. Компьютерная семантика русского языка. Изд. СпбГУ. 2004.

［93］Тузов, В.А. Компьютерная грамматика русского языка. http：//www.apmath.spbu.ru/ ru/staff/tuzov/paper.rtf

［94］Тузов, В.А. Компьютерная семантика русского языка. Материалы конференции «Диалог-2001»: http：//www.dialog-21.ru/Archive/2001/ volume2/ 2_53.htm

［95］Улуханов, И.С. Словообразовательная семантика в русском языке и принципы ее описания. М., 1977.

［96］Фёдорова О., Янович И. Разрешение синтаксической многозначности в русском языке: роль длины и структуры придаточного. http: //www.dialog-21.ru/archive/2005/fedorova%20yanovich/fedorova_yanovich.htm

［97］Шеманаева О.Ю., Кустова Г.И., Ляшевская О.Н., Рахилина Е.В. Семантические фильтры для разрешения многозначности в национальном корпусе русского языка: прилагательные. http: //www.dialog-21.ru/dialog2007/materials/html/87.htm

［98］Юдина М.В. Понимание и порождение высказываний с синтаксической неоднозначностью(На примере относительных придаточных в русском языке). http: //www.dialog-21.ru/dialog2006/materials/html/yudina.htm

［99］Юдина М.В. Разрешение синтаксической неоднозначности: возможна ли преднастройка? http: //www.dialog-21.ru/dialog2007/materials/html/90.htm

［100］Ярцева, В.Н. Лингвистический Энциклопедический словарь. М.: Изд-во《Советская Энциклопедия》, 1990.

［101］Blake, B.J. 格范畴. 北京大学出版社. 2005.

［102］Caplan A. An Experimental Study of Ambiguity and Context // Mech. Translation, vol. 2, No 2, Nov. 1955.

［103］Empson, William. Seven types of ambiguity. 3-rd edit. London: Chatto & Windus. 1953.

［104］Fillmore, Ch.J. The case for case. Universals in Linguistics

Theory. E. Bach and R. Harms, eds. New York: Holt, Rinehart and Wiston, 1968.

[105] Jurafsky, D., Martin, J.H. Speech and Language Processing. ——An Introduction to Natural Language Processing, Computational Linguistics and Speech Recognition. Prentice Hall, Englewood Cliffs, New Jersey 07632. 1999.

[106] Kempson, R. Semantic Theory. Cambridge University Press, 1977.

[107] Leech, Geoffrey. Semantics. ——The study of Meaning. 2-nd Edition. Penguin Books Ltd. 1981.

[108] Worldlingo. http://www.worldlingo.com/

[109] Zadeh, L.A. et al. Fuzzy Sets and their Applications to Cognitive and Decision Process. Academic Press. 1975.

中文资料

[110] 安利. 多义词和同形异义词产生的幽默. 俄语学习, 2005(6).

[111] 陈国亭. 大学俄语四级词汇熟巧训练. 哈尔滨工业大学出版社. 2001.

[112] 陈浩、何婷婷、姬东鸿. 基于k-means聚类的无导词义消歧. 中文信息学报, 2005(4).

[113] 陈力为、袁琦. 计算语言学进展与应用. 清华大学出版社. 1995.

[114] 黑龙江大学俄语系词典编辑室编. 大俄汉词典. 商务印书馆. 1992.

[115] 戴黎刚. 歧义研究. 福建师范大学硕士学位论文. 2002.

[116] 电动机. http://www.losn.com.cn/kxyfm/energy/4.htm

[117]董振东.机器词典中词典和文法的关系.中文信息学报,1988(3).

[118]俄语语言文学研究.第一辑(语言学卷).外语教学与研究出版社.2002.

[119]冯志伟.数理语言学.知识出版社.1985.

[120]冯志伟.中文科技术语的结构描述与潜在歧义.中文信息学报,1989(2).

[121]冯志伟.中文科技术语中的歧义结构及其判定方法.中文信息学报,1989(3).

[122]冯志伟.论歧义结构的潜在性.中文信息学报,1995(4).

[123]冯志伟.自然语言的计算机处理.上海外语教育出版社.1996.

[124]冯志伟.计算语言学基础.商务印书馆.2001.

[125]冯志伟.词义排歧方法研究.术语标准化与信息技术,2004(1).

[126]冯志伟.机器翻译研究.中国对外翻译出版公司.2004.

[127]傅承德.自然语言理解的方法与策略.河南人民出版社.2000.

[128]高维君,姚天顺,黎邦洋,陈伟光,邹嘉彦.机器学习在汉语关联词语识别中的应用.中文信息学报,2000(3).

[129]桂诗春.新编心理语言学.上海外语教育出版社.2000.

[130]贺才兴,童品苗,王纪林,李世栋.概率论与数理统计(工程数学与教学软件).科学出版社.2000.

[131]何自然.语用学概论.湖南教育出版社.1988.

[132]黄昌宁.中文信息处理的分词问题.语言文字应用,1997(1).

[133]黄昌宁,李涓子.语料库语言学.商务印书馆.2002.

[134]黄昌宁,赵海.中文分词十年回顾.中文信息学报,2007

(3).

[135] 黄国文. 语篇分析概要. 湖南教育出版社. 1988.

[136] 黄国营. 现代汉语的歧义短语. 语言研究, 1985(1).

[137] 黄河燕. 机器翻译研究进展——2002年全国机器翻译研讨会论文集. 电子工业出版社. 2002.

[138] 巨芸. 歧义研究中存在的问题. 中国俄语教学, 1998(4).

[139] 李斌, 陈小荷, 方芳, 徐艳华. 基于语料库的高频最大交集型歧义字段考察. 中文信息学报, 2006(1).

[140] 李国臣, 刘开瑛, 张永奎. 汉语自动分词及歧义组合结构的处理. 中文信息学报, 1988(3).

[141] 李涓子, 黄昌宁, 杨尔弘. 一种自组织的汉语词义排歧方法. 中文信息学报, 1999(3).

[142] 李玲君. 语境与俄语语篇的理解. 内蒙古大学学报(人文社会科学版), 2003(5).

[143] 李蓉, 刘少辉, 叶世伟, 史忠植. 基于SVM和k—NN结合的汉语交集型歧义切分方法. 中文信息学报, 2001(6).

[144] 李向东, 周清波. 基于多知识交叉分析的俄汉机器翻译系统的多义区分与消解. 外语学刊, 2000(4).

[145] 李星星. 歧义的认知分析. 河北师范大学硕士学位论文. 2005.

[146] 林杏光. 词汇语义和计算语言学. 语文出版社. 1999.

[147] 凌德祥. 语境与语用歧义. 解放军外国语学院学报, 1997(4).

[148] 刘蓓, 杜利民. 汉语口语对话系统中语义分析的消歧策略. 中文信息学报, 2005(1).

[149] 刘冬明, 杨尔弘, 方莹. 汉英双语平行语料库的词义标注. 中文信息学报, 2005(6).

[150] 刘凤成, 黄德根, 姜鹏. 基于AdaBoost.MH算法的汉语多义词消歧. 中文信息学报, 2006(3).

[151]刘开瑛.中文文本自动分词和标注.商务印书馆.2000.

[152]刘挺,王开铸.关于歧义字段切分的思考与实验.中文信息学报,1998(2).

[153]刘颖.计算语言学.清华大学出版社.2002.

[154]刘颖.健壮性学习算法.中文信息学报,2001(4).

[155]刘颖.句法评分和语义评分.中文信息学报,2000(4).

[156]刘颖.用隐马尔可夫模型对汉语进行切分和标注排歧.计算机工程与设计,2001(4).

[157]刘涌泉.中国的机器翻译.知识出版社.1984.

[158]刘宇,王建武.解读语言的模糊性与歧义性.陕西工学院学报,2004(6).

[159]柳广民.歧义类型研究.语言文学,1995(4).

[160]卢志茂,刘挺,郎君,李生.神经网络和贝叶斯网络在汉语词义消歧上的对比研究.高技术通讯,2004(8).

[161]罗安源.电脑语言学基础.中央民族大学出版社.1998.

[162]吕叔湘.歧义类例.中国语文,1984(5).

[163]吕叔湘,朱德熙.语法修辞讲话.开明书店.1952.

[164]闵金明,孙乐,张俊林.重新审视跨语言信息检索.中文信息学报,2006(4).

[165]倪波,顾柏林.俄语语义学.上海外语教育出版社.1995.

[166]戚雨村.语言学引论.上海外语教育出版社.1985.

[167]钱树人.歧义、系统歧义和语境.中文信息学报,1993(2).

[168]秦颖,王小捷,张素香.汉语分词中组合歧义字段的研究.中文信息学报,2007(1).

[169]邱述德.歧义刍议.外语与外语教学,1992(3).

[170]全昌勤,何婷婷,姬东鸿,刘辉.从搭配知识获取最优

种子的词义消歧方法.中文信息学报,2005(1).

[171]邵敬敏.关于歧义结构的探讨[A].现代汉语语法研究的现状和回顾[C].语文出版社.1987.

[172]邵敬敏.歧义分化方法探讨[A].九十年代的语法思考[C].北京语言学院出版社.1994.

[173]石安石.语义论.商务印书馆.1993.

[174]石安石.歧义现象种种[A].语义研究[C].语文出版社.1994.

[175]石纯一,黄昌宁,王家廞.人工智能原理.清华大学出版社.1993.

[176]石定栩.动-名结构歧义的产生与消除.语言教学与研究,2005(3).

[177]束定芳.现代语义学.上海外语教育出版社.2000.

[178]宋余亮.俄语现代标注语料库的理论与实践.解放军外国语学院硕士学位论文.2006.

[179]孙健,张尧,王启祥.汉语受限语言的设计与应用.中文信息学报,1997(3).

[180]孙建华.语境与语用歧义.河南大学学报(社会科学版),2004(4).

[181]孙茂松,左正平,邹嘉彦.高频最大交集型歧义切分字段在汉语自动分词中的作用.中文信息学报,1999(1).

[182]邰晓英,童兆页.限制汉语语法分析中歧义性的启发式方法.中文信息学报,1993(4).

[183]谈文蓉,杨宪泽,刘莉.汉语自动排歧方法研究.西南民族大学学报·自然科学版.2005(6).

[184]谈文蓉.汉英机器翻译系统中统计消歧的多步策略.西南

民族大学学报·自然科学版.2006(1).

[185]王超尘,黄树南,信德麟.现代俄语通论(上下册).商务印书馆.1983.

[186]王超尘,诸同英,高静,赵云中,金晔.现代俄语理论教程(上下册).上海外语教育出版社.1988.

[187]王洪庆.歧义句浅析.俄语学习,2000(1).

[188]王松亭.隐喻的机制和社会文化模式.黑龙江人民出版社.1999.

[189]王伟,钟义信,孙建,杨力.一种基于EM非监督训练的自组织分词歧义解决方案.中文信息学报,2001(2).

[190]王维成.从歧义看句法、语义、语用之间的关系.语言教学与研究,1988(1).

[191]王永生,柴佩琪,卫蔚.德汉机器翻译中的语义消歧策略.中文信息学报,1998(2).

[192]温宾利.当代句法学导论.外语教学与研究出版社.2002.

[193]文炼,允贻.歧义问题.黑龙江人民出版社.1985.

[194]翁富良,王野翊.计算语言学导论.中国社会科学出版社.1998.

[195]吴云芳,金澎,郭涛.基于词典属性特征的粗粒度词义消歧.中文信息学报,2007(2).

[196]伍谦光.语义学导论.湖南教育出版社.1988.

[197]项成东.歧义的语用研究.外语教学,2002(4).

[198]项成东.语用歧义再探.绍兴文理学院学报,2001(5).

[199]徐秉铮,詹剑,贺前华.基于神经网络的分词方法.中文信息学报,1993(2).

[200]许传华.俄语中的种种歧义现象.俄语学习,2004(5).

[201] 许云, 樊孝忠, 张锋. 基于《知网》信息结构模式的词汇化树邻接文法消歧. 计算机工程, 2005(7).

[202] 薛恩奎.《意思⇔文本》模式的自动转换机制——文法与词库. 黑龙江大学博士学位论文. 2005.

[203] 杨惠中. 语料库语言学导论. 上海外语教育出版社. 2002.

[204] 杨泉, 冯志伟. 机用现代汉语"n+n"结构歧义研究. 语言研究, 2005(4).

[205] 杨仕章. 漫谈俄语中的歧义现象. 中国俄语教学, 1996(4).

[206] 杨晓峰, 李堂秋, 洪青阳. 基于实例的汉语句法结构分析歧义消解. 中文信息学报, 2001(3).

[207] 杨莹, 李应潭. 基于意象知识的消歧体系. 中文信息学报, 1993(1).

[208] 姚天顺. 自然语言理解——一种让机器懂得人类语言的研究. 清华大学出版社 & 广西科学技术出版社. 1995.

[209] 易绵竹. 从计算语言学角度看语义角色问题. 解放军外国语学院学报, 1998(4).

[210] 易绵竹, 黄时勋, 胡春玲. 俄汉电子词典的语言学保障. 中国俄语教学, 1999(3).

[211] 易绵竹. 位语法理论与应用. 黑龙江人民出版社. 1999.

[212] 易绵竹, 南振兴. 计算语言学. 上海外语教育出版社. 2005.

[213] 易绵竹, 武斌, 姚爱钢. 工程语言学. 上海外语教育出版社. 2007.

[214] 尤庆学. 汉语歧义研究综述. 汉语学习, 2001(4).

[215] 俞如珍. 简论词的模糊性、概括性和特指性. 外国语, 1993(2).

[216] 俞士汶. 自然语言的歧义与机器翻译对策. 中文信息学

报,1989(3).

[217]俞士汶.计算语言学概论.商务印书馆.2004.

[218]俞士汶,黄居仁.计算语言学前瞻.商务印书馆.2005.

[219]于晓日.近五十年来汉语歧义研究综述.钦州师范高等专科学校学报,2004(3).

[220]苑春法,黄锦辉,李文捷.基于语义知识的汉语句法结构排歧.中文信息学报,1999(1).

[221]詹卫东.面向中文信息处理的现代汉语短语结构规则研究.清华大学出版社&广西科学技术出版社.2000.

[222]詹卫东,常宝宝,俞士汶.汉语短语结构定界歧义类型分析及分布统计.中文信息学报,1999(3).

[223]张家骅.语法、语义、语用——现代俄语研究.黑龙江人民出版社.2000.

[224]张克亮.基于HNC理论的句法结构歧义消解.中文信息学报,2004(6).

[225]章宜华.计算词典学与新型词典.上海辞书出版社.2004.

[226]赵元任.汉语的歧义问题(石安石译).语言学论丛(十五).商务印书馆.1988.

[227]郑杰,茅于杭,董清富.基于语境的语义排歧方法.中文信息学报,2000(5).

[228]郅友昌.现代俄语代名词研究.河南科学技术出版社.1999.

[229]周红.语用歧义的产生及其功能.外语与外语教学,2002(3).

[230]周强.规则和统计相结合的汉语词类标注方法.中文信息学报,1995(3).

[231]周治金.汉语歧义消解过程的研究.华中师范大学出版社.2002.

[232] 朱德熙. "的"字结构和判断句(上)(下). 中国语文, 1978(1)(2).

[233] 朱德熙. 汉语句法中的歧义现象. 中国语文, 1980(2).

[234] 朱德熙. "在黑板上写字"及相关句式. 语言教学与研究, 1981(1).

[235] 朱靖波, 姚天顺. 词义自动消歧概率模型. 东北大学学报(自然科学版), 2000(5).

外文译著

[236] Allen James[著]. 刘群, 张华平, 骆卫华, 孙健[译]. 自然语言理解(第二版). 电子工业出版社. 2005.

[237] Crystal David[著]. 沈家煊[译]. 现代语言学词典. 商务印书馆. 2004.

[238] Empson William[著]. 周邦宪, 王作虹, 邓鹏[译]. 朦胧的七种类型. 中国美术学院出版社. 1996.

[239] G.米兰[著]. 李锡胤[译]. 翻译算法. 黑龙江人民出版社. 2003.

[240] Jurafsky D., Martin J.H.[著]. 冯志伟, 孙乐[译]. 自然语言处理综论. 电子工业出版社. 2005.

[241] Richards J.C., Platt J., Platt H.[著]. 管燕红[译]. 朗文语言教学及应用语言学辞典(英汉双解). 外语教学与研究出版社. 2000.

[242] 费尔迪南·德·索绪尔[著]. 沙·巴利, 阿·薛诗蔼, 阿·里德林格[编印]. 高名凯[译]. 岑麒祥, 叶蜚声[校]. 普通语言学教程. 商务印书馆. 1999.

[243] 杰弗里·N·利奇[著]. 李瑞华, 王彤福, 杨自俭, 穆国豪[译]. 何兆熊, 华钧[校]. 语义学. 上海外语教育出版社. 1987.

后　记

吾自幼习读，虽非经史子集，然语数外理化史哲亦读之不易，尔来二十有二年矣。忆往昔研读岁月，收获颇丰，看今朝论著付梓，已逾而立年。

年少时好学，成绩差强人意。硕士毕业，自以为学识足矣，故厌学，吾尝自省而生愧。当此迷惑动摇之际，蒙易教授绵竹导师不弃，转向计算语言学。易教授乃吾硕士、博士之双料导师。教授谆谆教诲，循循善诱，关怀入微，授业树人。幸哉，吾觉醒，奋起而研读。导师之恩永志，没齿难忘。

博研在学期间，得吴国华教授、郅友昌教授、孙汉军教授、王铭玉教授、严辰松教授、王松亭教授、崔卫教授、濮建忠教授、赵蓉晖教授传道解惑，理论修养大增，受益良多。论文撰写及预答辩期间，承蒙郅友昌教授、王松亭教授、樊明明教授、崔卫教授、赵国栋博士、彭文钊博士、陈勇博士于百忙中悉心指点，论文质量得以提高。对以上诸位师长之提携帮助，深表感谢。

冯志伟教授为吾论文答辩主席，亦是"潜在歧义论"创始者，本研究之于冯先生可比青年学者之拙论。答辩时及其后，先生对论文给予肯定，以权威论述激励吾辈，并提出中肯建议，以真知灼见启发吾辈。论文成书之际，先生还作详序点评。冯先生凭高贵师德与深厚造诣为吾一生之学习榜样。

慎思笃耕时，吾尝不理家务，深夜不寐，搅扰家人处甚多。然家人非但不罪伐，且嘘寒问暖，端茶备饭，悉心照料，无微不至。每遇懈怠之时，妻必鼓励敦促，支持吾前行。此书之成，实赖家人

后 记

鼎力支持，今谨以此书献予家人，祝平安康乐。

另得好友金华、熊建国、李景泉相助，于此一并拱手相谢。

吾学浅才疏，本书定有不尽如人意处，恳请师长前辈及同仁指正。学无止境，此仅为研琢学术之肇起，前路修远，当发奋求索不息！

张禄彭
壬辰年闰六月 于洛阳